ACOMPAÑAMIENTO TERAPÉUTICO Y CLÍNICA DE LO COTIDIANO

Leonel Dozza de Mendonça

Es propiedad de:

© 2018 Amazing Books S.L.

www.amazingbooks.es

Editor: Javier Ábrego Bonafonte

Pº de la Independencia Nº 24-26.

8ª planta, oficina 12.

50004 Zaragoza - España.

Segunda edición: Marzo de 2018

ISBN: 978-84-17403-03-4

Deposito: Z 405-2018

Diseño, Preimpresión e Impresión - Cudipal

Como citar este libro:

ACOMPAÑAMIENTO TERAPÉUTICO Y CLÍNICA DE LO COTIDIANO, 2ª edición, 2018. Leonel Dozza de Mendonça, Editorial Amazing Books, ISBN 978-84-17403-03-4

A Sofía y Amelia

Sumario

Significado de algunas abreviaciones frecuentes que encontrarán los lectores en el libro:

- **Ibídem:** Se usa como adverbio en índices, notas o citas en textos, para evitar repetir completa la referencia de una obra mencionada inmediatamente antes.

- **Ídem:** Se utiliza cuando la cita actual proviene de la misma obra y de la misma página que la cita inmediatamente anterior.

- **Cf:** Conferir.

- **S:** Y página siguiente.

- **Ss:** Y páginas siguientes.

- **Subr.:** Subrayado.

- **LDM:** Leonel Dozza de Mendonça.

- **Et.Al.:** la palabra *"et al"*, es una expresión latina que proviene de la frase *"et alii"*, la cual tiene un significado literal de *"y otros"*. La expresión por lo general se utiliza en círculos bibliográficos, especialmente cuando se hace referencia a algún grupo de autores, nombrando al principal y usando entonces dicha palabra para no tener que nombrarlos a todos ellos, en el caso de que sen muy numerosos.

INTRODUCCIÓN

INTRODUCCIÓN

El Acompañamiento Terapéutico es una práctica relativamente reciente cuyos "orígenes" podríamos situar en los años setenta, sobre todo en Argentina y Brasil.

Cuando en el año 1986 empecé a acompañar a mi primer paciente en Sao Paulo, había tan solo un libro publicado sobre el tema (Mauer y Resnisky, 1985). Por lo demás, circulaban algunos artículos inéditos y con poca relevancia teórica, por lo general escritos por Acompañantes Terapéuticos más bien novatos que, más que transmitir unos conocimientos adquiridos, parecían buscar compensar con sus escritos la precariedad de los programas de formación y bibliografía.

Los supervisores (única referencia de cierto saber) solían ser terapeutas de orientación psicoanalítica con experiencia en el tratamiento de pacientes psicóticos en recursos abiertos (hospitales de día, etc.), pero que no habían trabajado específicamente como Acompañantes Terapéuticos.

En el año 1989, el Equipo de Acompañantes Terapéuticos del Hospital Día "A CASA" hemos organizado el "Primer Encuentro de Acompañantes Terapéuticos de Sao Paulo". Los trabajos entonces presentados forman parte del segundo libro publicado (que yo tenga conocimiento) sobre el tema (AAVV, 1991).

Desde entonces, el cuentagotas de las publicaciones intensificó su goteo, aunque hasta la actualidad ese goteo nunca llegó a ser un chorro, pero quizá empieza a ser un hilo.

Estos señalamientos apuntan a una todavía importante precariedad teórica en lo que respecta a la Clínica del Acompañamiento Terapéutico; precariedad que parece derivada de su corto tiempo de existencia, de que todavía hoy en día hay relativamente pocos Acompañantes Terapéuticos con una larga trayectoria en este campo, y también de que esta práctica parece resistirse en mayor medida a la conceptualización, y ello quizá debido a sus bordes difusos (por ejemplo, entre lo clínico y lo cotidiano), a tal punto que en sus comienzos al Acompañante Terapéutico se le denominaba "Amigo Cualificado".

Además, la dificultad para teorizar sobre esta práctica parece deberse a que, por lo general, las ofertas formativas y publicaciones psicoanalíticas (y no psicoanalíticas) sobre clínica dan por sentado que la intervención se llevará a cabo en un espacio físico delimitado de tratamiento y rehabilitación, en el cual el terapeuta administra una serie de variables del encuadre… Esto no ocurre en Acompañamiento Terapéutico.

Así que estos bordes difusos, junto con este desplazamiento hacia la comunidad y el contexto familiar-hogareño del paciente, van a producir sobre todo en un primer momento cierto "descoloque" en cuanto a pensar en la clínica, la actitud profesional, el encuadre, qué es una intervención, cómo intervenir, cómo conceptualizar etc.

A su vez, ese "descoloque" y esa precariedad son los que permiten, impulsan e incluso exigen una potencia creativa, el tener que "inventar" clínica y teoría, deconstruir el conocimiento instituido y cuestionar lo supuestamente sabido, sobre todo cuando ello ya no da cuenta de los fenómenos con los que se encuentra el Acompañante Terapéutico.

Por lo tanto, estas especificidades del Acompañamiento Terapéutico requieren, imponen y a la vez posibilitan otras teorizaciones y posiblemente otros modos de teorizar. Quizá imponen y posibilitan repensar a la psicosis misma…

… porque, cuando la psiquiatría del siglo XIX decía (y sigue diciendo) que lo que hoy en día denominamos esquizofrenia, a cada nuevo brote, siempre cursaba con deterioro y secuelas irreversibles, esa teoría sobre la esquizofrenia era correcta, pero era correcta justamente en función de las formas que tenían de tratar a los esquizofrénicos (encierro y, posteriormente, mediante el tratamiento moral y medicamentoso).

Con la apertura de los hospitales psiquiátricos tradicionales, la puesta en marcha de estructuras intermedias, recursos comunitarios de tratamiento y rehabilitación, hoy en día conocemos a un sujeto psicótico con más capacidades conductuales, cognitivas y psíquicas que las que se creía que poseía.

Hoy en día estamos en proceso de conocer a "otro" sujeto psicótico, menos residual, menos deteriorado, disociado, y, desde luego, menos condenado por una supuesta estructura que le impone un deterioro progresivo sin retorno. Incluso (y a diferencia de lo que dicen algunos en la actualidad) un psicótico menos condenado por su estructura a no tener acceso al pensamiento simbólico, ni al reconocimiento de la otredad, ni al sentido del humor, ni a disfrutar de una sexualidad "plena", etc.

Algunas investigaciones recientes también apuntan a un sujeto psicótico no necesariamente condenado a tener que tomar medicación psiquiátrica el resto de su vida (ver May, 2005).

Entonces no existe, o no es viable, un estudio de la psicosis (y su recuperación) por sí sola, porque ese objeto de estudio "no existe" como entidad aislada, y menos aún en una investigación que pretende hablar del psicótico desde la perspectiva de su cotidianeidad hogareña y comunitaria.

El objeto de estudio existente es el vínculo, el psicótico en su contexto histórico, cultural, comunitario, familiar, de tratamiento y con todas las (im)posibilidades de inclusión y exclusión que ello conlleve.

Y resulta que el Acompañamiento Terapéutico trata justamente de transformar y ampliar las posibilidades de inclusión en el seno mismo del proceso de transformación permanente de ese objeto de estudio que es la "psicosis en su contexto".

No sería equivocado decir que los Acompañantes Terapéuticos (así como todo trabajador comunitario) son los principales testigos y promotores de un sujeto psicótico "en permanente construcción histórica", con unas capacidades desconocidas para un gran número de psiquiatras, psicoterapeutas, psicoanalistas, etcétera (independientemente de su teoría de base).

Podría sonar contradictorio el que haya empezado destacando la precariedad teórica del Acompañamiento Terapéutico para luego pasar a presumir de unas capacidades teorizantes tan potentes. Pero no hay en ello ninguna contradicción, si se tiene en cuenta que tales capacidades teorizantes están por desarrollar… al igual que están por desarrollar muchas capacidades en los psicóticos, en sus familias y en aquellos que intentamos tratarles.

Personalmente, el tema me interesa inmensamente y también me parece importante justamente por este optimismo que inspira y al que apunta (a diferencia del pesimismo de la teoría del deterioro progresivo y la cronicidad estancada), así como por la gran dosis de libertad creativa que exige y permite en lo que respecta a deconstruir y crear teorizaciones.

CAPÍTULO 1

DESARROLLO EMOCIONAL PRIMITIVO EN
LOS ESCRITOS DE WINNICOTT

CAPÍTULO 1

DESARROLLO EMOCIONAL PRIMITIVO EN LOS ESCRITOS DE WINNICOTT

Algunas ideas de Winnicott acerca del desarrollo emocional pueden emplearse a modo de fundamentos psicoanalíticos de la Clínica del Acompañamiento Terapéutico. En este sentido, hay por lo menos tres puntos de referencia, a saber:

1. Las dificultades del desarrollo emocional tienden a bloquear el proceso de constitución del aparato psíquico y predisponer a la psicotización del individuo. En este sentido, conviene adelantar que no se trata de un determinismo cerrado, sino de una "predisposición a".

2. El análisis de los cuidados maternos suficientemente buenos, en el desarrollo emocional primitivo, puede servir como referencia conceptual a la hora de pensar acerca de la intervención con pacientes psicóticos.

3. Muchas de las reflexiones clínicas de Winnicott brindan unas referencias bastante cercanas a la práctica del Acompañamiento Terapéutico. En este sentido, destacaría sus planteamientos acerca del encuadre, dirección ambiental, manejo clínico, trabajo asistencial, objetos y fenómenos transicionales, el juego y el campo de la experiencia cultural, etc. Incluso cuenta el caso de una paciente que, tras diez años de análisis, entró en un profundo estado de regresión a la dependencia, de modo que "yo visitaba a la paciente en su casa, y hasta manejaba sus asuntos y le compraba la comida" (Winnicott, 1989a, 65).

Al enfatizar el papel de la madre, sobre todo en las fases más primitivas del desarrollo, Winnicott (1965, 49) advierte que al emplear la expresión "cuidado materno" se está refiriendo al cuidado recibido tanto de la madre como del padre. De todas formas, para un primer acercamiento haré una exposición en los términos que empleó Winnicott, es decir: centrando el análisis en la figura de la madre. Al final de este capítulo "aparecerá" el padre y la función paterna (función específica, pero no exclusiva, del padre).

Conviene advertir, por otra parte, que en este capítulo haré una exposición de la lectura que hago de los escritos de Winnicott, permitiéndome, cuando considere necesario, emplear términos e ideas que el autor no empleaba (como, por ejemplo, "constitución del aparato psíquico").

1.1 ESTADO PRIMARIO INDISCRIMINADO Y FUSIONADO

Los comienzos del desarrollo emocional se caracteriza fundamentalmente (aunque no exclusivamente) por el hecho de que el lactante no discrimina entre mundo externo e interno. A este estado psíquico, anterior a la separación del yo y el no-yo (*me/not-me*), Winnicott (1971b, 169) denominó "estado primario fusionado". Aunque en este contexto el bebé puede llegar a representar mentalmente (relación de objeto) a la figura materna, todavía no hay percatación de relacionarse con un objeto no-yo, "[...] el concepto de objeto aún no tiene significado para el niño, aunque éste experimente ya satisfacción al relacionarse con algo que nosotros vemos como un objeto." (Winnicott, 1964,33).

1.2 PROCESOS DE MADURACIÓN Y AMBIENTE FACILITADOR

La expresión "procesos de maduración" hace referencia a "una tendencia innata al crecimiento y la evolución personal" (Winnicott, 1989a, 234), es decir, a procesos innatos que conducen a la constitución del aparato psíquico (represión primaria, sistemas consciente e inconsciente, separación del no-yo y el yo, integración del yo, etc.).

Sin embargo, esta tendencia innata al crecimiento y la evolución no garantiza ningún resultado en este sentido. La actualización de los procesos de maduración depende de un *ambiente facilitador* satisfactorio, que consiste en una adaptación activa a las necesidades del lactante.

En las primeras etapas del desarrollo, el desvalimiento físico y psíquico del lactante demandan un ambiente facilitador que se adapte casi el cien por cien a sus necesidades. Cuando esta adaptación es efectiva los procesos de maduración se van convirtiendo en lo que Winnicott (1965, 53) denominó "*continuidad existencial*" *(going on being)*, lo cual sienta las bases del establecimiento del sí-mismo primitivo[1].

---

[1] Según Stern, el sí-mismo es "la experiencia subjetiva organizadora de todo lo que más tarde será designado verbalmente como el sí-mismo. Esta experiencia subjetiva organizadora es el equivalente preverbal, existencial, del sí-mismo objetivable, autorreflexivo, verbalizable" (Stern, 1985, 21).

Cuando no hay un ambiente facilitador que sostiene los procesos de maduración, se produce el bloqueo o ruptura de la *continuidad existencial* y la amenaza de *aniquilación del sí-mismo*, debido a la emergencia de *"agonías primitivas"* o *"angustias impensables"* (Winnicott, 1989a, 114), estrechamente relacionadas con las angustias psicóticas.

La intrínseca relación entre procesos de maduración y ambiente facilitador hizo que Winnicott concluyera que *"no podemos describir al bebé si no describimos el ambiente."* (Winnicott, 1989a, 302). De ahí que propuso describir el desarrollo en términos de *dependencia* respecto al ambiente [2].

1.3 DE LA DEPENDENCIA ABSOLUTA A LA INDEPENDENCIA

Winnicott (1965, 99-110) plantea tres categorías de dependencia que tendrán lugar en el desarrollo del individuo, siempre que este no sufra un bloqueo significativo. Estas categorías son:

A. Dependencia absoluta

B. Dependencia relativa

C. Hacia la independencia

A) Dependencia absoluta

Sobre todo, durante las primeras semanas después del parto, debido a su desvalimiento físico y psíquico, el lactante se encuentra en un estado de "dependencia absoluta", o "doble dependencia", respecto al ambiente físico y emocional. La expresión "dependencia absoluta" viene a significar que la continuidad existencial del lactante depende de forma absoluta de la adaptación y provisión ambiental.

Por otra parte, conviene diferenciar entre lo que se observa y lo que (se supone que) le pasa al lactante. Si la dependencia absoluta es un hecho evidente para el observador, a su vez el lactante todavía no es capaz de percatarse de esa dependencia. Se trata de "un estado que podría describirse simultáneamente como de *independencia absoluta* [desde la perspectiva del lactante] y dependencia absoluta [para el observador]" (Winnicott, 1958, 227, corch. LDM). La expresión

---

[2] A su vez, veremos que no es posible describir la estructuración y manifestaciones psicodinámicas de la psicosis sin describir al ambiente.

"doble dependencia" hace referencia a esta simultaneidad entre la dependencia absoluta y la falta de percatamiento por el lactante[3].

En este contexto, el neonato todavía no puede organizar defensas intrapsíquicas adaptativas, de modo que solo puede beneficiarse, o sufrir las consecuencias, según la provisión ambiental sea satisfactoria o no (cf. Winnicott 1987b, 213).

Para poder atender las necesidades del lactante y así sostener sus procesos de maduración, la madre tendrá que entrar en un estado emocional al que Winnicott (1958, 405-412) denominó "preocupación maternal primaria". En términos generales, este estado emocional se caracteriza por:

- Una sensibilidad exaltada en lo que se refiere a las manifestaciones de su bebé. Dicha sensibilidad es especialmente intensa al final del embarazo y en las primeras semanas después del parto.

- Gran capacidad para identificarse con el lactante sin perder la propia identidad, y así reconocer y atender sus necesidades a través de una comunicación física y silenciosa.

- Disponibilidad para deshacerse temporalmente de otros intereses personales y dedicar un interés y devoción casi absolutos a su bebé.

- La madre se vuelve emocionalmente más vulnerable, aunque esto muchas veces no se advierte debido al círculo de protección que se organiza alrededor suyo (el marido, su propia madre, la familia en general, etc.).

- Si no fuese por el hecho del embarazo y la existencia del bebé, podría compararse la preocupación maternal primaria a un estado enfermizo (replegamiento, episodio esquizoide, tendencia al incremento de las ansiedades paranoides). Por lo general, poco a poco las madres se recuperan de esta "enfermedad" en la medida en que el bebé conquista una mayor autonomía, o sea: pasa de la dependencia absoluta a la dependencia relativa[4].

---

3 Por analogía podría pensarse aquí en aquellos pacientes psicóticos graves que dependen de forma casi absoluta de los cuidados externos, y que sin embargo actúan como si fuesen completamente independientes. Si se les quita la provisión ambiental, el derrumbe puede llegar a ser catastrófico.

4 Sobre todo, los Acompañantes Terapéuticos de pacientes con patologías graves suelen experimentar y manifestar alteraciones emocionales significativas y, en cierta medida, similares a la preocupación maternal primaria. De ahí que, al "igual" que la madre, el Acompañante debe contar con un círculo de protección (equipo, supervisor, etc.) que contribuya a que ello no se convierta en un estado mórbido y resistencial.

Fundamentalmente, estas son las características de la preocupación maternal primaria que posibilitan atender las necesidades del lactante y así sostener los procesos de maduración que conducen a la dependencia relativa.

b) Dependencia relativa

Si en la dependencia absoluta el bebé no se percata de la dependencia, resulta que la capacidad para *percatarse* de la dependencia respecto a la provisión ambiental será el factor decisivo que marcará el fin de la fase (teórica) de dependencia absoluta y el inicio de la dependencia relativa.

La diferenciación del yo y el no-yo posibilita al bebé percatarse de la provisión ambiental y relacionarla con sus necesidades e impulsos personales (cf. Winnicott, 1964, 190s; Winnicott, 1965, 104s; Winnicott, 1988, 165ss).

En este contexto, el lactante va adquiriendo una creciente capacidad para representar psíquicamente su universo relacional (representación mental de la madre, el recuerdo de que la frustración solo dura un tiempo determinado, etc.), y con ello va desarrollando recursos psíquicos para tramitar las fallas ambientales (por ejemplo, cuando la figura materna se ausenta o tarda en atenderle).

El percatamiento de la dependencia instituye además otro cambio fundamental. Si en la dependencia absoluta la comunicación dependía casi exclusivamente de la devoción e identificación emocional de la madre, a partir del enlace entre las necesidades personales y la provisión ambiental ya es posible observar la creciente (aunque oscilante) capacidad del bebé para comunicar sus necesidades a través de señales, tales como las expresiones faciales, sonidos, gestos, etc. (cf. Winnicott, 1965, 57s; cf. Stern, 1985, 164). Se va estableciendo un sutil y complejo código comunicacional en el cual el bebé tendrá que arreglárselas para comunicarse con la figura materna en cuanto fenómeno no-yo.

En definitiva, aquí la dependencia es *relativa* debido a que el bebé empieza a disponer de una serie de recursos psíquicos y comunicacionales, de modo que la relación ya no depende de forma tan extremada de la adaptación activa de la figura materna.

c) Hacia la independencia

Aunque esta fase sigue hasta la vida adulta (dado que no se puede hablar de una madurez e independencia plenas), interesa señalar los logros del desarrollo que marcan sus orígenes.

Si se tratara de establecer una línea divisoria entre la etapa anterior y esta, dicha línea se encuentra en el momento teórico en que puede darse por concluida la constitución del aparato psíquico. En otros términos: el niño logró alcanzar la condición de *individuo* (separación del no-yo y el yo, integración, etc.), con un mundo interno poblado de representaciones y fantasías (institución de la represión primaria y del inconsciente), una organización *yoica* capaz de organizar defensas adaptativas y prescindir cada vez más de la función *yoica* ejercida por la figura materna.

Sin embargo, esta línea divisoria es un recurso teórico. Sobre todo, al comienzo, en diferentes momentos el niño oscila entre avanzar hacia la independencia y regresar a estados de mayor dependencia, sobre todo en situaciones ansiógenas. La capacidad de la madre para captar y tolerar estas oscilaciones resulta fundamental, dado que la seguridad de poder regresar y ser sostenido permite al niño arriesgarse en sus incursiones hacia una realidad en la que se encuentra más desamparado.

La instauración de los procesos de integración y del mundo interno, entre otras cosas, permite al niño establecer intercambios afectivos (proyección e introyección) y relaciones con círculos sociales cada vez más amplios (personas cercanas, escuela, grupos, instituciones). De esta forma, el niño o adulto "se halla en situación de vivir una existencia personal satisfactoria al mismo tiempo que se ve envuelto en los asuntos de la sociedad" (Winnicott, 1965, 109s). Esta ampliación de los círculos sociales pasa por los procesos interactivos e intrapsíquicos relacionados con la transicionalidad (ver 1.6 *infra*).

1.4 NECESIDADES YOICAS Y CUIDADOS MATERNOS

Según Winnicott (1987a, 59), en el recorrido que va de la dependencia absoluta a la dependencia relativa, las tres principales tareas del desarrollo, son:

1. Integración del Yo

2. Residencia de la psique en el cuerpo (o integración psicosomática)

3. Establecimiento de relaciones objetales

Estos logros se corresponden, de forma aproximada y respectivamente, con las tres principales funciones de la figura materna, a saber:

1. Sostenimiento (*holding*)[5]

2. Manipulación (*handling*) o asistencia corporal.

3. Presentación de objeto (*object-presenting*)

Vistas en conjunto, estas tres funciones constituyen la *función yoica auxiliar* a través de la cual la madre brinda un ambiente facilitador que se adapta a las necesidades del lactante (Winnicott, 1989a, 113).

1) *Sostenimiento*

En la dependencia absoluta las necesidades del lactante son fundamentalmente físicas (corporales y fisiológicas). Ello no significa que el neonato no posee una psicología, sino que el cuidado físico equivale y se yuxtapone al cuidado psicológico. El lactante solo puede recibir el amor materno a través de muestras físicas de este amor (cf. Winnicott, 1957, 144; Davis y Wallbridge, 1981, 118). En lo que se refiere al sostenimiento físico, podría diferenciarse dos modalidades: la ambiental y la corporal.

En el sostenimiento ambiental, la madre organiza el entorno con el objetivo de favorecer la continuidad existencial de su bebé, controlando los ruidos, golpes, iluminación, temperatura, etc.). Se trata de proveer un ambiente sostenedor (o "encuadre") que protege al lactante de situaciones en las que necesite reaccionar a la intrusión de estímulos ambientales.

En lo que respecta al sostenimiento corporal, con el nacimiento el neonato pasa de "la era pre-gravitatoria a la gravitatoria, pasa de ser amado desde todas las direcciones [sostenido en el útero] a ser amado solo desde abajo [sostenido en los brazos]" (Winnicott, 1988, 184, corch. LDM). De ahí, que los fallos significativos en esta modalidad del sostenimiento pueden generar la *angustia de caída interminable* (común en algunos estados psicóticos, aunque no exclusivamente).

Cuando el lactante es sostenido adecuadamente, su psique puede "alojarse" en el cuerpo de la madre, logrando constituirse como unidad antes de que la

---

[5] Los traductores al español de Davis y Walbridge (1981) sugieren traducir "*holding*" por "amparo", en parte debido a que el término "sostén" puede llevar al equívoco de tenerse en cuenta solo el aspecto físico del sostenimiento. De todas formas, en castellano nos hemos acostumbrado a "sostenimiento" en las traducciones de los libros de Winnicott, de modo que emplearé este término.

integración sea un hecho intrapsíquico relativamente estable. La costumbre de fajar a los bebés parece tener que ver con la importancia de proporcionarles esta "integración no integrada".

2) Asistencia corporal

La manipulación, o "asistencia corporal" (Davis y Wallbridge, 1981, 199), es una modalidad del sostenimiento que hace referencia a los cuidados corporales que la madre brinda al lactante al bañarle, cambiar los pañales, amamantarle, acomodarle en la cuna, etc.

Al comienzo, el Yo "es sobre todo una esencia-cuerpo" (Freud, 1923, 27), fundamentalmente derivada de las sensaciones provenientes de la superficie corporal. Partiendo del estado primario fusionado, la piel será la primera referencia de límite y diferenciación entre el yo y el no-yo (ver Ogden, 1989, 61ss, 162s). En este contexto, el término "integración" hace referencia a la *integración psicosomática, personalización o residencia de la psique en el cuerpo* (Winnicott, 1965, 69; Winnicott, 1989a, 140ss).

Al igual que en el sostenimiento, la asistencia corporal no es solo una cuestión de técnica, sino que depende de aquella sensibilidad adquirida en el estado de preocupación maternal primaria. La personalización depende de "la capacidad de la madre, o de la figura materna, para sumar su participación emocional a la que es originalmente física y fisiológica" (Winnicott, 1989a, 315; cf. Stern, 1985, 251s).

En el ámbito de situaciones cotidianas, desde su participación emocional, la figura materna se ocupa, por ejemplo, de controlar la temperatura del agua, contribuyendo a que el baño resulte una experiencia placentera. Al cambiar los pañales, cuidará para que estos no estén demasiado apretados, ni sus manos demasiado frías, etc.

Es decir, que a través de su "técnica" de asistencia corporal, la madre realiza dos tareas fundamentales: a la vez que evita la intrusión ambiental y protege la continuidad existencial del lactante, enriquece la relación con experiencias placenteras. Ello facilita la creciente integración entre la psique y el soma, lo cual constituye el fundamento del Yo-cuerpo y de la diferenciación del yo y el no-yo. Por otra parte, al no necesitar reaccionar ante la intrusión del ambiente, se establecen las bases para lo que será una relación de confianza con la realidad externa.

3) Presentación de objeto

La función de presentación de objetos hace referencia a la forma cómo la madre presenta el mundo y a sí misma a su bebé, teniendo en cuenta su condición psíquica y necesidades *yoicas* cambiantes a lo largo del desarrollo. Se trata de presentar a los objetos de modo que esta presentación *facilite* el establecimiento de relaciones objetales, es decir: los procesos a través de los cuales la realidad externa se hace psíquicamente significativa para el lactante. En términos generales, podría definirse este aspecto del cuidado materno en términos de *dosificación y constancia*.

En lo que se refiere a la dosificación, en primera instancia el lactante no posee recursos *yoicos* para tramitar las frustraciones y hacer frente al principio de realidad. Debido a su condición psíquica establece fundamentalmente relaciones con objetos que se encuentran bajo su ilusión de control omnipotente (ver 1.5.1 *infra*).

En este contexto, la madre presenta el mundo al lactante de modo que este pueda crear y mantener esta ilusión de control omnipotente, dado que la imposición prematura del principio de realidad produciría una reacción ante la intrusión del factor externo. A la figura materna le corresponde reconocer (intuitivamente) los límites y posibilidades de su bebé, y no imponerle exigencias (principio de realidad) a las cuales no puede hacer frente. Al "presentarle al niño el mundo en pequeñas dosis, vale decir, al adaptarse a las necesidades *yoicas* del bebé, la madre le da tiempo para que amplíe sus capacidades, con el desarrollo que trae la maduración". (Winnicott, 1989a, 95)

El lactante solo puede sacar provecho de esta dosificación si la misma va acompañada por la *constancia* -en el tiempo, espacio y cualidad- de los cuidados maternos.

La *constancia en el tiempo* es fundamental sobre todo en la medida en que el lactante no cuenta con la *constancia del objeto* en cuanto representación psíquica. Para establecer relaciones objetales significativas y acceder a la constancia objetal, necesita la constancia de la presencia física de la persona de la que depende (cf. Winnicott, 1971b, 131).

A la constancia de esta presencia física en el tiempo hay que agregarle la *constancia de la cualidad* de los cuidados maternos. En este sentido, Winnicott hace la siguiente advertencia: "Ello no significa que un bebé de pocas semanas conozca a la madre como lo hará a los seis meses o al año. En los primeros días, lo que percibe es la pauta y la técnica del cuidado materno, y también el detalle de sus pezones, la forma de sus orejas, la cualidad de su sonrisa, el calor y el olor de su aliento". (Winnicott, 1957, 143)[6]

En lo planteado interesa señalar que la constancia de la pauta y la técnica dependen de la constancia de la cualidad afectiva (preocupación maternal primaria). Una madre que constantemente cambia de humor y actitud no puede brindar el marco o "encuadre" necesario para la constancia objetal, ni tampoco cierta predictibilidad de la conducta ambiental. Winnicott (1987b, 234) dice que el peor tipo de quehacer materno es aquél en el que predomina la impredecibilidad, a tal punto que el lactante ni siquiera puede predecir que el ambiente habrá de fallar.

En términos generales, estas son las *necesidades yoicas* impuestas por la condición psíquica del lactante en las primeras etapas del desarrollo emocional. La adaptación a estas necesidades a través del sostenimiento, asistencia corporal y presentación de objetos facilita el desarrollo gradual de la integración, personalización (o residencia de la psique en el cuerpo) y relaciones objetales.

Debido a que la expresión *adaptación a las necesidades yoicas* puede y suele ser objeto de malentendidos, tanto en el ámbito del desarrollo como de la clínica, conviene tener en cuenta que adaptarse a las *necesidades yoicas* no es lo mismo que satisfacer las demandas pulsionales.

1.4.1 Necesidades del Yo y demandas pulsionales del Ello

La diferenciación y relación entre necesidades del Yo y demandas pulsionales del Ello es una referencia fundamental en los textos de Winnicott acerca del desarrollo y la clínica.

En una carta, Winnicott (1987b, 248s) manifestó cierta insatisfacción hacia sus colegas de la Sociedad Psicoanalítica Británica, quienes hacían referencia casi exclusivamente a la provisión ambiental que satisface o frustra las demandas pulsionales del Ello. Esta posición crítica se basa en la idea según la cual solo "bajo condiciones de adecuación del ego [Yo] que los impulsos del id [Ello], sean satisfechos o frustrados, se convertirán en experiencias del individuo." (Winnicott, 1965, 296).

---

[6] Se ha demostrado experimentalmente que los bebés de tres días son capaces de reconocer el olor de la leche de sus respectivas madres (Stern, 1985, 59, 72ss).

En las primeras etapas del desarrollo, estas "condiciones de adecuación del ego" todavía no son un hecho intrapsíquico, sino algo proporcionado por una provisión ambiental que brinda apoyo *yoico*. Solo en este contexto de sostén, el lactante "puede empezar a existir y a tener experiencias del ello" (Winnicott, 1958, 292; cf. *ibídem*, 411), con sus correspondientes experiencias de satisfacción y frustración de lo pulsional.

La crítica de Winnicott a la descripción psicoanalítica tradicional consiste en que en ésta se daba por sentado el cuidado materno que atiende a las necesidades del Yo. Con ello se estaba eludiendo aquello que sostiene, y en qué se sostiene, lo pulsional como experiencia del individuo. En un apartado titulado "Necesidades del ego y necesidades del id", comenta que: "Debo poner de relieve que al hacer referencia a la satisfacción de las necesidades del niño, excluyo la satisfacción de los instintos [pulsiones]. En el terreno por el que ahora se mueve mi examen [o sea: el de la dependencia absoluta][...] los instintos pueden ser tan externos como puedan serlo los truenos o los golpes. El ego de la criatura está haciendo acopio de fuerza y, por consiguiente, acercándose a un estado en que las exigencias del id serán percibidas como parte del ser [...]. Al producirse esta evolución, la satisfacción del id se convierte en importantísimo reforzador del ego, o del ser verdadero". (Winnicott, 1965, 171, corch. LDM; cf. *ibidem*, 37ss)

Si tomamos como referencia la experiencia de amamantación, cuando Winnicott habla de las necesidades del Yo, entiendo que se está refiriendo a la necesidad (más allá de la necesidad pulsional de la leche) de ser sostenido en brazos a modo de una interacción calma y calmante; a la necesidad (como veremos más adelante) de "sentir" que eso que se le ofrece desde fuera es parte de sí mismo (fusión) y se encuentra bajo su control omnipotente, motivo por el cual no es conveniente que la madre fuerce o se precipite para que tome el pecho, sino tener una actitud de disponibilidad y cercanía para que el gesto de apropiación salga del bebé. "A decir verdad, es posible satisfacer un impulso oral y con ello *violar* la función del ego de la criatura [...]. La satisfacción obtenida en la actividad de nutrición puede, de hecho, constituir una seducción y resultar traumática cuando el bebé no se halla al amparo de la funcionalidad del ego". (Winnicott, 1965, 67; cf. Stern, 1985, 251s)

Desde una (re)lectura global de los textos de Winnicott, considero que le preocupaba *en qué términos* se estaba describiendo las primeras etapas del desarrollo; y parece proponer una diferenciación entre el *lenguaje de las pulsiones* y el *lenguaje de las necesidades del Yo*.

Quizá fue en su trabajo titulado "Los elementos masculino y femenino escindidos que se encuentran en hombres y mujeres", en donde Winnicott (1989a) hizo su aportación definitiva sobre esta cuestión. En este sentido, diferenció entre la *relación de objeto del elemento femenino puro*, y la *relación de objeto del elemento masculino puro*.

El elemento femenino puro serían aquellas experiencias calmas, de tipo no culminatorio, que sostienen el sentido de ser. Para *ser*, el lactante necesita una figura materna que *es*, es decir, que se adapte a sus necesidades yoicas y favorezca la fusión. En lo que se refiere a este elemento femenino puro (teórico), la relación de objeto nada tiene que ver con lo pulsional (cf. *ibídem*, 219). Ya el elemento masculino puro apuntaría a aquellas relaciones en que entran en juego las satisfacciones y frustraciones pulsionales.

Cuando Winnicott establece la diferenciación entre la relación de objeto de los elementos femenino y masculino puros, lo que hace es emplear un recurso teórico para diferenciar y a la vez relacionar dos niveles simultáneos de relación. "En el extremo, descubrí que estaba examinando un conflicto esencial de los seres humanos, que debe operar en fecha muy temprana: el que existe entre ser el objeto que también tiene la propiedad de ser [elemento femenino] y, en contraste con ello, una confrontación con el objeto que implica actividad y relación de objeto basada en el instinto [pulsión] o moción [elemento masculino]". (Winnicott, 1989a, 231; corch. LDM)

A modo de conclusión, diría que el lenguaje de las *necesidades yoicas* es un *momento teórico* anterior al lenguaje de las pulsiones.

Este enunciado teórico tiene sus correlatos en la práctica. Si la madre satisface lo pulsional sin brindar *apoyo yoico*, entre otras cosas ello predispone a que el individuo se desarrolle sobre la base de un sí-mismo falso. Hasta puede llegar a *hacer* cosas e incluso adaptarse socialmente, pero sin sentirse real, dado que el elemento masculino (el que *hace*, lo pulsional) "no resulta satisfactorio para la identidad inicial, que necesita un pecho que *es*, no uno que *hace*" (*ibídem*, 218).

Además, sobre todo en algunos casos de patologías graves, observamos la manifestación compulsiva, impulsiva y anárquica de lo pulsional. Diría que se trata de *pulsiones sin sujeto*, en el sentido de que lo pulsional no se halla bajo el amparo de una organización *yoica* que lo *sujete*.

En términos clínicos, no se trata tanto de intervenir para que el paciente logre una elaboración intrapsíquica de las vicisitudes de lo pulsional, sino de brindar (por lo menos en primera instancia) una provisión ambiental o *apoyo yoico* que sostenga, module, acote u oriente lo pulsional. Ello suele contribuir a la disminución de las angustias y sintomatología derivadas de las pulsiones sin sujeto (ver cap. 7).

1.4.2 Adaptación versus satisfacción

La diferenciación y relación entre *necesidad yoica* y demanda pulsional implica diferenciar y relacionar las nociones de adaptación y satisfacción, así como de no adaptación y frustración. Respecto a las *necesidades yoicas*, puede haber adaptación o no, "y el efecto no es el mismo que el de la satisfacción o frustración de un impulso del ello." (Winnicott, 1958, 406).

Sobre todo en la dependencia absoluta, los fallos significativos de adaptación a las *necesidades yoicas* generan una reacción a la intrusión (*impingement*). Esta reacción puede interrumpir la continuidad existencial del bebé y provocar, no la frustración y el odio, sino la emergencia de angustias primitivas, como puede ser la amenaza de aniquilación del sí-mismo (cf. Winnicott, 1958, 409; Winnicott, 1988, 180ss).

El lactante es "un ser inmaturo que en todo momento se halla *al borde de una angustia inconcebible*" (Winnicott, 1965, 67), la cual amenaza con aniquilar su continuidad existencial (cf. Stern, 1985, 243ss). Ante la falla de adaptación y la emergencia de la angustia impensable, la posibilidad de "defenderse" puede consistir en *reaccionar* con la "suspensión del proceso de desarrollo y la psicosis infantil." (Winnicott, 1964, 190).

Aquello que posteriormente serán *defensas adaptativas intrapsíquicas*, en este momento del desarrollo corresponde describir fundamentalmente en términos de *adaptación activa* por parte de la figura materna. Desde esta perspectiva, el término "sostenimiento" significa que la adaptación materna sostiene el psiquismo del bebé. En el extremo, se trata de atender la necesidad imperiosa de mantener la angustia impensable a raya.

Por otra parte, tanto la frustración como la satisfacción de lo pulsional pueden cumplir un papel importante en el desarrollo primitivo, que consiste en empezar a "educar al niño con respecto a la existencia de un mundo 'que no es él'" (Winnicott, 1965, 220).

Desde la perspectiva del lactante, el término "frustración" solo tiene sentido cuando hay una organización psíquica capaz de percatarse de la dependencia.

El percatamiento genera expectativas hacia el objeto, y la frustración se produce cuando la conducta del objeto no corresponde a tales expectativas. En este *momento teórico*, el lactante "aprende" a odiar al objeto que frustra (cf. Green, en Winnicott y otros, 1977, 15), y a partir de aquí el odio será un "ingrediente" esencial para el desarrollo (ver próximos apartados).

Winnicott también reconoce el papel positivo de la falla de adaptación, siempre que esta no sea excesiva y pueda ser reparada a tiempo. "La primera organización del yo procede de la experiencia de amenazas de aniquilación que no conducen a la aniquilación y con respecto a las cuales hay *recuperación* repetidas veces. Partiendo de tales experiencias, la confianza en la recuperación comienza a ser algo que lleva a un ego y a una capacidad del yo para enfrentarse con la frustración". (Winnicott, 1958, 409s)

Si al comienzo del desarrollo, la principal función de la figura materna consiste en adaptarse a las necesidades del lactante, sobre todo en la medida en que el desarrollo avanza, el bebé *necesita* que la figura materna empiece a "fallar"; es decir, a disminuir el grado de adaptación.

El interjuego de esta doble tarea del cuidado materno (adaptación y desadaptación) constituye la base del proceso de ilusión-desilusión.

1.5 EL PROCESO DE ILUSIÓN-DESILUSIÓN

El proceso de ilusión-desilusión tiene lugar en el contexto de las relaciones interpersonales primerizas que sostienen el establecimiento de relaciones objetales y la constitución del aparato psíquico. Para describirlo conviene tomar como referencia la lactancia natural, dado que el "pecho" o "pezón" es el primer objeto que la madre presenta al lactante. Por otra parte, Winnicott advierte que: "Incluyo en el término [pecho materno] todos los cuidados maternos. Cuando se dice que el primer objeto es el pecho, creo que la palabra "pecho" se usa para denominar la técnica de la crianza tanto como la carne real". (Winnicott, 1971b, 29, corch. LDM)

Debido a la amplitud y complejidad del tema, eludiré las complicaciones relativas al uso del biberón, los problemas derivados de anormalidades físicas o fisiológicas en el lactante o en la madre, así como aquellos casos en que no es la madre biológica la que da el pecho (ver Winnicott, 1957, 147-153; Winnicott, 1988, 40ss).

1.5.1 Ilusión

Para describir los comienzos del proceso de ilusión, Winnicott formuló el concepto de "primera lactación teórica", que "está representada por la suma de las experiencias tempranas de muchas lactaciones" (Winnicott, 1988, 152).

En la primera lactación teórica todavía no hay material mnémico o un universo representacional que posibilite la alucinación (cf. *ibidem*, 148). Aquí el hambre saca al neonato de un estado "calmo" y produce uno "excitado" (*ibidem*, 145ss), es decir: la expectativa de encontrar "algo", en "algún lugar", que elimine su displacer. Si hubiera material mnémico, alucinaría un objeto (alimento), pero como no hay objeto al que alucinar, se produce más bien "una dirección de la expectativa que un objeto en sí" (Winnicott, 1958, 227).

Al hablar del principio de placer, en una nota a pie de página, Freud ya advertía que: "Es probable que [el lactante] alucine el cumplimiento de sus necesidades interiores; denuncia su displacer, a raíz de un acrecentamiento de estímulo y una falta de satisfacción, mediante la descarga motriz del berreo y pataleo, y tras eso vivencia la satisfacción alucinada." (Freud, 1911, 225, corch. LDM)

Luego se van estableciendo conexiones entre esta satisfacción alucinada (sin objeto, mediante el berreo y pataleo) y el material mnémico acumulado a través de las experiencias reales de amamantación. Tales conexiones fundan la capacidad para alucinar (cf. Stern, 1985, 149s).

Esta situación constituye el fundamento del concepto de "creatividad primaria" (Winnicott, 1988, 159). Desde el comienzo, el neonato está dotado con la capacidad para establecer relaciones con objetos subjetivos y crear algo sobre la base de esta "dirección de la expectativa". Que posteriormente se asocia con el material mnémico proporcionado por las impresiones sensoriales registradas durante las experiencias de amamantación (cf. *ibidem*, 152). "El bebé eventualmente tiene la ilusión de que ese pecho real es exactamente el resultado de la creación surgida de la necesidad, la avidez y los primeros impulsos de amor primitivo. La vista, el olfato y el gusto se registran en alguna parte, y después de un tiempo, el bebé puede crear [mediante la alucinación] algo muy parecido al pecho que la madre le ofrece". (Winnicott, 1957, 145, corch. LDM)

Desde su adaptación activa, *la madre suficientemente buena presenta el pecho en el momento y lugar adecuados*, de modo que el neonato *encuentra en la realidad* aquello que estaba dispuesto para ser *creado o alucinado*. Desde la "perspectiva" del bebé, este objeto encontrado y a la vez alucinado ha sido creado por él, es una extensión de sí mismo y se encuentra bajo su control omnipotente.

En este aspecto, Winnicott critica ciertas prácticas de enfermería que consisten en forzar al lactante a que tome el pecho, no ofreciendo las condiciones para que lo cree desde su propio gesto. "[...] el bebé no tiene necesidad inmediata de la leche, hecho bien conocido en pediatría. El bebé que ha descubierto el pezón, y cuya madre está accesible para ofrecerlo a su mano o a su boca en el momento oportuno, puede tomarse tiempo, si es necesario, para empezar a succionar. Tal vez haya un período de masticación, y desde el principio, cada bebé ejecuta su propia técnica". (Winnicott, 1988, 151s)

Es importante que el objeto sea presentado de modo que el gesto de apropiación provenga del lactante. Más allá de la satisfacción pulsional proporcionada por la leche, está la necesidad (*yoica*) de establecer un contacto psíquico con el objeto y crearlo. Del lado de la madre, importa destacar que con su adaptación activa completa el *gesto espontaneo* (creador) del lactante. "El bebé dice (sin palabras, por supuesto): "Tengo ganas de..." y en ese preciso instante la madre viene y lo cambia de posición, o viene a alimentarlo, y el bebé puede finalizar la frase: "...cambiar de posición, tomar el pecho, la mamadera, etc., etc." Debemos decir que el bebé fue quien creó el pecho, pero no hubiera podido hacerlo si la madre no hubiese venido a dárselo justo en este momento. El mensaje para el bebé es: "Entra en el mundo creativamente, crea el mundo tú mismo; solamente lo que tú creas tiene sentido para ti.". (Winnicott, 1987a, 133)[7]

En lo que se refiere al establecimiento de relaciones objetales, la tarea de la *madre suficientemente buena* consiste en posibilitar la yuxtaposición entre lo alucinado y lo real, o en confirmar las ilusiones y alucinaciones del lactante convirtiéndolas en hechos.

Si es cierto que el lactante se encuentra desvalido, también lo es que la adaptación materna le convierte en una especie de "dios omnipotente". Solo a "partir de esta *experiencia inicial de omnipotencia* el bebé puede comenzar a experimentar la frustración, y llegar un día [...] a tener el sentimiento de ser solo una partícula en el universo" (*ibídem*, 131s).

En el ámbito de esta yuxtaposición entre lo alucinado y lo real, se establece el primer "vínculo" con la realidad externa; un "vínculo" a modo de unión fusional (objeto subjetivo) entre el lactante y la figura materna. Aunque parezca contra-

---

[7] Ello no significa que la madre *sepa* qué necesita el bebé en cada momento. Lo que hace es *interpretar* (atribuir significados a) sus manifestaciones y dar una o varias respuestas. No se trata tanto de que las respuestas de la madre "den en el blanco", sino más bien de que alguna le sirva al bebé.

dictorio, el acceso a los atravesamientos del principio de realidad se constituye desde el proceso de ilusión. "La madre posibilita al bebé tener la ilusión de que los objetos de la realidad externa pueden ser reales para él, vale decir, pueden ser alucinaciones, ya que solo a las alucinaciones las siente reales. Para que a un objeto exterior se lo sienta real, la relación con él debe ser la relación con una alucinación". (Winnicott, 1989a, 73)

"Solo a las alucinaciones las siente reales": este es el imperativo impuesto por la condición psíquica del lactante para que la realidad externa no resulte intrusiva y empiece a hacerse significativa.

Lo que abre el acceso a los atravesamientos del principio de realidad es el hecho de que, en un primer momento, la figura materna no impone exigencias en este sentido. De esta forma evita la intrusión del factor externo y protege la continuidad existencial de su hijo, cuyo desarrollo puede darse sobre la base de un sí-mismo verdadero. En otros términos, se trata de brindar un ambiente facilitador que *sostiene* los procesos de maduración que conducen al establecimiento de relaciones objetales y a la constitución del aparato psíquico.

Desde esta perspectiva, es posible hacer una exposición positiva de la ilusión en cuanto logro del desarrollo. En este sentido, Winnicott privilegia el aspecto creativo y estructurante del proceso, y no el surgimiento de la omnipotencia y la alucinación como medidas defensivas ante la incapacidad para tolerar las frustraciones impuestas por el principio de realidad (cf. Davis y Wallbridge, 1981, 57ss).

En resumen, el proceso de ilusión (en la dependencia absoluta) tiene lugar sobre la base de la relación de objeto del elemento femenino puro (*relaciones yoicas* de tipo no culminatorio), que protege la continuidad existencial del lactante y garantiza la actualización de los procesos de maduración. Ello facilita el establecimiento de la fusión y de relaciones con objetos subjetivos (en un primer momento mediante la alucinación). En este contexto, tienen lugar los comienzos de las relaciones objetales y de la "significancia" de la realidad externa, lo cual sienta las bases del proceso de constitución del aparato psíquico.

En la medida en que el proceso de ilusión sostiene estos logros, las cambiantes capacidades y necesidades del lactante demandan un cambio de dirección en lo que se refiere a los cuidados maternos. A partir de este punto teórico, la *desilusión* empieza a ganar protagonismo.

1.5.2 Desilusión

Cuando Winnicott habla de una adaptación *casi* absoluta a las necesidades psíquicas del bebé, el término "casi" ya indica que, desde el comienzo, hay cierto grado de desadaptación. Aun así, es posible delimitar el *comienzo teórico* del proceso de desilusión en función de una serie de transformaciones cualitativas en la actitud mental y conductual de la madre, que acompañan a las del bebé.

En lo que a la madre se refiere, hay una salida gradual del estado de preocupación maternal primaria, lo cual conlleva una disminución del grado de devoción y adaptación (retirada materna).

A su vez, en la medida en que el proceso de ilusión sostiene el desarrollo de los procesos de maduración, poco a poco el lactante adquiere recursos psíquicos que le permiten hacer frente a la frustración y desadaptación gradual a sus necesidades. Entre los acontecimientos que contribuyen a la capacidad para enfrentar esa retirada materna, cabe destacar:

1. El establecimiento de relaciones con objetos subjetivos y la experiencia de omnipotencia, lo cual conduce a:

2. La "confiabilidad del ambiente previsible promedio" (Winnicott, 1989a, 178), que poco a poco se convierte en un sentimiento de "fe en la confiabilidad de la madre" (Winnicott, 1971b, 145). Todo ello es posible gracias a las sucesivas experiencias en el sentido de que la frustración, así como las fallas de adaptación, que tienen un límite de tiempo y pueden ser reparadas.

3. El establecimiento de una representación psíquica de la madre, lo cual posibilita que la misma esté presente (en cuanto representación) en su ausencia (física). La capacidad para tramitar la frustración y fallas de adaptación aumenta en la medida en que crece la capacidad del bebé para mantener viva esta representación psíquica (constancia objetal; cf. *ibídem*, 27s, 131s).

Estas conquistas tienen lugar durante el pasaje de la dependencia absoluta a la dependencia relativa, lo cual implica la separación del yo y el no-yo y el percatarse de la dependencia. Por lo tanto, para comprender el proceso de desilusión, conviene detenerse en los procesos interpersonales implicados en la separación del yo y el no-yo.

En el proceso de ilusión el lactante estableció relaciones objetales a modo de fusión con objetos subjetivos que se encuentran bajo su control omnipotente. Hay relación de objeto, pero no la capacidad para relacionarse con el objeto, es decir, reconocer su exterioridad, características propias y autonomía. Winnicott (1989a, 265ss) dirá que hay relación de objeto, pero no la capacidad para *usar el objeto*.

Para pasar de la relación al uso, el lactante tendrá que *colocar al objeto fuera de su zona de control omnipotente*, "percibir al objeto como un fenómeno exterior, no como una entidad proyectiva [o alucinada], y en rigor reconocerlo como una entidad por derecho propio." (*ibídem*, 267, corch. LDM). A su vez, colocar al objeto fuera de la zona de control omnipotente implica destruir al objeto fusionado. "Importa destacar que no se trata solo de que destruye al objeto porque este es ubicado fuera de la zona de control omnipotente. Asimismo, interesa señalar esto desde otro ángulo, y decir que es la destrucción del objeto la que lo coloca fuera de la zona de control omnipotente del sujeto". (Winnicott, 1989a, 267)

Esta destrucción no está motivada desde la frustración de lo pulsional y el odio. La destructividad con ira pertenece a un momento posterior del desarrollo (ver a continuación). En este momento fundante se trata más bien de una destructividad derivada de la actualización de los procesos de maduración, lo cual genera en el bebé la *necesidad yoica* de "romper" la fusión y empezar a existir en cuanto fenómeno autónomo y separado de la figura materna. Metafóricamente diríamos que el cascarón que posibilitó el crecimiento de bebé ahora tendrá que ser destruido para que el bebé pueda seguir creciendo.

Desde otro punto de vista, la "finalidad" de esta destructividad sin odio es encontrar/crear la exterioridad del objeto. Es una *destructividad* que *construye* la (percepción de la) realidad externa compartida (cf. *ibídem*, 268ss). Estos procesos van a manifestarse a través de diversos matices conductuales. Stern comenta que: "Las madres saben muy bien que los infantes pueden afirmar su independencia y expresar un decisivo 'NO' desviando la mirada a los cuatro meses, con gestos y entonaciones vocales, a los siete". (Stern, 1985, 39)

En determinados momentos puede que el bebé rechace el pecho o la comida que le ofrece la madre, o que la ataque físicamente (cuando muerde, patalea, araña, etc.). Al no diferenciar entre fantasía y hecho, los ataques fantaseados y reales se equivalen (entendiendo que el término "ataque" también hace referencia a las manifestaciones de rechazo a través de la mirada, gestos, etcétera).

En este contexto interpersonal, la principal tarea de la madre es *sobrevivir al ataque*, lo cual significa no adoptar una actitud retaliativa, vengativa, moralista o de abandono. Por ejemplo, la madre no dejará de atender a su hijo debido a que este no acepta su comida o se niega a mirarla durante unos pocos minutos. Desde luego, para el bebé puede resultar sumamente significativo si por algún motivo (muerte, enfermedad, etc.) la figura materna se ausenta (física o emocionalmente) por demasiado tiempo.

Cuando no hay supervivencia, el sí-mismo sufre la amenaza de aniquilación, debido a que la destrucción en el ámbito de la relación de objeto se yuxtapone a la destrucción real del objeto que sostiene el universo objetal del bebé. Una consecuencia posible es el bloqueo de la destructividad estructurante; de modo que toda destructividad es vivida "como algo que no puede ser contenido o algo que solo es posible conservar en la forma de una posibilidad de ser objeto de ataque." (Winnicott, 1989a, 271). Este mecanismo sería uno de los precursores de las ansiedades paranoides.

De hecho, el término "destrucción" se refiere no tanto al impulso destructivo del lactante, sino más bien a la posibilidad de que el objeto no sobreviva. Si sobrevive, la destrucción es una destrucción potencial en la "fantasía inconsciente"[8]; una destrucción que será restituida una y otra vez por la supervivencia del objeto que se encuentra en la realidad externa compartida. La supervivencia, que se contrapone a la destrucción potencial, hará que el bebé ubique al objeto fuera de su zona de control omnipotente (reconozca su autonomía y características propias). "Para decirlo con otras palabras, gracias a la supervivencia del objeto, el sujeto puede entonces vivir una vida en el mundo de los objetos, cosa que le ofrece inmensos beneficios; pero es preciso pagar un precio, en la forma de una aceptación de la destrucción que se va dando en la fantasía inconsciente vinculada con la relación de objeto". (Winnicott, 1989a, 267s)

En la medida en que el objeto es colocado fuera de la zona de control omnipotente del sujeto, los mecanismos proyectivos actúan sobre la estructuración de la percepción, "pero no son *la razón de que el objeto se encuentre ahí*" (*ibídem*, 268). La razón de que el objeto se encuentre en la realidad externa compartida es la supervivencia a su destrucción, lo cual constituye una de las vertientes de la "primera" versión de la separación del yo (mundo interno, fantasía, "¡te destruyo!") y el no-yo (mundo externo, realidad, "¡sobrevives!").

Desde el proceso de destrucción-supervivencia el bebé puede experienciar una serie de situaciones en que su impulso destructivo no produce la destrucción efectiva, lo cual conduce hacia una creciente diferenciación entre lo imaginado y

---

[8]   Este proceso de destrucción-supervivencia contribuye a la diferenciación entre fantasía y hecho; con lo cual, todavía no se puede hablar de "fantasía inconsciente" en sentido estricto (ver a continuación).

lo real, entre los hechos fantaseados (yo) y los de la realidad externa (no-yo; cf. *ibídem*, 285).

A su vez, la confianza en la supervivencia conduce a una mayor libertad en lo que se refiere al fantasear y el uso de objetos externos, así como a una mayor capacidad para emplear la destructividad en actividades constructivas y reparadoras (en un primer momento, fundamentalmente a través del juego).

Si antes hablábamos de la ilusión de omnipotencia, ahora corresponde señalar que, debido al desvalimiento *yoico* del bebé, también la madre vivencia cierta ilusión de omnipotencia; pero, en la medida en que sale del estado de preocupación maternal primaria, debe abandonar ("destruir") dicha ilusión y formarse una concepción de su hijo en cuanto fenómeno autónomo y separado. De forma gradual, empieza a "desentenderse" de los cuidados maternos y a rescatar otros intereses personales (marido, amigos, trabajo, actividades socioculturales).

En definitiva, en el proceso de desilusión la madre debe ser capaz de tolerar las heridas narcisistas derivadas de no ser la encarnación real del objeto que atiende omnipotentemente a las necesidades y demandas de su hijo.

Por otra parte, sobre todo al comienzo del proceso de desilusión, las necesidades del bebé son extremadamente oscilantes. "Esto resulta singularmente difícil para las madres, ya que los niños fluctúan entre uno y otro estado; en efecto, en un momento dado estarán fusionados con la madre y necesitarán de su identificación emocional, y en cuestión de segundos se hallarán separados de ella, y entonces, si la madre conoce de antemano sus necesidades, se convertirá en un peligro, en una especie de bruja". (Winnicott, 1965, 59s)

El término "bruja" viene a significar que, si la madre no es capaz de desilusionarse y desilusionar a su hijo y así atender su necesidad de existir como fenómeno autónomo y separado, aquello que sería un espacio materno protector se convierte en un espacio materno terrorífico (ver cap. 2).

A la vez que establece la separación del yo y el no-yo, el bebé accede a formas más complejas de comunicación y desarrolla otros recursos para tramitar la retirada materna. Entre ellos cabe destacar los comienzos de la comprensión intelectual. "El pensar forma parte del mecanismo merced al cual el bebé tolera tanto la falla en la adaptación a su necesidad yoica como la frustración" (Winnicott, 1989a, 256).

Al comienzo, se trata de un pensar simple sobre la base de reflejos condicionados. Por ejemplo: debido a que el bebé empieza a ser capaz de observar la conducta del ambiente y prever lo que va a pasar, los ruidos que llegan de la cocina le informan acerca de la pronta aparición de la madre y de la comida, lo cual contribuye a la capacidad de espera. De esta forma, el pensar se va convirtiendo en un importante "aliado" de la figura materna, siempre que esta sea confiable (cf. Winnicott, 1965, 104).

Al hablar del pasaje del principio de placer al principio de realidad, Freud había señalado cómo la descarga motriz, al asociarse con los procesos del representar y el pensar, se transforma en *acción*. Su función es "alterar la realidad con arreglo a fines" (Freud, 1911, 226). Desde otra perspectiva, Winnicott señala que este pasaje, de la descarga motriz a la acción con arreglo a fines, demanda un cambio fundamental en la comunicación entre la madre y el bebé: "Pudiera decirse que, si ahora la madre sabe perfectamente lo que necesita la criatura, esto es magia y no proporciona base alguna para una relación objetal.[...] Dicho de otro modo, al finalizar la fusión, cuando la   criatura se ha separado del medio ambiente, uno de los rasgos importantes de la nueva situación es que la criatura tiene que dar una señal". (Winnicott, 1965, 57)

Esta *señal* es el comienzo de la *acción* con arreglo a fines planteada por Freud. Poco a poco, el bebé empieza a "darse cuenta" de que no basta con necesitar para que el objeto aparezca mágicamente (experiencia de omnipotencia). Para que sus necesidades y demandas sean atendidas, tendrá que *comunicarse* con el objeto. A su vez, en la medida en que el bebé es capaz de percatarse de la dependencia y emitir una señal, la madre debe dejar de comportarse como si fuese una "alucinación encarnada".

Este cambio en la configuración comunicacional es uno de los aspectos del proceso de desilusión que contribuye a que la alucinación y la descarga motriz sean reemplazadas por el pensar y la acción.

La madre administra la desilusión según la creciente capacidad del bebé para hacer frente a ese proceso; de modo que el "destronamiento" de la experiencia de omnipotencia solo se da en la medida en que el Yo del sujeto (con sus defensas y acción sobre el mundo externo) es capaz de abarcar las fallas maternas, frustraciones y heridas narcisistas en el ámbito de su omnipotencia personal (cf. Winnicott, 1989a, 115s).

Desde otra perspectiva, Freud señala que "la sustitución del principio de placer por el principio de realidad no implica el destronamiento del primero, sino su aseguramiento" (Freud, 1911, 228). En la omnipotencia personal (entendida aquí como un nuevo logro del desarrollo y no como defensa) "se conservan la omnipotencia y la omnisciencia *junto* con la aceptación intelectual del principio de realidad" (Winnicott, 1989a, 95s). El término "junto" apunta a una tercera zona de experiencia, intermedia y transicional (ver 1.6 *infra*).

Partiendo de la experiencia de omnipotencia (ilusión), la evolución consiste en que ahora se trata de controlar omnipotentemente a objetos no-yo a través de la acción. De esta forma, el bebé se inicia en el campo de la seducción y la conquista, de la manipulación de objetos externos, la intercomunicación y, en definitiva, en el ámbito sociocultural.

1.5.2.1 Ambivalencia

Con la separación del yo y el no-yo y el percatamiento de la dependencia, poco a poco el bebé establece vínculos de amor y odio, según la conducta del objeto no-yo corresponda o no a sus expectativas. En este contexto, las experiencias de satisfacción y frustración ganan un mayor protagonismo, a la vez que se van organizando concepciones de un objeto idealizado (que satisface) o denigrado (que frustra). A partir de ese punto teórico, el proceso de desilusión abre el acceso a la ambivalencia, lo cual incluye la "quiebra", desde el odio derivado de la frustración, del objeto idealizado.

Pero, en primera instancia, hay que hacer referencia a un momento anterior, en el cual no corresponde emplear los términos "amor" y "odio". Freud había señalado que: "De vernos precisados, podríamos decir que una pulsión "ama" al objeto al cual aspira para su satisfacción. Pero que una pulsión "odie" a un objeto nos suena bastante extraño, y caemos en la cuenta de que los vínculos de amor y de odio no son aplicables a las relaciones de las pulsiones con sus objetos, sino que están reservados a la relación del yo-total con los suyos". (Freud, 1915, 131s; subr. LDM)

Desde los planteamientos de Winnicott, sería más acertado decir que los vínculos de amor y odio no son aplicables al comienzo, dado que hacen suponer la separación del yo y el no-yo y la integración del Yo[9].

El percatamiento posibilita al bebé reconocer y odiar al objeto que falla y frustra, a la vez que establece vínculos de amor hacia el que atiende y satisface. Sin embargo, en un primer momento todavía no se puede hablar de ambivalencia;

---

[9]   Winnicott también considera la hipótesis según la cual "tal vez la integración aparece por primera vez en el momento culminante de la excitación o de la rabia" (Winnicott, 1958, 275).

la "forma más primitiva de resolver el conflicto consiste en separar lo bueno de lo malo" (Winnicott, 1957, 27)[10].

A partir de ese punto teórico, lo que posibilita el acceso a la ambivalencia es la capacidad de la madre para aceptar sus propios sentimientos ambivalentes hacia su hijo. El odio (ambivalente) de la madre será el fundamento, o "combustible", del proceso de desilusión (cf. Kohut, 1971).

Invariablemente, "la madre odia al bebé antes de que este la odie a ella, y antes de que el bebé pueda saber que su madre le odia." (Winnicott, 1958, 275). Según Winnicott (*ibidem*, 276s), hay varias razones por las cuales una madre odia a su bebé. Entre ellas, cabe destacar:

- El lactante constituye un peligro para el cuerpo de la madre durante el embarazo y el parto. Además, muchas veces le hace daño, sobre todo en el pecho.

- Al principio, es el lactante quien domina la relación, "exigiendo" (en función de su condición psíquica) una adaptación casi absoluta a sus necesidades.

- Interfiere en la vida privada de la madre, quien sobre todo al comienzo tendrá que renunciar en gran medida a sus demás intereses personales.

- El lactante nunca es exactamente como la madre esperaba que fuese (frustración).

- Debido a su "amor cruel", o a su "crueldad inocente", trata a la madre como si fuese una esclava que debe estar dispuesta a atenderle sin esperar señales de gratitud (por lo menos al comienzo).

- Constantemente hace que la madre se sienta impotente, debido a que en muchas situaciones no sabe qué le pasa ni cómo actuar.

La madre suficientemente buena debe ser capaz de tolerar y tramitar su odio (ambivalente) sin adoptar una actitud vengativa o taliónica. Durante el proceso de

---

10 Stern (1985, 298-304) sugiere que la categorización de experiencias "buenas" y "malas" solo es posible desde una mente postinfantil capaz de conceptualizar, simbolizar, reorganizar la experiencia, reindiciar y agrupar los recuerdos. Considera que las descripciones clásicas de la escisión son atribuibles más bien a los adultos (enfermos o no), aunque le parece aceptable decir que "los infantes agrupan las experiencias interpersonales en diversas categorías agradables y desagradables, esto es, en conglomerados hedónicos" (*ibidem*, 303). Más tarde, con la ayuda de símbolos y del lenguaje, "pueden por cierto 'escindir' su experiencia interpersonal, pero en realidad no se trata de una escisión sino de la integración en una categorización de orden superior" (*ibídem*, 304).

ilusión, tendrá que tolerar su odio sin hacer nada al respecto. Si no puede odiar apropiadamente, "debe apoyarse en su masoquismo" (Winnicott, 1958, 277)[11].

Una posible "válvula de escape" del odio pueden ser las canciones de cuna, a través de las cuales la madre expresa su odio sin poner en peligro la continuidad existencial del lactante. En este sentido, Winnicott hace recordar una canción de cuna que dice:

"Duérmete niño en la copa del árbol,
Cuando el viento sople la cuna se mecerá
Cuando la rama se rompa la cuna caerá,
Caerá el niño, con cuna y todo." ((Winnicott, 1958, 277)

En Brasil, hay una canción de cuna que dice:

"Duérmete niño, que el monstruo vendrá a por ti,
Papá se fue al campo
Y la mamá vuelve pronto." (trad. LDM)

Por supuesto, el bebé jamás dormiría si entendiese el significado semántico de estas canciones. Si duerme, es debido al balanceo del cuerpo de la madre y la dulce melodía que se disocian de la hostilidad explicitada en las letras (disociación instrumental, operativa). De esta forma, a la vez que descarga parte de su odio la madre mantiene una relación amorosa y protectora con su hijo.

Por otra parte, con la creciente capacidad del bebé para percatarse de las fallas ambientales y odiar al objeto que las provoca, la madre puede y debe expresar su odio a través del proceso de desilusión. Si el grado de desadaptación no resulta traumático, las fallas maternas brindan al bebé "motivos objetivos" para que la odie y efectúe la "quiebra" de la concepción idealizada que tiene de ella (cf. Kohut, 1971). "En la normalidad, cuando el niño logra la fusión, el aspecto frustrativo del comportamiento objetal resulta valioso para educar al niño con respecto a la existencia de un mundo "que no es él". Los fallos de adaptación son valiosos *en la medida en que el niño pueda odiar el objeto*, es decir, [al "término" de la fusión y] en la medida en que sepa conservar la idea del objeto como fuente potencial

---

[11] Aquí puede tener validez la hipótesis según la cual la madre proyecta su odio (hacia el bebé) en la realidad externa y luego protege al bebé de este odio proyectado. De esta forma el odio se manifiesta bajo la forma de actitudes protectoras que sostienen la continuidad existencial del lactante. Se trata de un "odio protector".

de satisfacciones al mismo tiempo que se da cuenta de que no se comporta satisfactoriamente". (Winnicott, 1965, 220, corch. LDM)

Con la creciente *integración yoica* el bebé empieza a percatarse de que "aquello que ataca tan cruelmente en la fantasía es lo mismo que ama y necesita" (Winnicott, 1964, 43). Poco a poco, la "crueldad inocente" (es decir, sin odio ni culpa) cede el paso a la *preocupación por el otro*. "La destrucción únicamente pasa a ser responsabilidad del yo cuando existe una integración del yo y una organización del mismo suficiente para la existencia de la ira y, por consiguiente, del miedo al talión. Por muy pronto que sea posible detectar la ira y el miedo, sigue habiendo sitio para el reconocimiento de los desarrollos del yo antes de los cuales no es sensato hablar de la ira del individuo". (Winnicott, 1958, 290)

Si el Yo del bebé es capaz de contener la responsabilidad por su destructividad, entonces podrá tolerar los sentimientos de culpa y modificarlos a través de la *reparación* (cf. Winnicott, 1964, 43). Pero esto ya es demasiado avanzado y sutil. En este contexto importa destacar que la capacidad de reparación del bebé depende de la capacidad de supervivencia y reparación de la figura materna.

Un ejemplo de cómo ese proceso puede verse bloqueado lo brinda Winnicott al hablar de las madres deprimidas y poco tolerantes en lo que se refiere a sus sentimientos ambivalentes: "[...] estos niños hacen la reparación, no de su propia destructividad o de sus tendencias a la destrucción, sino de las tendencias destructivas de la madre. El logro, para estos niños, significa el logro de una enmienda de algo que no anda bien en la madre, y por ende ningún logro constituye nunca para ellos un avance personal". (Winnicott, 1989a, 295s)

En resumen, el lactante necesita del odio para odiar, y así seguir el riel del desarrollo que conduce a la ambivalencia. Si la madre no es capaz de tolerar y tramitar sus sentimientos ambivalentes (así como las heridas narcisistas por no ser la encarnación real del objeto idealizado), encontrará dificultades en lo que se refiere al proceso de desilusión: el temor a su propio odio la hará temer los resultados del odio que pueda despertar en su hijo, en la medida misma en que este odio conduce hacia la "quiebra" de la idealización y la creciente autonomía del bebé.

A partir de lo expuesto, podría bosquejarse una descripción secuencial aproximada del desarrollo normal en los siguientes términos:

1. Ausencia de relaciones objetales.

2. Establecimiento de relaciones objetales con objetos subjetivos (ilusión, fusión, alucinación).

3. Los procesos de maduración impulsan hacia la destrucción (sin odio) del objeto fusionado.

4. El objeto sobrevive al ataque, y

5. es colocado fuera de la zona de control omnipotente, reconocido en cuanto fenómeno no-yo perteneciente a la realidad externa compartida.

6. El sujeto puede usar el objeto y establecer con él vínculos de amor (satisfacción, idealización) y odio (frustración, denigración).

7. La madre tramita su odio a través del proceso de desilusión (lo cual implica experiencias de frustración), brindando así "motivos objetivos" para que su hijo la odie y

8. Procese la "quiebra" del objeto idealizado; lo cual

9. Abre el acceso a la ambivalencia (siempre que la figura materna tolere la herida narcisista por no ser la encarnación real de la idealización).

Para finalizar, recordar que no hay un proceso de ilusión y desilusión puro ni lineal. Si la descripción teórica manifiesta cierto purismo, es con el único objetivo de intentar una disección instrumental que contribuya a una mejor comprensión de estructuraciones y procesos mucho más complejos que la descripción en sí.

La "ruptura" de la fusión, el "destronamiento" de la experiencia de omnipotencia, la capacidad para usar objetos no-yo, etcétera, son procesos que presentan varios matices y paradojas, lo cual conduce al tema de los objetos y fenómenos transicionales.

1.6 OBJETOS Y FENÓMENOS TRANSICIONALES

A lo largo del desarrollo, el bebé realiza una serie de transiciones y conquistas. Sin embargo, una de las principales aportaciones de Winnicott consistió en haber investigado acerca de los estados intermedios entre los fenómenos psíquicos más primitivos y los logros posteriores del desarrollo. Incluso en la adultez no corresponde hablar de un cumplimiento definitivo de tales transiciones, sino más bien de las vicisitudes de lo transicional a lo largo de la vida.

Winnicott formuló el concepto de *zona intermedia de experiencia* para designar las experiencias caracterizadas por el atravesamiento o matrimonio entre interno y externo, creatividad primaria (subjetivo) y percepción de lo real (objetivo), estado de fusión y capacidad para relacionarse con objetos no-yo, ilusión de control omnipotente y renuncia a dicha ilusión.

No se trata de abandonar un extremo para acceder a otro, sino de que lo fundamental de la experiencia humana tiene lugar en esta zona intermedia.

Cuando esa zona intermedia es deficitaria, el individuo puede oscilar entre quedarse atrapado en su mundo interno-subjetivo o bien alienarse en lo externo-objetivo, perderse en relaciones fusionales o bien no lograr ningún tipo de vínculo significativo con el mundo externo, vivir en un estado de omnipotencia improductiva o bien sucumbir a la impotencia plena.

En el desarrollo normal, los procesos que promueven esta zona intermedia giran alrededor de lo que Winnicott denominó "fenómenos y objetos transicionales".

A lo largo de diversas situaciones cotidianas, el bebé entabla relaciones con una serie de objetos, tales como la frazada de la manta, trapos, muñecos (cuyo prototipo más conocido es el osito) etc. Los progenitores insuflan vitalidad y significación a tales objetos, por ejemplo, jugando a que un muñeco tiene vida propia y le habla al bebé, o en diversas situaciones en que aquel trapo verde está presente (a la hora de comer, salir, acostarse, etc.).

Basándose en situaciones experimentales, Stern hace la siguiente descripción: "Durante e inmediatamente después de que la madre insufle a un juguete acciones, movimientos, afectos de la vitalidad y otros atributos invariantes de las personas, crece el interés del infante por este objeto. [...] Después de que ella ha animado de tal manera a un objeto, y se retira, lo probable es que el infante continúe explorándolo solo, mientras quede algún calor residual de la personificación. Por un momento se ha convertido en una cosa-persona reguladora del sí-mismo". (Stern, 1985, 155)

Alrededor del sexto mes (con amplias variaciones), el bebé tiende a "elegir" y desarrollar un intenso interés por uno de estos objetos personificados, que se convierte así en su objeto transicional, es decir, en sustituto o representante de la figura materna. Al ser una representación materializada, el objeto transicional sirve de defensa contra la ansiedad o angustia de separación. En este sentido, el objeto transicional potencia la capacidad del bebé para tolerar la "ruptura" de la fusión y la retirada materna en el proceso de desilusión, sin que ello suponga el desmoronamiento del sí-mismo (cf. Winnicott, 1971b, 20s).

En este contexto, también cabe tener en cuenta la constancia y *confiabilidad* de los cuidados maternos. Debido a que el objeto transicional es una representación materializada del objeto interno, si la madre se ausenta por demasiado tiempo o su conducta es inestable, el objeto internalizado se "diluye" y el objeto transicional pierde significación. "En otras palabras, el objeto transicional es simbólico del objeto interno, al que la presencia viva de la madre mantiene vivo." (Winnicott, 1989a, 78).

Más que hablar de constancia objetal (intrapsíquica), aquí importa destacar también la constancia de la presencia y cualidades del objeto transicional. En este sentido, los padres suelen tenerlo disponible para ofrecérselo al bebé y para que le *acompañe*, por ejemplo, cuando se van de viaje, al pediatra, a la hora de acostarse etc. En determinados casos, "saben" que no hay que lavarlo, dado que su (mal) olor puede ser un estímulo fundamental para la continuidad de su significancia o personificación (cf. Winnicott, 1971b, 21).

En resumen, la constancia de los cuidados maternos sostiene la significación del objeto transicional. A su vez, la constancia de este último sostiene el universo representacional del bebé, así como aquello que vendrá a ser la constancia objetal.

Debido a que el objeto transicional es una personificación de la figura materna, será la *primera posesión no-yo* del bebé. El término "posesión" significa "que es parte de mí y se encuentra bajo mí control omnipotente" (objeto fusionado), de modo que la primera posesión no-yo es un objeto presimbólico que, para el bebé, "es y a la vez no es parte de mí", "se encuentra y no se encuentra bajo mi control omnipotente" (cf. el concepto de "objetos del *self*" de Kohut, 1971, *passim*); y es en este sentido que el objeto transicional es testigo y promotor de la zona intermedia de experiencia.

En el proceso de ilusión la figura materna acomodó lo real a aquello que el bebé estaba dispuesto a crear desde su gesto espontáneo. Si se produjera la introducción del principio de realidad a secas, ello bloquearía el desarrollo del sí-mismo verdadero, así como sus relaciones con la otredad. A su vez, sin los atravesamientos del principio de realidad, el sujeto se quedaría atrapado en las vicisitudes de su mundo intrapsíquico. "A menudo oímos hablar de las frustraciones reales impuestas por la realidad externa, pero no tan a menudo oímos referencias al alivio y a la satisfacción que da dicha realidad. [...] La cuestión reside en el hecho de que en la fantasía las cosas funcionan por magia: la fantasía no tiene freno y el amor y el odio producen efectos alarmantes. La realidad externa sí tiene freno [...] Lo subjetivo posee un tremendo valor, pero resulta tan alarmante y mágico que no puede ser disfrutado salvo paralelamente a lo objetivo". (Winnicott, 1958, 214)

De ahí la importancia de una zona intermedia de experiencia, para que el sujeto no se quede atrapado en las vicisitudes de su mundo interno ni sometido a las imposiciones del mundo externo y del principio de realidad.

La fundación de esta zona intermedia deriva de que, con la separación del yo y el no-yo, se establece un *espacio potencial* entre el bebé y la madre; un espacio virtual de "separación" que el bebé puede llenar con objetos signos de la unión, y que en primera instancia será el objeto transicional o primera posesión no-yo[12].

Paradójicamente, se trata de una separación que no es tal, siempre que el sujeto pueda emplear signos de la unión. Ello posibilita tramitar la "ruptura" de la fusión, el acotamiento de la omnipotencia y las heridas narcisistas de ahí derivadas.

Desde la perspectiva de la omnipotencia de los procesos intrapsíquicos, el objeto transicional no "se encuentra bajo el dominio mágico, como el interno, ni está fuera de ese dominio como ocurre con la madre verdadera" (Winnicott, 1971b, 27). En este sentido, marca la transición "del dominio omnipotente (mágico) al dominio por manipulación (que implica el erotismo muscular y el placer de la coordinación)." (*ibídem*, 26). En este pasaje hay que dar por sentado cierta anulación o acotamiento de la omnipotencia, pero también su reaseguramiento a través de una serie de actividades e interacciones.

Esta es la paradoja que el objeto transicional encarna y que, si pudiese, el bebé expresaría diciendo: "Este objeto es parte de la realidad externa y yo lo creé." (Winnicott, 1989a, 74). En este sentido, la principal tarea de la madre es tolerar y no intentar resolver_la paradoja, lo cual implica no presentar exigencias unilaterales. "*Acerca del objeto transicional puede decirse que se trata de un convenio entre nosotros y el bebé, en el sentido de que nunca le formularemos la pregunta: "¿Concebiste esto, o te fue presentado desde afuera?" Lo importante es que no se espera decisión alguna al respecto. La pregunta no se debe formular*". (Winnicott, 1971b, 30)

Si la madre es capaz tolerar la paradoja y actuar de esta forma, el bebé "empieza a gozar de experiencias basadas en un 'matrimonio' de la omnipotencia de los procesos intrapsíquicos con su dominio de lo real. [...]" (*ibídem*; subr. LDM)[13]. Esta paradoja que el objeto transicional encarna resulta fundamental para que la "ruptura" de la fusión no produzca el desmoronamiento del sí-mismo ni la pérdida de significancia de la realidad externa. A su vez, ello contribuye a que los atravesamientos del prin-

---

[12] Puede ocurrir que no haya un objeto transicional materializado, sino fenómenos y actividades que cumplen la misma función (Winnicott, 1989a, 62). Además, una parte del cuerpo de la madre o del bebé puede ser usado como objeto transicional, lo cual puede generar perturbaciones si persiste por demasiado tiempo (*ibídem*, 75).

[13] Recuérdese que en el proceso de desilusión la experiencia de omnipotencia es reemplazada por la *omnipotencia personal*, en la cual "se conservan la omnipotencia y la omnisciencia *junto* con la aceptación intelectual del principio de realidad" (Winnicott, 1989a, 95s), y se pasa del control mágico al control por medio de la acción, incluida la coordinación motora.

LEONEL DOZZA DE MENDONÇA

cipio de realidad acoten pero no bloqueen la creatividad primaria, así como el vivir creativo derivado del "matrimonio" entre lo subjetivo puro y la objetividad de lo real.

Es en esta zona intermedia de experiencia en donde Winnicott (1971b, 71-77) ubica la zona de juego; una zona caracterizada por un contexto de interacciones en que la ilusión está permitida, acotada pero no anulada por el principio de realidad. El paso siguiente consistirá en el acceso al juego compartido, es decir, a la posibilidad de superponer o compartir dos o más zonas de juego, lo cual funda el *acceso a la intersubjetividad* y a la posibilidad de compartir experiencias subjetivas en el ámbito de un marco cultural. "Si un adulto nos exige nuestra aceptación de la objetividad de sus fenómenos subjetivos, discernimos o diagnosticamos locura. Pero si se las arregla para disfrutar de su zona intermedia sin presentar exigencias, podemos reconocer nuestras correspondientes zonas intermedias y nos complacemos en encontrar cierta medida de superposición". (Winnicott, 1971b, 31)

Si se acepta la paradoja, esta zona de juego compartido "se conserva a lo largo de la vida en las intensas experiencias que corresponden a las artes y la religión, a la vida imaginativa y a la labor científica creadora" (*ibídem*, 32).

Estos desarrollos posteriores derivan de que, en su calidad de objeto fundante, el objeto transicional está destinado a "desaparecer", en el sentido de que no "se lo olvida ni se lo llora. Pierde significación" (*ibídem*, 22); y ello debido a que poco a poco su significación se extiende hacia otros objetos, personas, actividades e intereses culturales. Winnicott lo resume en los siguientes términos: "Hay un desarrollo que va de los fenómenos transicionales al juego, de este al juego compartido, y de él a las experiencias culturales." (*ibídem*, 76).

Aunque Winnicott no lo plantea en estos términos, podría pensarse que esta extensión de lo transicional es posible en la medida en que aquellos procesos que tienen lugar alrededor del objeto transicional pasan a formar parte de la constitución del aparato psíquico[14].

---

[14] De forma análoga, Kohut (1971, *passim*) ilustra cómo el *self* grandioso (experiencia de omnipotencia) evoluciona hacia la "imago parental idealizada"; de modo que, en el contexto de las interacciones con los progenitores, gradualmente el niño va descubriendo sus imperfecciones y retirando las investiduras de catexias narcisistas. Estas últimas son reinternalizadas y empleadas en la constitución, consolidación e idealización del Superyo y del Ideal del Yo. Se produce la "*adquisición de estructuras psicológicas permanentes que continúan, endopsíquicamente, las funciones que previamente cumplía el objeto del self idealizado*" (*ibídem*, 53, curs. LDM). Kohut ciertamente "se inspiró" en Winnicott. De ahí que denomina "transicionales" a los objetos idealizados del self. A este proceso, que se basa en el retiro de catexia objetal para la formación de estructura psíquica, la denomina "internalización trasmutadora" (*ibídem*, 57).

Ya no se trata solo de un objeto específico, concreto, presimbólico y transicional, sino de la adquisición de un "lugar simbólico" intrapsíquico, lo cual posibilita extender el símbolo de la unión hacia una serie de actividades, objetos y personas; hacia la experiencia cultural y la intersubjetividad.

Este "lugar simbólico" será fundamentalmente un "lugar" vacío, de la falta, la pérdida y la separación que no son tales; lugar de la angustia deseante que impulsa a colmar en cierta medida, a través de interacciones con personas y objetos, la ausencia fundante del ser deseante (ver el artículo "Nada en el centro": Winnicott, 1989a, 68-71).

Tras decir que los planteamientos de Winnicott acerca del objeto transicional y la paradoja presentan una estrecha relación con ciertos conceptos de la literatura y el arte contemporáneos, Khan comenta que: "Por esta razón, en los últimos años de su vida Winnicott se dedicó cada vez más a descubrir de qué modo la cultura, con todo su vocabulario de símbolos y actividades simbólicas, puede ayudar al individuo a encontrarse y realizarse. El concepto de objeto transicional ayudó al pensamiento psicoanalítico a re-evaluar el papel de la cultura, definiéndola como una aportación positiva y constructiva de la experiencia humana y no solo como una causa de malestar"[15]. (Khan, s.a., 21)

Estos accesos a la transicionalidad y la cultura -a esa zona intermedia de experiencia cuyos orígenes remiten a este tercer objeto (transicional) que media entre el bebé y el objeto materno-, todo ello está posibilitado por los atravesamientos del orden de lo paterno.

1.7 EL PADRE Y LA FUNCIÓN PATERNA

Tras hacer algunos comentarios que apoyan el pensamiento de Winnicott, Green señala algunas críticas: "en particular, un empleo restrictivo del concepto de pulsión, el lugar borrado atribuido al padre, la discreción que atestigua para con la sexualidad parental y el poder movilizador del fantasma de la escena primitiva, y cierta negligencia hacia el papel del lenguaje". (Green, en Winnicott y otros, 1977, 23)

Green no comenta ni justifica esas críticas o reservas. En lo que se refiere al "empleo restrictivo del concepto de pulsión", hemos visto (1.4 supra) el lugar que

---

[15] Khan parece estar refiriéndose aquí al Freud (1930) de "El malestar en la cultura".

lo pulsional ocupa en los escritos de Winnicott acerca del desarrollo primitivo (ver también cap. 7).

En lo que refiere al "lugar borrado atribuido al padre"[16], no hace falta ser un profundo conocedor de Winnicott para percatarse de que el término "padre" aparece pocas veces en sus escritos, sobre todo si el punto de comparación es el número de veces en que aparece la palabra "madre". Por otra parte, una (re)lectura atenta hace pensar que Winnicott emplea "madre/materno" y "padre/paterno" con muy diferentes sentidos y para significar diferentes cuestiones.

Por ejemplo, en lo referente a la expresión "cuidado materno" advierte que puede tratarse del cuidado "recibido tanto de la madre como del padre" (Winnicott, 1965, 49). Acerca de la preocupación maternal primaria, señala que el padre "hasta cierto punto se encuentra en un estado similar" (Winnicott, 1987a, 97; cf. *ibídem*, 124). También dice que algunos "varones maternales" pueden ser mejores "madres" que sus esposas, aunque en un caso favorable conviene que el padre asuma un rol diferente del de la madre, sobre todo cuando esta última y el bebé necesitan que él esté ahí como varón (cf. Davis y Wallbridge, 1981, 152).

Es decir, a pesar de que el término "madre o materno" puede incluir al padre, sería un error suponer que Winnicott no tenía en cuenta la distinción de funciones según el sexo de los progenitores.

1.7.1 Las funciones del padre

En lo que se refiere a las diferentes funciones que los progenitores desempeñan durante el proceso de ilusión, en principio (aunque no necesariamente) la madre biológica es la persona mejor preparada para adaptarse a las necesidades del lactante, fundamentalmente debido a los cambios fisiológicos y la preparación emocional que supone los meses de embarazo y la experiencia del parto (cf. Winnicott, 1988, 215s).

A su vez, una de las funciones específicas (pero no exclusiva) ejercida por el padre en las primeras etapas, consiste en ocuparse del ambiente físico y emocional, contribuyendo a que la madre pueda sumergirse en el estado de preocupación maternal primaria sin que ese estado resulte demasiado ansiógeno (cf. Winnicott, 1965, 49). No sería equivocado decir que, mientras la madre sostiene al bebé,

---

[16] Las demás cuestiones planteadas por Green serán discutidas a lo largo de los próximos capítulos.

el padre sostiene a la madre. Desde otra perspectiva, se trata de ser y representar el tercer objeto que modula la dualidad fusional (ver a continuación).

Si no hay un padre real, la madre y el bebé pueden hacer uso de otra persona significativa, o incluso de la "imago del padre en la realidad interna de la madre" (Winnicott, 1989a, 289)[17]. Sin embargo, en los casos en que no hay un padre real, la tarea será más ardua: para la madre, debido a que tendrá que hacerse cargo de dos funciones (complementarias y en cierta medida antagónicas), y para el bebé debido a que "para el niño es más fácil tener dos progenitores: podrá sentir que uno de ellos es fuente de amor mientras el otro es odiado, y esto en sí mismo tiene un influjo estabilizador" (Winnicott [1944], citado por Davis y Walbridge, 1981, 153s).

Será en estas etapas más avanzadas (en las que puede hablarse de amor y odio, etc.) en donde Winnicott será más explícito respecto a la importancia y funciones del padre, quien además ejerce la función de representar al "ambiente indestructible" capaz de contener las embestidas del niño/a y de proteger a la figura materna de sus ataques (fantaseados y reales)[18].

1.7.2 La función paterna

Más allá de los términos "madre" y "padre", sugiero tener en cuenta la diferenciación y atravesamiento entre las funciones materna y paterna. En cierta medida, hay en ello una propuesta de releer a Winnicott, en el sentido de que, en donde el autor escribe "madre", puede que sea más acertado leer "materno" o incluso "paterno", y en donde se lee "padre maternal o como sustituto materno", conviene leer "función materna".

En términos estrictos, la *función materna* (función específica pero no exclusiva de la madre) apunta hacia una actitud mental y conductual del tipo relación de objeto del elemento femenino, es decir: *relaciones yoicas* (de tipo no culminatorio) que facilitan el proceso de ilusión y la fusión. Aquí prevalecen las interacciones a

---

[17] Al hablar de la "situación transicional edípica", Ogden (1989) desarrolló esta idea de la *imago* del padre en la realidad interna de la madre. También hace referencia a la presencia ausente del padre, en el sentido de que en un primer momento la niña se enamora del padre en la mirada de la madre.

[18] Para una visión global de los planteamientos del autor acerca del padre, sobre todo en esta función de ambiente indestructible, ver Winnicott, 1957, 188s; 1964, 31, 98s; 1965, 49, 102, 106, 171; 1987a, 124; 1989a, 262, 282-292.

LEONEL DOZZA DE MENDONÇA

nivel de sensorialidad e inmediatez, así como un principio de amor armónico y devoción incondicional.

Ya la *función paterna* (función específica pero no exclusiva del padre) hace referencia a la actitud mental y conductual que apunta hacia la discriminación, la terceidad, la intercomunicación, la mediatez, el amor condicional (y, por lo tanto, el odio y la desilusión), lo pulsional y sus embates con el objeto, etcétera; o sea: la relación de objeto del elemento masculino. Se establecen aquí relaciones triangulares (yo, tú, él) y un principio de diferencias y discordia, y por lo tanto, la necesidad de un eje organizador y una ley mediadora.

Lo fundamental a tener en cuenta es el atravesamiento y complementariedad entre las funciones materna y paterna; algo que podría describirse en términos metafóricos como siendo la imagen de una bandera al viento. La bandera (materno) apenas ejerce oposición sobre el viento (necesidades y demandas del bebé), sino que se adapta a él dejándose bailar en función de los flujos y contraflujos de su soplido, convirtiéndolo así en imagen en movimiento (ilusionar; dar forma al gesto espontáneo o creador).

Por otra parte, para que este baile no se convierta en un caos sin referencia, la bandera debe de estar atada al mástil paterno, eje organizador y modulador de la adaptación materna. Puede que el viento y la bandera incluso "se quejen" de que este mástil les quita libertad, de que no les deja bailar sin limitaciones; pero lo cierto es que sin el mástil no habría baile, sino tan solo un vuelo decadente.

Partiré de la hipótesis según la cual la condición psíquica en los inicios del desarrollo demanda unos cuidados que apuntan fundamentalmente al orden de lo materno (ilusión), aunque sería un grave error excluir o menospreciar la importancia del orden de lo paterno (lo cual es bastante común en familias de psicóticos).

De hecho, algunos autores (Stork, 1986; Farjani, 1987; Ogden, 1989) parecen proponer que en las primeras etapas del desarrollo hay algo así como una "presencia ausente" del orden de lo paterno. Ello apunta a lo que denominaré función paterna primaria (que incide sobre lo materno, y solo indirectamente sobre el bebé).

Estableciendo un paralelismo con la mitología, Farjani brinda un punto de partida interesante para pensar acerca de esta cuestión: "El mismo sol que posibilita la eclosión de las semillas y el crecimiento de las plantas tiene el poder de quemarlas a través de una exposición excesiva. Representante del Principio Masculino por excelencia, el sol necesita del concurso del Principio Femenino, la Madre mítica, para que pueda permitir la continuidad de la vida que él originó. La semilla, el niño-dios recién nacido, necesita ser ocultado (sembrado) y protegido por el manto materno (la tierra) de la acción nefasta del ojo paterno (el sol abrasador), para que pueda desarrollarse". (Farjani, 1987, 151; trad. LDM)

Con otros términos, la cita apunta hacia la economía de las funciones materna y paterna en el proceso de ilusión-desilusión, en el cual lo materno modula aquello que en un primer momento se convertiría en la "acción nefasta del ojo paterno". Ello no significa que deba haber una ausencia de la función paterna, sino que lo nefasto sería la presentación prematura y directa de la terceidad, del amor condicional y el odio, del principio de realidad, de la desilusión, etc[19].

Por otra parte, sin el calor indirecto del sol-padre que calienta la tierra-madre, la semilla se quedaría encerrada en un espacio materno terrorífico, oscuro y frío. En términos míticos, ello también aparece representado por las imágenes de la esfinge y la sirena, que según Farjani podrían traducirse respectivamente por "aquella que abraza y sofoca" y "aquella que asfixia" (ibídem, 133; cf. Stork, 1986).

En términos aritméticos, la función paterna primaria debe representarse con el número cero. El cero representa una presencia ausente, al igual que la presencia ausente del sol con relación a la semilla. Desde el punto de vista del observador, el sol es presencia de un tercero (3) que modula la dualidad fusional; pero, desde el punto de vista de la semilla, el sol es ausencia, en el sentido de que lo paterno incide sobre lo materno (0). En el contexto del atravesamiento entre ambos puntos de vista, el tres y el cero se equivalen (3 = 0).

Respecto a la función paterna primaria, quizá hay algo que Winnicott no terminó de explicitar o desarrollar, a saber: para que el orden de lo paterno se instaure en el psiquismo del bebé, hay que dar por sentado que esté instaurado en el psiquismo de los padres, y entre estos y el bebé. Por más que el bebé no se percate (aunque sí se beneficia) del efecto modulador ejercido por el sol y el mástil paternos, la triangulación sol-tierra-semilla, mástil-bandera-viento, siempre tuvo que estar presente.

---

[19] Esta metáfora corrobora la idea de que lo materno es del orden de la sensorialidad inmediata (la tierra envolviendo la semilla), mientras lo paterno apunta hacia el orden de la deducción (cf. Green, en AAVV, 1970, 170) y se hace presente por sus efectos, a saber: calentar la tierra y, cuando la semilla esté en condiciones de exponerse y salir a la luz, proporcionar los efectos benéficos de los rayos de sol.

En uno de los pocos pasajes en que Winnicott hace una referencia explícita a la función paterna que modula la materna, dice que el padre "humaniza algo en la madre y anula en ella un elemento que, de otro modo, se vuelve mágico y potente y menoscaba la actitud maternal de la madre" (Winnicott, 1964, 98s). Al "humanizar" lo materno, la función paterna contribuye a que aquel "espacio materno protector", caracterizado fundamentalmente por la sensorialidad, la ilusión y el amor incondicional, no se convierta en un "espacio materno terrorífico" del cual el bebé no puede diferenciarse.

Los fallos significativos de esta función paterna suele conformar la estructura familiar más corriente sobre todo en los casos graves de psicosis, a saber: una figura paterna "débil" (que nunca llega a aparecer como tercero, modulador, mediador, "interdictor") y un hijo sometido a la desmesura de las defensas, demandas y embestidas de la figura materna (ver próximo capítulo).

Ya el comienzo de la función paterna secundaria tiene lugar en el momento teórico en que el bebé está preparado para afrontar el proceso de desilusión. Aquí, los planteamientos de Winnicott acerca de la desadaptación, retirada materna, administración del odio, atravesamientos del principio de realidad, etcétera, hacen referencia a la función paterna, más allá de que emplee los términos "madre" o "materno"

De hecho, mucho de lo que Winnicott escribió acerca del proceso de desilusión y la transicionalidad, apunta hacia la función paterna.

En lo que se refiere a la transicionalidad, esta deriva del proceso de desilusión que funda un "espacio vacío", el espacio potencial de separación y unión. En un artículo sobre "El padre en el psicoanálisis", Resnik dice que: "El modelo de toda comunicación se constituye bajo la forma de un triángulo lineal: uno, el espacio y el otro. El padre es el lazo pero también la pausa, lo que separa y abre el espacio entre uno y otro. El vínculo tiene la doble significación de un puente que une las dos márgenes del río y al mismo tiempo es testimonio de la separación." (Resnik, 1989, 509)

Y resulta que este puente que une y es testimonio de la separación es una definición bastante precisa del objeto transicional, que "es el lazo pero también la pausa" y que Resnik define como siendo el padre.

Partiendo de la idea de que las funciones específicas no son exclusivas, se concluye que, si en el desarrollo emocional el padre es necesario, la función paterna es imprescindible. Mejor dicho: lo imprescindible es la relación de atravesamiento entre las funciones materna y paterna.

Este modelo genérico brinda un marco conceptual para hacer un análisis dinámico de cada familia en particular, en el sentido de evaluar el grado de atravesamiento entre las funciones materna y paterna; o, en un caso patológico, en qué medida y cómo actúa la disociación o anulación entre dichas funciones.

Este modelo conceptual basado en el grado de atravesamiento o disociación entre las funciones materna y paterna también puede emplearse para evaluar diferentes modalidades de relación terapéutica, así como el funcionamiento de equipos o instituciones que se hacen cargo de personas con problemas de salud mental.

CAPÍTULO 2

FUNDAMENTOS PSICOPATOLÓGICOS
Y CLÍNICOS

CAPÍTULO 2

FUNDAMENTOS PSICOPATOLÓGICOS Y CLÍNICOS

En el capítulo anterior hemos visto cómo los procesos de maduración sostenidos por un ambiente facilitador se actualizan a lo largo del desarrollo. Desde esta perspectiva, la buena salud mental es madurez psicológica según la etapa del desarrollo. "Si la salud es madurez, entonces la inmadurez, de la clase que sea, es mala salud mental" (Winnicott, 1965, 76).

Por otra parte, más allá del grado de inmadurez o de la estructura psíquica, las manifestaciones dinámicas y enfermizas de la psicosis dependen en gran medida del universo vincular actual del individuo. De ahí que, a lo largo de este capítulo, haré un análisis de:

1) El "momento teórico" del desarrollo en que han tenido lugar los fallos ambientales significativos, así como las angustias que emergen y las defensas que se organizan.

2) Las condiciones ambientales patógenas en un contexto familiar que se caracteriza por la desmesura de la función materna y el menoscabo de la función paterna. Cabe adelantar que con este análisis no se trata de adoptar una actitud culpabilizadora, ya sea a nivel teórico o práctico, hacia los familiares, por más que nuestra línea de investigación trate de recoger las posibles *implicaciones* entre el contexto familiar y los procesos vinculares de psicotización y cronicidad.

3) Algunas cuestiones relativas al ambiente actual. Más allá de que la psicosis ya esté instaurada en el psiquismo del sujeto, sus manifestaciones (sanas, patológicas, estereotipadas, antisociales, etc.) dependen en gran medida de la conducta ambiental.

2.1 ETIOLOGÍA SEGÚN LA DEPENDENCIA RESPECTO AL AMBIENTE

La investigación acerca de la etiología psicológica de la psicosis demanda un análisis "del medio ambiente y de los tipos de anormalidad del mismo, así como el punto del desarrollo individual en que actúan estas anormalidades" (Winnicott, 1965, 163). Al establecer una relación entre inmadurez y enfermedad mental, Winnicott dice que: "En rigor, si examinamos nuestra descripción de las personas esquizoides, vemos que usamos las palabras que empleamos para describir a los niños pequeños y a los bebés, y que en rigor esperamos encontrar allí los fenómenos que caracterizan a nuestros pacientes esquizoides y esquizofrénicos". (Winnicott 1971b, 95)

Sin embargo, esta fórmula no podría resultar tan sencilla, entre otras cosas debido a que "en nuestros pacientes analíticos se ha producido una fusión de los elementos primerizos con otros posteriores" (Winnicott, 1965, 132). Además, la observación de bebés apunta a que muchos de los fenómenos primitivos observados en pacientes adultos no pertenecen a la edad infantil que se creía (cf. Stern, 1985, 279, 309).

Desde otra perspectiva, al reconocer determinadas correspondencias entre el psiquismo infantil y el psicótico, Winnicott (1958, 222) advirtió que ello no quiere decir que los psicóticos se comporten necesariamente como niños, sino que la falta de completación de determinados procesos en la primera infancia puede predisponer a la psicosis[20].

Una de las diferencias fundamentales consiste en que, mientras en la primera infancia hay unos mecanismos primitivos que posibilitan el desarrollo, en la psicotización lo que se observa es la detención y distorsión del desarrollo a través de dichos mecanismos. "No podemos diagnosticar enfermedad psicótica por el hecho de encontrar unos mecanismos mentales primitivos. Naturalmente, en la enfermedad psicótica lo que nos encontramos son las defensas primitivas, defensas que no necesitan estar organizadas si en las primeras fases de dependencia casi absoluta existe realmente una provisión ambiental satisfactoria". (Winnicott, 1965, 163)

Winnicott apunta aquí a que la adaptación activa del ambiente cumple una función defensiva en las primeras etapas del desarrollo; de modo que en este contexto habría que hablar de una *organización defensiva interactiva, interpersonal y estructurante*.

En este punto conviene advertir que, más allá de que sea posible hacer una exposición teórica acerca de la relación entre desarrollo emocional y patología posterior, con ello no se pretende defender una concepción determinista, unívoca y

---

[20] El alto grado de infantilismo observable en personas con psicosis deriva del compromiso entre la condición psíquica del individuo y la conducta ambiental (familiar, en los contextos terapéutico y sociocultural; ver apartados 8.2 *infra*).

LEONEL DOZZA DE MENDONÇA

lineal en este sentido. No es posible predecir rasgos clínicos específicos en función de los agravios producidos en los diferentes momentos del desarrollo. De ahí que Stern (1985) cuestiona en qué medida hay continuidad entre desarrollo emocional y patología, y en qué medida dicha supuesta continuidad debe entenderse más bien a modo de metáfora clínica. "La mayor parte de los terapeutas concordaría en que se trabaja con la metáfora reconstructiva que tenga más fuerza y poder explicativo con relación a la vida del paciente, incluso aunque no se llegue a la "edición original" de esa metáfora. De la boca para afuera se reverencia la teoría del desarrollo, pero la práctica no se detiene. Existe un difundido reconocimiento de que, en su aplicación a un paciente, de las teorías del desarrollo no surge ningún punto de origen real confiable para los rasgos tradicionales clínico-evolutivos. Tales puntos de origen reales de la patología solo se encuentran en el infante teórico, que no existe". (Stern, 1985, 309)

Siguiendo a Stern (*ibídem*, 327-332), propongo dos directrices para leer lo que viene a continuación, a saber: 1) considerar que las hipótesis acerca de las relaciones entre los daños producidos en etapas infantiles específicas y el desarrollo posterior de patología, son hipótesis válidas y a la vez cuestionables, a las que conviene seguir poniendo a prueba. A su vez, 2) ello no invalida el tomar tales hipótesis como metáforas clínicas, y en este caso de lo que se trata es de evaluar su validez conceptual y su eficacia terapéutica.

Debido a que el eje central de este estudio es la clínica, conviene desarrollar de una forma más exhaustiva esta segunda perspectiva. De todas formas, para introducir esta línea de reflexión cabe tener en cuenta algunos planteamientos de Winnicott acerca de los momentos del desarrollo (dependencia absoluta, dependencia relativa y hacia la independencia) en que se han producido fallos ambientales significativos, y de cómo estos fallos han podido fomentar por lo menos la predisposición al desarrollo de patología psicótica.

a) Hacia la independencia

Aquí la provisión ambiental posibilitó el acceso a la constitución del aparato psíquico (separación del yo y el no-yo, represión primaria, institución de los sistemas consciente e inconsciente, integración, etc.) y el establecimiento de relaciones triangulares; de modo que las defensas se organizan sobre todo alrededor de las ansiedades relacionadas con el complejo de Edipo. El ambiente puede influir en el talante y rigidez de dichas defensas y predisponer a la enfermedad psiconeurótica; pero aquí el factor decisivo es el universo fantasmático del sujeto, en función del cual se organizan las defensas. Estaríamos aquí en el ámbito de la estructura neurótica.

b) Dependencia relativa

Winnicott (1965, 275s) establece una diferenciación entre *privación* y *pérdida*. En la *privación* el fallo ambiental escapa por completo al percatamiento y la comprensión, debido a que tiene lugar en la dependencia absoluta (ver próximo ítem).

En cambio, en la *pérdida* el fallo se da encima de un éxito, es decir: hubo una adaptación inicial satisfactoria que posibilitó el pasaje a la dependencia relativa. Sin embargo, en determinado momento algún acontecimiento hace que el bebé o niño tenga la vivencia de haber perdido al objeto (suficientemente) bueno. Este acontecimiento puede ser la muerte real de una de las figuras significativas o bien una separación abrupta, un cambio significativo en la dinámica familiar, en la actitud de la figura materna, etc.

En esta fase caracterizada por la separación del yo y el no-yo, así como por los comienzos de la integración y el pensar, el sujeto ya puede percatarse de la dependencia y de los fallos ambientales. Aunque en un nivel precario, aquí ya hay un *sujeto psíquico* capaz de experienciar los acontecimientos.

Los fallos ambientales en esta etapa intermedia, entre la dependencia absoluta y la independencia, predispone en primera instancia a la *tendencia antisocial* (en la infancia). Esta suele manifestarse a modo de hurtos, brotes de agresividad, carácter desafiante, mojarse la cama, exigencias y demandas hacia el tiempo, la atención y el dinero de los demás, etcétera.

A través de estas actuaciones, a modo de demanda el niño manifiesta su esperanza y exigencia de que el ambiente restituya la pérdida (ver Winnicott, 1971a, 223-301).

La tendencia antisocial no es un diagnóstico, y se la puede observar tanto en los casos de neurosis como de psicosis, incluso en personas (sobre todo niños) sin patología evidente (cf. Khan s.a., 35s).

Winnicott describe dos tipos de tendencia antisocial: "[...] *en una*, la enfermedad se presenta como robo, o como exigencia de atención especial [búsqueda del objeto] [...]; *en la otra*, hay destructividad que provoca una dirección firme [...]. Cabe decir que el primer tipo de niño está carenciado, en el sentido de haber perdido el cuidado materno o "un buen objeto"; en el segundo lo está en términos del padre o de la calidad en la madre que demuestra que tiene el apoyo de un hombre". (Winnicott, 1971a, 225, corch. LDM)

En "el psicópata, la compulsión a obligar a la realidad a compensarlo persiste en la vida adulta" (Winnicott, 1964, 72). La tendencia antisocial se hace crónica, y se consolida como trastorno de carácter, cuando los beneficios secundarios se viven como algo que anula o colma la pérdida del objeto, "mitigando el sufrimiento e interfiriéndose con el impulso individual de buscar ayuda o aceptar la ayuda que se le ofrece" (Winnicott, 1965, 250). Apenas hay esperanza de que el ambiente restituya la pérdida, y lo que el individuo busca es el beneficio secundario en sí, como si dicho beneficio fuese la materialización de aquello que se vivió como pérdida.

En términos generales, hay cierta correspondencia (por lo menos teórica) entre los fallos ambientales en la dependencia relativa y el desarrollo de estructura fronteriza, limite o *borderline*, que en términos psicopatológicos puede cursar a modo de trastornos de personalidad, narcisista, obsesivo-compulsivo, esquizoide, drogadicción etcétera. Tales patologías suelen tener en común altos niveles de demandas hacia el tiempo, el dinero y la atención de los demás, intensas relaciones adictivas (drogas, juego, pareja) así como conductas auto y heterodestructivas.

c) Dependencia absoluta

Aquí los fallos ambientales significativos escapan por completo al percatamiento y la comprensión. Se trata de una *privación* en el sentido de que desde sus comienzos el sí-mismo naciente ha sido privado de recibir una adaptación activa satisfactoria; con lo cual, hay un bloqueo en la estructura fundante de los procesos de maduración que conducen a la constitución del aparato psíquico. Se produce un bloqueo en "los procesos de instauración de la personalidad y de diferenciación del ser" (Winnicott, 1965, 269), así como en la organización defensiva o "estructura del ego" (*ibídem*, 251; cf. Winnicott, 1957, 138; Winnicott, 1989a, 151).

En este contexto hay que hacer referencia a la emergencia de "agonías impensables" (Winnicott, 1989a, 114s), contra las cuáles se organizan defensas primitivas a modo de bloqueo[21]. En los casos más graves las alternativas defensivas consisten fundamentalmente en "la suspensión del proceso del desarrollo y la psicosis infantil." (Winnicott, 1964, 190).

---

[21] Podría compararse este bloqueo defensivo con la sordera pasajera que solemos experimentar a raíz de un ruido o estallido intenso; es decir: el oído reacciona a la intrusión del factor externo bloqueándose. En un ambiente patógeno este bloqueo tiende a convertirse en un patrón y automatizarse.

Incluso en el autismo lo que se observa es una organización defensiva contra las agonías impensables, que de ser experimentadas serían indescriptiblemente dolorosas. Dichas agonías constituyen la materia prima de las angustias psicóticas, que son lo más cercano a las agonías impensables que se puede llegar a conocer (ver a continuación). La función del bloqueo defensivo es aislar y así proteger al sí-mismo verdadero, de tal forma que el sujeto alcanza cierta invulnerabilidad y *"no tiene que volver a experienciar jamás la angustia impensable"* (*ibídem*, 239).

En definitiva, los fallos ambientales significativos en esta etapa pueden predisponer a la estructuración psicótica (ver a continuación).

2.2 DESMESURA DE LA FUNCIÓN MATERNA Y MENOSCABO DE LA FUNCIÓN PATERNA

"Leonel, ¿tú no encontrarías un padre para mí? Es que mi madre es el marido de ella misma."

"El mundo es inmenso, y por eso él choca; todo choca, porque me he acostumbrado a vivir en el piso de la mujer y entonces no he visto el mundo."

"Nadie es hijo de dos personas. Todo el mundo dice que yo tengo un padre y una madre; pero yo solo soy hijo de mi madre, porque fue ella la que me ha generado. Si yo soy hijo de dos, me quedo imperfecto. Mi hermana tiene un padre y una madre."

"La mujer me ha quitado el cuerpo; así, mira: como el que roba una cartera." (SIC: Pedro, un paciente con esquizofrenia).

Desde una propuesta de relectura de los escritos de Winnicott, hemos visto que resulta fundamental la relación de atravesamiento entre las funciones materna (sensorialidad, inmediatez, incondicionalidad; ilusión) y paterna (presencia de la ausencia, moduladora, legisladora, condicional; desilusión).

A su vez, desde su esquizofrenia, Pedro (en el epígrafe de este apartado), ilustra de una forma bastante precisa cómo en la familia del psicótico suele prevalecer la disociación y anulación entre tales funciones, estableciéndose el imperio de un espacio materno terrorífico que tiende a borrar aquellos aspectos vinculares que apuntan hacia el orden de lo paterno. En este contexto, vincular el (futuro) psicótico se convierte en *objeto de la desmesura materna*.

Ser objeto de la desmesura materna implica ser colocado en el lugar de la encarnación real del objeto capaz de proporcionarle al otro la para siempre perdida, y en definitiva mítica, plenitud fusional y narcisista.

Si bien es cierto que el psicótico[22] está atrapado en el intento de eliminar la incompletitud ("Si yo soy hijo de dos, me quedo imperfecto"), lo está en la misma medida en que ha sido convocado a ser la encarnación real del objeto capaz de eliminar la incompletitud de otro.

Ante la desmesura de lo materno, el "sujeto" no puede discriminarse y avanzar en el desarrollo que conduce hacia la transicionalidad (el "no he visto el mundo" que dice Pedro) y la constitución del aparato psíquico, incluida la integración psicosomática ("la mujer me ha sacado el cuerpo").

Aunque en los casos de psicosis la desmesura de lo materno suele provenir fundamentalmente de la madre, puede ocurrir que sea el padre quien establezca estos modos extremos de vinculación. Searles (1966, 273-284) da diversos ejemplos clínicos en los cuales aparece el tema del "padre esquizofrenogénico".

Sin embargo, lo cierto es que en un gran número de casos suele ser la madre quién asume el rol activo en lo referente a la desmesura de lo materno. A su vez, el padre suele adoptar una actitud de sometimiento y no intervención, a veces intercambiable con muestras de agresividad y prepotencia, que en último análisis denuncian su imposibilidad de "hacer valer su voz".

Al hablar de la desmesura de lo materno por parte de la madre, no hay que olvidarse de que el padre también está ahí, sometiéndose o apartándose de la situación. Desde otra perspectiva, Winnicott dice que "puede muy bien suceder que el progenitor sano se aleja para proteger su propia cordura, aun cuando ello signifique dejar a un hijo abandonado a la psicosis del otro progenitor." (Winnicott, 1964, 91). Más allá de este planteamiento, en muchos casos se observa que de parte de la madre suele haber un movimiento activo de exclusión del padre (ver, por ejemplo, Sereno, 1996, 109-115).

Según Winnicott, hay fundamentalmente dos tipos de trastornos maternos que pueden distorsionar el desarrollo emocional:

---

[22] No hay que confundir la estructura psicótica con el posible desarrollo de manifestaciones enfermizas de dicha estructura. No todo lo que es psicótico debe considerarse bajo el signo de lo patológico, más allá de que, en lo que viene a continuación, me ceñiré sobre todo en los aspectos patógenos de la estructura familiar y su impacto en el individuo.

1. "En un extremo, tenemos a la madre cuyos intereses personales son demasiados compulsivos como para abandonarlos" (Winnicott, 1964, 29s). A este tipo de figura materna le cuesta sumergirse en el estado de preocupación maternal primaria, dado que ello supone niveles de regresión y contacto con afectos primitivos que amenazan su precaria integración.

2. En el otro extremo "tenemos a la madre que tiende a estar permanentemente preocupada por algo, y el niño se convierte entonces en su preocupación *patológica*" (*ibidem*, 30)[23]. Aquí se puede observar con mayor facilidad las consecuencias (para la madre y el bebé) del menoscabo de una función paterna moduladora. Y una de las consecuencias será que, en vez de establecerse una relación fusional estructurante (ilusión), lo que se observa es una simbiosis patológica[24].

La *simbiosis patológica* deriva de una "preocupación maternal invertida", en el sentido de que toda preocupación hacia el bebé es la preocupación por la precariedad de la propia condición psíquica. Mientras en la preocupación maternal hay adaptación a las necesidades psíquicas del bebé, en la "invertida" será el bebé quien tendrá que *amoldarse* a las necesidades y organización defensiva de la figura materna.

Si en una situación así estructurada fuese posible concebir la noción de núcleo del sí-mismo del bebé, no sería equivocado decir que dicho núcleo empieza en los bordes externos de la organización defensiva de la figura materna (para un desarrollo clínico de este planteamiento, ver cap. 8).

Aquí no están dadas las condiciones para que el lactante acceda a la fusión, y aunque accediera a ella no puede abandonarla, dado que la figura materna no puede desilusionar a su bebé, quien se ha convertido en *apoyo yoico para ella*.

---

[23] Más que hablar de dos tipos de trastorno materno, por lo general lo que se observa es una oscilación vertiginosa entre ambos. Pankow describe estas interacciones en los siguientes términos: "en la medida en que el niño es vivido como parte del cuerpo de la madre, y sometido por ello al deseo y a la palabra de la madre, ésta está contenta y es gentil. A pesar de ello, rechaza al niño para no dejar ver que necesita esta simbiosis. Si después de este rechazo el niño trata de liberarse para llevar sólo, dentro de sus límites, una existencia con una identidad propia, la madre interviene para recuperar 'esta parte de sí misma' que está perdiendo" (Pankow, 1979, 48s).

[24] En una carta destinada a Spock, Winnicott (1987b [1962], 223s) dice no gustarle el término "simbiosis", y de ahí que suele expresarse en términos de estado primario fusionado y fusión parcial. Asimismo, para favorecer una mejor comprensión diferencial emplearé el término "simbiosis" para hacer referencia a la relación fusional patológica y patógena, cualitativamente diferente de la relación fusional estructurante.

Entre otras cosas, la no completación del proceso de desilusión bloquea el proceso de destrucción-supervivencia del objeto, así como la quiebra, por el odio, del objeto idealizado. La imposibilidad de establecer relaciones que viabilicen la expresión estructurante de la destructividad y el odio harán que estos se manifiesten bajo la forma de conductas auto y heterodestructivas, y también como expectativa de ser atacado o aniquilado (ansiedades y delirios paranoides).

En lo que se refiere a esta figura materna patológicamente (des)preocupada y los objetos transicionales, Winnicott advierte que: "A veces vemos que la madre misma es utilizada como si fuese un objeto transicional, lo cual si persiste puede dar origen a grandes perturbaciones [...]. Como ustedes conjeturarán, en estos casos en que es utilizada la madre, es casi seguro que hay algo en la madre misma -una necesidad inconsciente de su hijo o hija- a cuya pauta se amolda el niño". (Winnicott, 1989a, 75)

En algunos casos, puede tratarse de madres con depresiones graves que compensan su estado de ánimo volcando una atención y preocupación exacerbadas hacia su hijo. Este último, en un gesto de "fidelidad involuntaria", se desarrolla sobre la pauta de existir para compensar la depresión o algún déficit psíquico de la figura materna.

Por lo tanto, la *simbiosis patológica* se caracteriza por una relación complementaria, sin mediación paterna, entre la precariedad de la condición psíquica del bebé y la desmesura de la función materna. Esta desmesura deriva de los excesos de una organización defensiva que explota aquella precariedad. Luego, y sobre todo, con la cronificación de la enfermedad, ya no es posible precisar quién tiraniza a quién, incluso porque quién y quién no existen en cuanto sujetos psíquicos diferenciados.

2.2.1 Una ley sin ley: el imperio de la anomia

En su vertiente más enfermiza, en la desmesura de lo materno no hay una "ley del orden humano" que reglamente la relación; solo hay la "ley" de la organización defensiva.

En una conversación que tuve con un paciente y su madre, en determinado momento ésta le dijo a su hijo: "¡Yo no tengo normas; tengo defensas!" (SIC). Ese es el postulado en que suele basarse el "encuadre" en algunas de estas familias. En este sentido, Aulagnier-Spairani establece una analogía entre la anomia de la desmesura materna y el juego de cartas:

"Para jugar no es ya preciso saber que el rey es superior a la dama, ni que el orden establecido determina el valor: para lograr un triunfo no hay necesidad alguna de conocer el valor simbólico de los signos, sino que basta el signo en sí mismo y se puede volver a crear en cada ocasión una ley nueva". (Aulagnier-Spairani, citado por Waelhens, 1972, 51)

2.3 CUIDADOS MATERNOS Y ANGUSTIAS PSICÓTICAS

A partir de los apuntes globales acerca de los factores ambientales anteriormente descritos, conviene especificar algunas consecuencias ocasionadas por los fallos de la provisión ambiental, pero ahora teniendo en cuenta las funciones básicas de los cuidados maternos y las angustias alrededor de las cuales se organizan las defensas.

En lo referente al *sostenimiento*, los fallos significativos (es decir, que se han transformado en un patrón o no pueden ser reparados) pueden producir angustias relacionadas con las sensaciones de *partirse en pedazos y caída interminable*.

La sensación de partirse en pedazos deriva del derrumbe de la naciente estructura del Yo y del sentido del sí-mismo, así como de la imposibilidad o retraso en lo que se refiere a iniciar la integración desde la no-integración. La principal defensa es la desintegración, con la correspondiente sensación de partirse en pedazos. En una etapa posterior la desintegración puede ser una defensa contra las ansiedades depresivas asociadas a la integración (cf. Winnicott, 1958, 141, 209; Winnicott, 1988, 167; Winnicott, 1989a, 114).

Respecto a la sensación de caída interminable, Winnicott (1988, 184) señala que con el nacimiento el neonato pasa de la era pre-gravitatoria (en la que es sostenido desde todas las direcciones en el vientre materno) a la era gravitatoria, en la que es sostenido desde abajo. Por lo tanto, los fallos significativos en este sentido pueden producir la sensación de caída interminable, contra la cual se organizan defensas a modo de auto sostén (ver a continuación).

La sensación de caída interminable no deriva solo de los fallos del sostén físico, sino fundamentalmente de que los fallos de adaptación, en sus distintas manifestaciones, "dejan caer" (derrumbe) el sí-mismo del bebé.

A su vez, los fallos significativos en la *asistencia corporal* fomentan la emergencia de agonías primitivas derivadas de una *relación psicosomática deficiente* (fallo en la personalización o residencia de la psique en el cuerpo). Ello tiende a bloquear los procesos que conducen a la tonificación y coordinación muscular, así como al usufructo de las experiencias corporales (incluidas las satisfacciones y frustraciones pulsionales estructurantes). El sujeto se convierte en una psique sin cuerpo o en cuerpo "sin alma", lo cual puede manifestarse bajo la forma de despersonalización, angustias hipocondríacas, trastornos psicosomáticos graves, cierta dificultad para acceder a las sensaciones de hambre/saciedad, frío/calor etc. (cf. Winnicott, 1988, 173ss).

En 1.5.2 (*supra*) hemos visto cómo el pensar poco a poco se constituye en un importante aliado de la madre, debido a que le posibilita al lactante tolerar la espera y fallas maternas. Según Winnicott (1988, 29ss), la mente (que posibilita el pensar) es una forma ulterior de funcionamiento psicosomático. Desde esta perspectiva, los fallos ambientales significativos pueden predisponer a que el pensar se escinda del psique-soma y reemplace el rol de la madre (lo cual sería una forma de auto sostén); "*el funcionamiento mental se vuelve una cosa en sí*, que reemplaza prácticamente a la madre buena" (Winnicott, 1989a, 257). Si esta defensa no falla del todo, el sujeto puede llegar a desarrollar "un falso *self* bajo la forma de un intelecto explotado" (*ibídem*; cf. Green, 1980).

Además de las cuestiones relativas a la asistencia corporal, el intelecto explotado se encuentra estrechamente relacionado con la impredictibilidad de los cuidados maternos, lo cual va en contra del principio de constancia y confiabilidad en la madre. En términos tipológicos, podría hablarse de una figura materna caótica, de tal forma que el pensar se disocia en un intento fallido de establecer una predictibilidad en donde no la hay.

Sugiero que el extremo del intelecto explotado se manifiesta en el delirio, en el cual el sujeto construye una "teoría" acerca de los fallos ambientales significativos (ver próximos apartados). Pero se trata de una "teoría" en que "el funcionamiento mental se vuelve una cosa en sí" (Winnicott) y no accede a los atravesamientos del principio de realidad y la intersubjetividad. De ahí que el pensamiento delirante constantemente da vueltas sobre sí mismo en un circuito cerrado.

En lo referente a la *presentación de objetos*, recuérdese que esta función facilita los comienzos de la significancia de la realidad externa a través del establecimiento de relaciones con objetos subjetivos (yuxtaposición entre lo real y lo alucinado). Por lo tanto, los fallos significativos en este sentido pueden bloquear todo lo relativo al establecimiento de la fusión y el proceso de ilusión. Además, "bloquean el desarrollo de la capacidad del niño para sentirse real al relacionarse con el mundo concreto de los objetos y los fenómenos" (Winnicott, 1964, 34).

Todo ello apunta hacia la emergencia de angustias relacionadas con la *pérdida del sentido de lo real* y la sensación de "Completo aislamiento, ya que no existen medios para comunicarse" (Winnicott, 1987a, 131). Aquí las defensas se organizan fundamentalmente a modo de explotación del narcisismo primario y de los estados autistas (repliegue, "ensimismamiento"), en los que se establece una relación exclusiva (o casi) con los fenómenos del sí-mismo (Winnicott, 1989a, 114; Winnicott, 1987b, 230s).

A pesar de las dificultades descritas en apartados anteriores, aunque con ciertas limitaciones y déficits, el desarrollo del individuo puede seguir avanzando. Sin embargo, en determinado momento algún acontecimiento o factor actual puede desencadenar el derrumbe. Este factor desencadenante puede ser un nuevo trabajo o el estrés, la restructuración del ambiente familiar o acontecimientos aparentemente insignificantes.

En términos arquitectónicos diría que, pese a las dificultades, la construcción del edificio del aparato psíquico sigue adelante. Sin embargo, este seguir adelante puede estar sostenido por unas estructuras deficitarias que, si bien soportan un determinado número de pisos, a partir de determinado momento no podrán sostener el edificio (derrumbe psicótico). Una alternativa consiste en detener la construcción y así evitar el derrumbe, lo cual implica llevar una existencia limitada.

En otros casos, resulta difícil identificar el factor desencadenante debido a su aparente insignificancia. A veces, el simple hecho de añadir un ladrillo desencadena el derrumbe que ya estaba a punto de producirse. Se trata en estos casos de un "ladrillo detonador" insignificante y a la vez decisivo; un ladrillo que, en su calidad de representante del último gesto de construcción, desencadena el desmoronamiento y desintegración de los escombros en que se pierde.

A la hora de pensar acerca de la psicosis, Winnicott propone renunciar a tomar como referencia al complejo de Edipo, así como la regresión a zonas erógenas y puntos de fijación (Winnicott, 1965, 154; Winnicott, 1987b, 249; Winnicott, 1989a, 293; cf. Stern, 1985, 53, 283s; Waelhens, 1972, 73-89).

De ahí que adoptó el concepto de regresión a la dependencia, cuyo énfasis recae en el desarrollo del Yo y en la dependencia respecto a la provisión ambiental (cf. Winnicott, 1958, 382ss). "La regresión representa la esperanza que alberga el individuo psicótico de que ciertos aspectos del medio ambiente que originariamente fallaron podrán ser repetidos, con la salvedad de que esta vez, en lugar de fracasar, el medio ambiente triunfará en su función de posibilitar la tendencia heredada del individuo a desarrollarse y madurar". (Winnicott, 1965, 154)

Si bien esta tendencia regresiva puede impulsar hacia la salud, Winnicott diferecia entre dos tipos de regresión: "Una de ellas es simplemente un retroceso en la dirección opuesta al movimiento progresivo del desarrollo; se ven aparecer características regresivas y se reconoce que han quedado bloqueados los mecanismos del crecimiento individual. El otro tipo de regresión es muy distinto, aunque clínicamente puede ser semejante; en este segundo tipo el paciente hace la regresión debido a que una nueva provisión ambiental le posibilita la dependencia". (Winnicott, 1989a, 237)

De esta forma, Winnicott diferencia los casos en que simplemente hay un derrumbe, de aquellos en que el derrumbe regresivo se debe a la provisión de unos cuidados satisfactorios y confiables.

Más allá del sostén brindado por un profesional, el sujeto puede encontrar en su entorno inmediato (amigos, vecinos, pertenencia a grupos e instituciones) las condiciones (sobre todo la confiabilidad) que necesita para regresar[25].

En términos generales, independientemente de que la regresión se debió o no a una provisión ambiental satisfactoria, en todos estos casos "indirectamente se introduce el ambiente, ya que la dependencia exige un ambiente que atienda a ella" (Winnicott, 1989a, 62).

Estos planteamientos son importantes a la hora de entender y justificar la *función ambiental* ejercida en Acompañamiento Terapéutico. Los casos en que se solicita la intervención del Acompañante Terapéutico suelen estar implicados en contextos ambientales insatisfactorios (familiar, institucional). En tales contextos, la regresión a la dependencia se hace crónica y estereotipada, de modo que muy a menudo se manifiesta bajo la forma de infantilismo, dependencia patológica, tiranía vincular, etc.

Esta función ambiental consiste en adaptarse a las necesidades primitivas del paciente, lo cual incluye brindar un sostén afectivo y efectivo en lo relativo a aspectos de su vida cotidiana. Desde otra perspectiva, incluye también una serie de intervenciones sobre la dinámica patógena y cronificante que suele observarse en las relaciones familiares y también en las institucionales y comunitarias.

En definitiva, si en la psicotización el ambiente es el factor decisivo, también lo será en el proceso de Acompañamiento Terapéutico.

2.5 LA ESTRUCTURA PSICÓTICA Y ALGUNAS DE SUS VICISITUDES

En la dependencia absoluta no es posible describir al lactante sin describir al ambiente. Antes de hablar de la organización defensiva intrapsíquica del bebé, corresponde tener en cuenta que la adaptación activa de la figura materna cumple funciones defensivas a modo de yo auxiliar o sostén.

---

[25] En algún lugar Winnicott incluso menciona el caso de una paciente que pudo hacer la regresión a la dependencia gracias a una asistenta confiable y afectiva.

Stern comenta que las perturbaciones clínicas en las primeras etapas del desarrollo "no son signos o síntomas de algún conflicto intrapsíquico, sino el reflejo exacto de una realidad interactiva en curso" (Stern, 1985, 247); de modo que "la patología preedípica se debe a déficit o a acontecimientos basados en la realidad, y no a conflictos, en el sentido psicodinámico" (*ibídem*, 306; ver *ibídem*, 26s, 227ss; cf. Racamier, 1980).

De forma análoga, no es posible hablar de la etiología psicológica de la estructura psicótica sin describir los fallos ambientales en las primeras etapas del desarrollo (cf. Winnicott, 1965, 275, 316s).

La noción *individual* de estructuración psicótica incluye, por definición, al *ambiente*.

Ello no significa que "los efectos perjudiciales de semejante falta [ambiental] no puedan describirse como deformación del ego y de las defensas contra las angustias primitivas, o sea en términos individuales" (Winnicott, 1965, 56, corch. LDM).

Desde una descripción en términos individuales, en la psicosis la *"escisión ocupa el lugar de lo inconsciente reprimido del psiconeurótico."* (Winnicott, 1989a, 235, subr. LDM). En mayor o menor medida, el inconsciente no está instituido desde la represión primaria (*Urverdrängung*), lo cual implica decir que no se ha completado el proceso de constitución del aparato psíquico[26].

En las primeras etapas del desarrollo y en la psicosis, "inconsciente significa que la integración *yoica* no es capaz de abarcar algo" (Winnicott, 1989a, 115, subr. LDM). Este "algo" son los fallos ambientales que escapan por completo, o casi, a las posibilidades de significación.

Estos elementos brindan un punto de partida para discriminar estructuralmente entre neurosis y psicosis.

2.5.1 pre-histórico del sí-mismo

En su artículo titulado "El miedo al derrumbe" [1963], Winnicott (1989a) dice que el miedo al derrumbe es el miedo a un derrumbe que ya tuvo lugar, pero que tuvo lugar en un momento en que no había un sujeto u organización *yoica* capaz de experienciarlo, de significarlo y de organizar defensas adaptativas.

---

[26] Podría decirse que será esta no completación la que les proporcionará cierta "sabiduría clarividente" a algunas personas con una estructura psicótica.

Este derrumbe primitivo queda registrado en el "psiquismo" (que todavía no se ha constituido), aunque no es registrable como acontecimiento psíquico debido a que la organización *yoica* no tiene noticia de aquello que tuvo lugar pero no fue experienciado[27]. Es en este sentido que, en la psicosis, "inconsciente significa que la integración *yoica* no es capaz de abarcar algo" (Winnicott, 1989a, 115).

Los fallos de sostén y la intrusión ambiental producen un derrumbe pre-histórico del sí-mismo, que al carecer de registros de significación, en la eclosión de la psicosis tiende a aparecer a modo de vivencia sensorial-concreta (alucinación visual, auditiva, cenestésica; sensación de partirse en pedazos, etc.). Ello hace pensar que estos niveles de la experiencia psicótica tienen que ver con los fallos en aquellos procesos de yuxtaposición y conexión estructurante entre lo alucinado y lo real (ilusión), tras lo cual el individuo puede acceder a una tercera zona de experiencia que posibilita establecer atravesamientos transicionales.

2.5.2 Función sostenedora del delirio

Además de las vivencias sensorial-concretas antes mencionadas, debido a que el derrumbe pre-histórico no es explicable para el sujeto, tiende a aparecer a modo de delirio. Este último sería un intento de significar, a modo de teoría y escenificación, eso inexplicable que tuvo lugar pero no fue experienciado.

Sobre todo en el delirio paranoide, el "sujeto" constantemente se ve amenazado por alguna forma de intrusión del factor externo al que debe mantener bajo control y/o del cual debe defenderse. De ahí que el delirio es una mentira que dice la verdad. Su veracidad deriva de que hubo una intrusión real del factor externo, que al no ser registrada ni accesible a la significación, solo puede ser vivenciada y "explicada" desde la lógica de los procesos psíquicos no mediatizados por los atravesamientos del principio de realidad y el proceso secundario; y, por lo tanto, una lógica no accesible a la transicionalidad y la intersubjetividad.

Al "igual" que con lo inconsciente, el delirio no conoce la duda ni la negación de sus supuestos. Podría decirse que el delirio es el "inconsciente" del psicótico (si es que tiene un delirio); pero se trata aquí de un "inconsciente absolutamente cerrado" (en lo que respecta a su lógica) y a la vez "absolutamente abierto" (en el sentido de que aparece escenificado, "soñado" en la realidad externa).

---

[27] Mannoni (en Winnicott et. al, 1977, 63s) dice que este planteamiento de Winnicott se acerca a la noción freudo-lacaniana de forclusión, del pasado forcluido no recordable que aparece en lo real.

Aquello que en el desarrollo normal evoluciona hacia teorías (científicas, religiosas, populares) de la experiencia humana, accesibles a la intersubjetividad, en el delirio se constituye a modo de "teorías" regidas por procesos psíquicos no mediatizados.

Asimismo, cabe destacar que la posibilidad de acceder a una construcción delirante organizada representa un avance de "significación teorizante" fundamental.

El psicótico delira para acotar un escenario y convocar personajes que hagan tangible aquello absolutamente sin sentido que tuvo lugar pero no fue experienciado. Con ello logra restituir el sentido del si-mismo en sus relaciones con el mundo. Por más terrible que sea la trama del delirio, siempre será un mal menor si se compara con las angustias impensables no accesibles a la significación.

Los objetos que el psicótico toma para la construcción del delirio no suelen ser sus objetos primarios o progenitores. En algunos casos el objeto del delirio son personas o personalidades con los cuales el delirante no puede o difícilmente podría tener relaciones (políticos, famosos, el Rey, etc.); son personajes históricos o míticos que "toma prestados" de la cultura para explicar aquello intangible ("sin objeto") e inexplicable que tuvo lugar en sus relaciones primarias.

Sin embargo, ello no es suficiente; en algunos casos hay que buscar personas de carne y hueso que viabilicen interacciones real-imaginarias. Si los vecinos son especialmente elegidos para encarnar esta función, ello no deriva de conflictos interpersonales, sino de que el vecino está situado en una posición arquitectónicamente estratégica para representar la encarnación de una "otredad" que amenaza y debe de ser puesta bajo control o destruida.

En el ámbito del delirio, la noción de objeto y sobre todo su otredad, carece de sentido para el psicótico, lo cual no significa que ello será así en todas sus relaciones (ver próximo apartado).

2.5.3 Estructura y funcionamiento psicodinámico

Desde una perspectiva estrictamente estructural, no sería acertado emplear expresiones tales como "parte psicótica de la personalidad" en individuos neuróticos, o "parte no psicótica o neurótica de la personalidad" en psicóticos[28].

---

[28] En los escritos de Winnicott hay cierta ambigüedad en este sentido. En algunos pasajes habla (ciertamente influenciado por sus compañeros kleinianos) de "parte no psicótica de la personalidad", aunque también advierte que este planteamiento puede resultar engañoso

Siguiendo en la línea de metáforas arquitectónicas, diría que psicosis y neurosis son dos pisos de una casa; que la psicosis es el sótano y la neurosis el primer piso. Ciertamente, el "suelo de la neurosis" está muy cerca del "techo de la psicosis", pero es otro piso, otra estructura. Entre el "techo de la psicosis" y el "suelo de la neurosis", marcando esta diferencia estructural, está la represión primaria y la institución de los sistemas consciente e inconsciente.

Si en la sintomatología neurótica entra en juego el retorno de lo reprimido, en la psicosis prevalece la manifestación escindida o anárquica del psiquismo (ver a continuación).

Por otra parte, habría que preguntar si hay vías de acceso entre un piso y otro; es decir, si sería válido pensar en unas escaleras que posibilitan cierto nivel de tránsito entre los dos pisos, entre neurosis y psicosis. La cuestión es demasiado compleja y amplia, de modo que conviene acotarla preguntando en qué medida un individuo estructuralmente psicótico puede transitar psicodinámicamente por territorios neuróticos.

La cuestión sería: ¿qué es lo que posibilita este acceso?, ¿en qué consiste esta escalera que supuestamente posibilitaría al psicótico asomarse psicodinámicamente al piso de la neurosis?

La escalera, este puente, paradójicamente suele ser el delirio (aunque no exclusivamente). Paradójicamente, porque el delirio es un elemento decisivo para diagnosticar psicosis, pero es precisamente la función sostenedora del delirio lo que le posibilitará al individuo subir las escaleras y transitar por el territorio neurótico a nivel psicodinámico (que no es poco). Esto no le convierte en un individuo estructuralmente neurótico, aunque sí nos permite atribuirle capacidades supuestamente solo accesibles a los neuróticos, como puede ser la capacidad de pensamiento simbólico, conflicto intrapsíquico, el reconocimiento de la otredad, el acceso a la intersubjetividad (fuera del ámbito del delirio) etc.

---

debido a que ésta supuesta "parte no psicótica" es más bien una manifestación del falso sí-mismo (Winnicott, 1965, 272s). A su vez, al referirse a los casos "fronterizos", dice que "el núcleo de la perturbación del paciente es psicótico, pero el paciente posee una organización psiconeurótica suficiente" (Winnicott, 1989a, 264). Dada la complejidad del tema, considero aceptable la idea de una estructura "fronteriza" que en psicopatología suele manifestarse a modo de patologías graves, entre las cuales se incluyen los trastornos de personalidad, narcisistas, obsesivo-compulsivos, etc., muchas veces acompañados por temores hipocondríacos, afecciones psicosomáticas, delincuencia, malos tratos (violencia de género etc.) y adicción a las drogas (ver Fiorini, 1993; Kohut, 1971).

Una posible fuente de malentendidos y confusión parece derivar de que la delimitación de estructuras claramente diferenciadas tiende a hacer suponer que el funcionamiento psíquico de un individuo psicótico será siempre y en todos los aspectos el negativo del funcionamiento de la estructura neurótica. Sugiero que ello no es necesariamente así; que no suele ser así.

Como mínimo, habría que diferenciar entre aquellos pacientes extremadamente desorganizados y regresivos, y aquellos cuyas manifestaciones de su estructura psíquica quedan acotadas (aunque nunca del todo) en el ámbito de una construcción delirante, y sobre todo si dicha construcción resulta relativamente inofensiva para sí mismo y su entorno.

Aquellas personas con psicosis que logran un mayor nivel de delirio organizado y específico, son las que suelen estar psicodinámicamente menos enfermas, y también las que tienen un mejor pronóstico. Además, son las que logran un mayor nivel de funcionamiento normalizado, incluso a nivel simbólico, sobre todo en aquellos ámbitos no relacionados con el delirio.

Sin embargo, desde una perspectiva estructural, se trata más bien de decir que la estructura psicótica puede funcionar psicodinámicamente de un modo "normalizado" y sano, y en este ámbito acceder a niveles de pensamiento simbólico, etcétera, siempre que el sujeto logre sostener el acotamiento y significación (proporcionado por la construcción delirante) de aquello inexplicable que tuvo lugar pero no fue experienciado[29].

Si fuera posible "deconstruir" el delirio, el funcionamiento psicótico-delirante se extendería prácticamente a (casi) todo el ámbito de experiencia del individuo, con el agravante de que se producirían manifestaciones de un funcionamiento psíquico anárquico (pérdida del acotamiento y significación). De ahí que sugiero discriminar entre por lo menos dos modos de funcionamiento psíquico de la estructura psicótica, a saber: el funcionamiento "escindido a modo de dualidad" (delirio organizado, paranoia) y el funcionamiento "anárquico" (esquizofrenia).

---

[29] No solo el delirio ejerce un importante efecto sostenedor, sino también las condiciones actuales de vida, el sostén humano recibido (familiares, amigos, grupos, instituciones), la realización de actividades laborales, culturales, religiosas, artísticas o creativas; es decir, todo aquello que de alguna forma remite a la transicionalidad.

2.5.4 Dualidad escindida y anarquía psíquica

En el desarrollo emocional, la escisión es un logro del desarrollo que posibilita una "catalogación a modo de dualidad" de las vivencias. Se trata de una modalidad de funcionamiento psíquico que sigue vigente en la vida adulta, aunque de formas menos intensas y absolutas (cf. Stern, 1985, 303).

En psicopatología, esta dualidad escindida se manifiesta a modo de vivencias y vínculos absolutos no mediatizados, que oscilan entre los extremos de la idealización-denigración y protección-persecución. Ello es más intenso y observable en los casos de paranoia (con delirio organizado) y en patologías graves de tipo fronterizo (trastornos de personalidad, narcisista, obsesivo-compulsivo, esquizoide, drogadictos).

En términos de desarrollo emocional, en las patologías fronterizas la estructura y funcionamiento psíquico se organizan en un nivel correspondiente al de la dependencia relativa. Se incluyen entre los trastornos pre-edípicos, pero no son psicosis. Tampoco son neurosis, aunque, como señala Fiorini acerca del trastorno narcisista, "comprenden también conflictos y defensas de nivel neurótico [...], por lo cual se plantean problemas de diagnóstico diferencial" (Fiorini, 1993, 111; cf. Kohut, 1971).

Es importante no perder de vista toda la problemática derivada de la gran diversidad de manifestaciones psicopatológicas, así como del intento de delimitar estructuras conceptuales mediante la categorización verbal.

A diferencia de los psicóticos, en pacientes con una estructura fronteriza no llega a establecerse un funcionamiento delirante; por lo menos, no en sentido estricto. Se observan más bien relaciones y conflictos interpersonales muy intensos basados en la idealización-denigración y protección-persecución, y que pueden cursar con alguna actividad deliroide pasajera.

Si en el delirio la conducta del objeto externo apenas tiene importancia (en el sentido de que, haga lo que haga el vecino, el delirante lo encajará en la trama de su delirio), en los llamados casos fronterizos o patologías graves las vivencias y reacciones del sujeto están estrechamente relacionadas con una hipersensibilidad hacia las manifestaciones del otro (lo cual también puede ocurrir con los psicóticos fuera del ámbito del delirio).

Sobre todo, los momentos de mayor ansiedad activan los sistemas y modos de vinculación basados en la idealización-denigración y la protección-persecución. Por un lado, se establecen intensas relaciones de fascinación y dependencia patológica (hacia el objeto idealizado, protector) con personas, grupos o instituciones, drogas, y también intensas demandas hacia el tiempo, el dinero y la atención de los demás[30]. Por otra parte, Ogden apunta que "cada vez que el objeto bueno resulta decepcionante, ya no se le vive como un objeto bueno -ni siquiera como un objeto bueno decepcionante- sino como el descubrimiento de un objeto malo que se había enmascarado como objeto bueno." (Ogden, 1989, 22).

De ahí que con suma facilidad el objeto idealizado se vive como denigrado, y el protector se hace persecutorio.

No es poco frecuente que las experiencias de decepción-denigración y amenaza de pérdida de control produzcan brotes de agresividad física y psíquica (insultos, atormentar al otro con culpabilizaciones y demandas, etc.), así como gestos autolíticos.

La ansiedad depresiva y la culpabilidad no pueden ser toleradas. El sujeto realiza "falsas reparaciones" fundamentalmente mediante la negación burda, la mentira, las fantasías reparadoras omnipotentes o mágicas y el auto castigo como modo de erradicar la culpa (cf. ibidem, 26). Se borra la memoria y la historicidad, como si "aquí no ha pasado nada".

Las ansiedades implicadas en estas intensas relaciones a modo de dualidad suelen fomentar altos niveles de aislamiento psicosocial y despersonalización.

Debido a que las patologías fronterizas se relacionan con la dependencia relativa, y por lo tanto con la destructividad y la agresividad con ira, el eje central de la tarea terapéutica consiste en la supervivencia del terapeuta (cf. Winnicott, 1989a, 269ss; Winnicott, 1989b, 15).

A su vez, en los casos menos regresivos de psicosis (sobre todo en la paranoia) la dualidad escindida suele manifestarse bajo la forma de delirio persecutorio,

---

[30]   Estas relaciones se manifiestan de diferentes formas según la organización psicopatológica básica. Por ejemplo; en el trastorno narcisista el sujeto tiende a quedarse a merced del objeto idealizado (cf. Fiorini, 1993, 106ss; Kohut, 1971, 54ss), mientras en un trastorno de personalidad con actividad delictiva el sujeto roba cosas que representan al objeto y todo aquello que idealmente podría proporcionarle (cf. Winnicott, 1957, 180ss). Se trata de un intento fallido de robarle al otro aquello que otro tipo de paciente más bien "mendiga" activa o pasivamente. Asimismo, es común observar trastornos narcisistas en delincuentes. En ambos casos suelen coincidir la falta de autoestima, las mentiras, la excentricidad exacerbada, la hipersensibilidad a la crítica, etc. (cf. Kohut, 1971, 108ss, 154ss).

LEONEL DOZZA DE MENDONÇA

mesiánico, etc. O, (al igual que lo anteriormente expuesto) en relaciones no nece-sariamente delirantes que apuntan a formas absolutas de relación basadas en la dualidad sin mediación.

Según la "clasificación" aquí sugerida, este modo de funcionamiento psíquico corresponde a los casos "menos graves" ("menos psicóticos" o regresivos, pero no necesariamente menos enfermos), debido a que la dualidad escindida facilita el acotamiento y "catalogación" de las vivencias del sí-mismo en sus relaciones con el mundo. Ello facilita, a su vez, la construcción de un delirio organizado.

Ya en los casos más regresivos de psicosis (esquizofrenias), el funcionamiento psicodinámico opera más bien a modo de anarquía psíquica, que apunta hacia la condición psíquica de pacientes que apenas han accedido a un funcionamiento escindido a modo de dualidad (cf. Searles, 1966, 31ss).

Aquí suele observarse una actividad "delirante" desorganizada e indiscrimina-da (no referida a objetos específicos), lo cual hace que se extienda a prácticamen-te casi todos los ámbitos de relación y vivencia.

Además, el término de ansiedad persecutoria apunta directamente hacia una amenaza de aniquilación del sí-mismo. En esta, apenas es posible una deposita-ción relativamente estable y delimitada (en el vecino, etc.) que posibilite tramitar la amenaza. En otros términos: es relativamente más fácil "defenderse" del vecino que es la reencarnación de Adolf Hitler (dualidad), que "defenderse" de "algo" que amenaza con invadir y aniquilar el sí-mismo desde todas partes.

Desde otra perspectiva, Grinberg, Sor y Bianchedi dicen que: "De manera que estos pacientes muy regresivos carecen del equipo que los ayudaría a "ma-pear" la realización del espacio mental y a tener una noción discriminada de la existencia del espacio exterior. Frente a una experiencia en que pacientes menos regresivos usarían la identificación proyectiva para ubicar los aspectos fragmenta-dos del *self* en los objetos externos, estos otros pacientes se sienten impedidos de proyectar las partes escindidas de su personalidad porque no tienen la noción de continentes en los que pueda tener lugar esa proyección. En cambio, surgirá en ellos la "identificación proyectiva explosiva" en un espacio vasto, sin límites, que no puede ser representado de ningún modo." (Grinberg, Sor y Bianchedi, 1991, 44; subr. LDM).

En tales casos, si acaso, las vivencias solo pueden ser representadas y referi-das en el ámbito de lo microscópico (virus que entran por los poros, etc.), colectivo y mitológico.

2.6 ACERCA DE LAS PRETENSIONES TERAPÉUTICAS

Según Winnicott, en la psicosis la transferencia deriva de las primitivas relaciones del Yo; de modo que en la regresión transferencial el paciente tiende a experienciar las situaciones primitivas en que se produjeron los fallos ambientales (cf. Winnicott, 1965, 36s; Winnicott, 1987a, 134; Searles, 1966, 57s).

Partiendo de estos supuestos, Winnicott considera que a través de la regresión a la dependencia "la curación se produce al permitir que el desarrollo emocional del paciente siga adelante a partir del momento en que quedó detenido" (Winnicott, 1957, 167; cf. Winnicott, 1989a, 234).

En definitiva, Winnicott estaba convencido de que a través de la regresión a la dependencia es posible "corregirse las experiencias tempranas" (Winnicott, 1988, 197) y "alterar el pasado del paciente, de tal manera que un paciente cuyo ambiente maternal no fue lo suficientemente bueno puede convertirse en una persona que ha tenido un ambiente facilitador adecuado" (Winnicott, 1987a, 135; cf. Winnicott, 1989b, 250).

Otra forma de pensar esta cuestión la ofrece Carrozzo, basándose al parecer en una perspectiva lacaniana. "La posibilidad de vivenciar, en el tratamiento, experiencias fundantes y primerizas, no significa que sea posible (o se quiera) hacer una neurotización de este individuo. La estructura no es transformable, y lo que buscamos es fabricar, acompañar la construcción de condiciones para que esta estructura psicótica pueda funcionar de forma viable en esta sociedad." (Carrozzo, en AAVV, 1991, 34).

Desde una perspectiva estructural, abogo en favor de esta concepción (contraria a la de Winnicott), pero sin descartar del todo la idea según la cual pueden llegar a producirse cambios significativos. En este sentido, resulta muy ilustrativa la descripción que hace Sechehaye de la evolución de una paciente con una esquizofrenia grave. En el primer párrafo de la introducción la autora dice: "Deseo participar a los psicoanalistas mis experiencias con una joven enferma mental, cuya curación se confirmó hace unos años y que desde entonces no ha tenido recaída alguna. Se trata no solo de una remisión (vuelta a un estado anterior), sino de una verdadera curación: el estado de mi antigua paciente permite un desenvolvimiento y un progreso psíquicos con nuevas adquisiciones espirituales iguales a los del desarrollo normal." (Sechehaye, 1947, 17, subr. LDM).

La descripción del tratamiento pone en evidencia los años de intensa dedicación profesional y personal por parte de Sechehaye; a tal punto que entre otras cosas invitó a la paciente a que fuera a vivir con ella, y se convirtió en su "mamá" (término empleado por ambas). Aunque el lector tenga todo derecho a sospechar de la validez de lo planteado por Sechehaye en esta introducción, el relato del tratamiento (tanto por la autora como por la propia paciente) resulta ser una descripción bastante completa del proceso de constitución del aparato psíquico. Si nos atenemos al texto, hay una verdadera neurotización de la paciente.

Desde una concepción estrictamente estructural, habría que decir: por más que resulte evidente el hecho de que hubo una evolución favorable, la estructura no es transformable. Por otra parte, a los que abogan tajantemente en favor de esta perspectiva habría que preguntar: al igual que Sechehaye, ¿cuántas veces y en qué medida un terapeuta, o equipo, brindó una devoción casi absoluta a un paciente psicótico, llegando incluso a convertirse en su "mamá"?

A fin de cuentas, los planteamientos de Sechehaye y Winnicott imponen cuestionar en qué medida la estructura puede ser transformable, y sobre todo en qué medida los resultados terapéuticos dependen no solo de la calidad, sino también de la cantidad de disponibilidad y devoción del terapeuta o equipo. Por supuesto, a nadie se le puede reprochar por no hacer lo que hizo Sechehaye; pero no por ello dejaremos de plantearnos la cuestión.

Más allá de esta discusión, considero que en Acompañamiento Terapéutico conviene dejar a un lado el dilema acerca de la posibilidad de generar cambios estructurales. Resulta más productivo centrar los esfuerzos terapéuticos en el saneamiento de aquellas manifestaciones estereotipadas, alienadas, auto y heterodestructivas; es decir, en las manifestaciones psicodinámicas enfermizas de la estructura psicótica o fronteriza. En todo caso, se trataría de "curar" esto, que no es poco. Y aquí puede afirmarse con cierto grado de seguridad que muchos pacientes logran una mejoría considerable (incluso a corto plazo) en el sentido de estar psicodinámicamente menos enfermos, lo cual no implica que estén menos psicóticos desde el punto de vista estructural.

En términos resumidos, las principales pretensiones terapéuticas son:

a. Disminución de la intensidad de angustias primitivas y, consecuentemente, de las defensas no adaptativas y disruptivas. Se trata de brindar una provisión ambiental que ampare el derrumbe psicótico y sus manifestaciones patológicas.

b. Contribuir a resignificar las dinámicas vinculares (incluidas las familiares) patógenas y alienantes, es decir: aquellos vínculos en que la regresión a la dependencia se estereotipa y cronifica bajo la forma de infantilismo, dependencia patológica, abandono de sí mismo etc.

c. Facilitar la inserción en el ámbito de la transicionalidad, dado que dicha inserción puede ser altamente beneficiosa en lo que respecta a un funcionamiento satisfactorio de la estructura psicótica. Esta inserción incluye actividades e interacciones con objetos, espacios físicos y personas.

Las intervenciones y modos de vinculación a través de los cuales se pretende hacer efectivas tales pretensiones serán ampliamente debatidas e ilustradas a lo largo de los próximos capítulos.

CAPÍTULO 3

CLÍNICA DE LO COTIDIANO

CAPÍTULO 3

CLÍNICA DE LO COTIDIANO

Mi contribución consiste en pedir que la paradoja sea aceptada, tolerada y respetada, y que no se la resuelva. Es posible resolverla mediante la fuga hacia el funcionamiento intelectual dividido, pero el precio será la pérdida del valor de la paradoja misma. (Winnicott, 1971b, 14)

Es común observar una serie de conflictos e impases en lo referente a la tarea y el rol del Acompañante Terapéutico. Sobre todo, el que está iniciándose en esta práctica suele vacilar y oscilar entre:

a. Sentirse y actuar como si fuese una "asistenta" o "niñera" a la que se paga para cumplir órdenes (de familiares, psiquiatra).

b. Pretender hacer de amigo del paciente o bien adoptar una actitud profesional rígida. Entre otras cosas, esto último puede conducir a:

c. Adoptar una actitud de "profesor" en el sentido clásico del término, o atenerse casi exclusivamente a los aspectos asistenciales de la tarea. Otra alternativa consiste en adoptar una serie de actitudes que resultan ser una caricatura de la técnica psicoanalítica clásica.

Desde una conceptualización en términos de paradoja, es posible bosquejar un intento de desmarcarse de estos extremos. La paradoja alberga una relación de atravesamiento entre los enunciados, de modo que el Acompañante Terapéutico no necesita decidirse por ninguno de los extremos. Este no tener que decidir es, paradójicamente, la decisión más radical: la paradoja se sostiene desde la decisión de no decidir.

No se trata aquí de un relativismo absoluto e ingenuo en el cual todo puede decirse y desdecirse. Si bien es cierto que no conviene resolver la paradoja, también lo es que conviene enunciarla y recorrer sus posibilidades teóricas y clínicas. Green comenta: "Si yo debiera resumir en una frase las razones por las que la obra de Winnicott me habla, diría que, después de Freud, ningún psicoanalista ha llevado más lejos la reflexión sobre la *experiencia de los límites y el pensamiento paradójico*. Winnicott nos ha enseñado a pensar en la situación analítica lo que denominaré conjunto de bordes difusos situado en la intersección de las relaciones analizando-analista". (Green, en Winnicott et. al 1977)

Por tanto, la importancia de la paradoja en la conceptualización y en la práctica clínica no es un hecho aislado y específico del Acompañamiento Terapéutico. Por otra parte, una serie de especificidades del Acompañamiento Terapéutico imponen, en mayor medida, una conceptualización en términos paradójicos. De ahí que en este capítulo trataré de enunciar las paradojas relativas a la "Clínica de lo Cotidiano", la "Amistad Profesional", la "Técnica Afectiva o Método" y el "Encuadre Abierto". En los próximos capítulos también veremos algunas cuestiones relativas a la *paradoja del encuadre y la actuación contratransferencial, la inconstancia de las constantes (del encuadre), la pasividad como forma de acción*, etc.

3.1 MANEJO CLÍNICO-ASISTENCIAL

La noción de *manejo*[31] resulta ser de gran utilidad a la hora de pensar acerca de la tarea y el rol en Acompañamiento Terapéutico.

Uno de los principios básicos del manejo consiste en que "la terapia equivale a un intento de imitar el proceso natural que caracteriza la conducta de cualquier madre con respecto a su propio bebé" (Winnicott, 1964, 35). Si se tiene en cuenta que el paciente no es un bebé, sería más acertado decir que los cuidados maternos pueden servir de prototipo a la hora de conceptualizar acerca del manejo. De ahí que, en su acepción global, el manejo remite a la idea de cuidado, sostén afectivo y efectivo, amparo, intervención en aspectos de la vida cotidiana, etc. (cf. Winnicott, 1964, 160s; Winnicott, 1965, 255, 294).

Desde una lectura global, podrían diferenciarse dos modalidades de manejo: el clínico y el asistencial. Los planteamientos acerca del manejo clínico derivan sobre todo de la labor terapéutica que Winnicott realizó con pacientes graves. En el ámbito de esta tarea, el término "manejo" aparece contraponiéndose a la

---

[31] El término *"management"* empleado por Winnicott podría traducirse por "manejo, dirección, gerencia, administración". Aunque "manejo" puede conducir a malentendidos (por ejemplo, que se lo entienda en el sentido de manipulación), he optado por mantenerlo debido sobre todo a que es el término empleado en la práctica totalidad de las traducciones al castellano. En unos pocos casos aparece "dirección".

técnica psicoanalítica clásica; o, en términos positivos, como una *técnica psicoa-nalítica modificada*, basada fundamentalmente en el manejo clínico de la relación transferencial.

Winnicott hizo hincapié en la cuestión del manejo sobre todo para manifestar su desacuerdo con la pretensión del grupo kleiniano de tratar a pacientes psicóti-cos mediante la técnica psicoanalítica clásica.

En una reunión de la Sociedad Británica, celebrada el 21 de Enero de 1953, Segal y Roselfeld presentaron sus trabajos acerca del psicoanálisis de pacientes psicóticos. Al día siguiente, Winnicott les escribió. Acerca del trabajo presentado por Segal, dijo haber entendido que, según ella, "no hay ninguna diferencia esen-cial entre las necesidades de manejo de un paciente psicótico y de un paciente neurótico. Si usted realmente quiso decir esto, que Dios los ayude a sus pacientes psicóticos [...]. Yo diría que los problemas de manejo son esencialmente distintos de acuerdo con el nivel de desarrollo. Si es así, deben ser diferentes en el análisis de los psicóticos y de los neuróticos". (Winnicott, 1987b, 105)

Este mismo día escribió a Rosenfeld para decirle que apoyaba la idea de que sería posible analizar a pacientes psicóticos, pero consideraba que él (Rosenfeld) no había avanzado en esa cuestión debido a que había pasado por alto todo lo relativo al manejo: "Sé de un analista que conocía a su paciente y que sostuvo que todo el trabajo del manejo fue un asunto muy especial y que, por lo que se podía apreciar la porción de tarea que hizo usted mediante el análisis, no constituyó una diferencia apreciable para el paciente". (Winnicott, 1987b, 101)

Al parecer, Winnicott estaba cuestionando el hecho de que a la hora de teori-zar y presentarse ante sus compañeros de la Sociedad Británica, Rosenfeld no te-nía en cuenta todo lo relativo al manejo, aunque parece haberlo tenido en cuenta en la práctica clínica.

Sobre todo, en el ámbito de la clínica de la psicosis, uno puede llegar a hacer cosas "técnicamente malas" que ayudan al paciente, pero luego le "avergüenza" contárselo a los demás. Esta cuestión tiene que ver con los aspectos reprimidos de las teorías, derivados de los compromisos corporativos entre profesionales (respec-to a la represión teórica en el ámbito de la "política discursiva en psicoanálisis", ver Althusser, en AAVV, 1970, 79; Baremblitt, en AAVV, 1991, 89; Bauleo, 1988, 52ss). En este sentido hay que dar las gracias a estos autores "sin vergüenza", tales como Winnicott, Searles, Sechehaye, Khan (ver bibliografía).

Por otra parte, el manejo asistencial tiene que ver con unas formas de cuidado de tipo más directo, pragmático y cotidiano (alimentación, medicación, vivienda, ocio, trámites, etc.). Tales cuidados suelen ser asumidos por los profesionales de un hospital o residencia, familiares y amigos del paciente (cf. Khan, s.a., 30).

Al hablar del tratamiento de niños que padecen una enfermedad mental, Winnicott (1964, 157ss) señala que en algunos casos conviene dejar lo relativo al manejo asistencial en manos de un "asistente social psiquiátrico", quien pude asumir la responsabilidad del caso o cuyo trabajo puede complementar la labor psicoterapéutica. Por otra parte, al hablar de la labor del asistente social en términos de *apoyo yoico* y provisión social (es decir, de manejo asistencial), reconoce que: "A menudo nos vemos enredados en esto que, como analistas, no es nuestra función." (Winnicott, 1965, 194).

Como ejemplo de atravesamiento entre manejo clínico y asistencial, Winnicott cuenta el caso de una paciente que, tras diez años de análisis, había entrado en un estado profundo de regresión a la dependencia. En esta etapa "yo visitaba a la paciente en su casa, y hasta manejaba sus asuntos y le compraba la comida" (Winnicott, 1989a, 65).

No es posible saber por qué el mismo Winnicott se hizo cargo de este aspecto asistencial del manejo, cuando en otros artículos sugería que un trabajador social realizara esta tarea[32].

Por otra parte, considero que la clínica del Acompañamiento Terapéutico presenta matices diferenciales respecto a algunos planteamientos de Winnicott acerca del trabajo asistencial. Por ejemplo: "En cuanto a la asistencia social, supongamos que, por ejemplo, el paciente afirma que el asistente social le recuerda a su madre. Bastará que el asistente se lo crea, sin necesidad de hacer nada más". (Winnicott, 1965, 194)

A lo largo de este trabajo, intentaré demostrar que hay mucho más que hacer.

Propongo que se piense la labor del Acompañante en términos de tarea clínico-asistencial. Ello significa que la tarea no es exclusivamente clínica (psicoterapia psicoanalítica, trabajo con la transferencia) ni tampoco exclusivamente asistencial, sino la resultante del atravesamiento entre ambas.

Esta relación de atravesamiento configura una paradoja, que desde una ana-

---

[32] Al parecer Winnicott veía a esta paciente en la consulta privada. En cambio, cuando trabajaba en instituciones públicas disponía de la colaboración de los asistentes sociales psiquiátricos. Podría ser válida la hipótesis según la cual resulta más fácil compartir, con otros profesionales, a un "paciente público".

logía con los colores podría enunciarse en los siguientes términos: la tarea es clínico-asistencial (verde), lo cual implica decir que no es exclusivamente clínica (azul) ni exclusivamente asistencial (amarillo); se sitúa en el amplio abanico de tonalidades del verde, desde un verde más azulado hasta un verde más amarillado. Se trata de una paradoja en el sentido de que el verde afirma y a la vez niega la presencia del azul y el amarillo.

Aunque la labor del Acompañante suele extenderse hacia el ámbito de la vida cotidiana y necesidades materiales y pragmáticas del paciente, esta labor asistencial siempre estará mediatizada por el manejo clínico del vínculo.

La decisión acerca de si operar desde un verde más azulado o amarillado, o desde una actitud más clínica o asistencial, va a depender de cada caso y situación específicos.

Por ejemplo: el Acompañante Terapéutico puede ayudar con las compras en el mercado, pero si observa que el paciente no colabora (no se apropia de la Tarea) tendrá que buscar una significación para esta situación e intervenir (tarea clínica). Quizá el paciente esté actuando bajo el supuesto de que el Acompañante "es" una madre omnipotente que hace todo por él. En este caso, la intervención puede consistir en una bronca, o en adoptar una actitud pasiva a través de la cual el Acompañante le comunica que esta supuesta madre omnipotente no está presente en este momento, de modo que tendrá que moverse para que las cosas ocurran (esto sería una "acción interpretativa pasiva"; ver 6.2.3 *infra*).

De ahí que no estoy de acuerdo con lo que Winnicott dice que, si para el paciente el trabajador social le recuerda a su madre, "bastará que el asistente se lo crea, sin necesidad de hacer nada más" (Winnicott, 1965, 194). Ello puede suponer una disociación entre lo asistencial y lo clínico.

Cuando no es posible sostener la paradoja, el Acompañante puede oscilar entre convertirse en una especie de "psicoanalista ambulante" (por ejemplo, interpretando la situación en el mercado) o bien limitarse a hacerse cargo de las compras ("asistenta doméstica"). Esto último caracteriza un estereotipo asistencial relativamente común en Salud Mental y Servicios Sociales (ver Dozza y otros, 2011, Dozza y Tari, 1996).

Debido a que la expresión "trabajo asistencial" está ampliamente impregnada de estos estereotipos asistenciales, propongo reemplazar el término "asistencial" por "cotidiano", y emplear la expresión *Clínica de lo Cotidiano* para significar el talante compuesto y paradójico de la tarea. El término "clínica" apunta hacia la importancia de los aspectos vinculares de la tarea, mientras el término "cotidiano" señala que el trabajo con el vínculo tiene lugar en el ámbito de situaciones cotidianas, y empleando también recursos cotidianos (charlas, bronca, humor, actos, reacciones afectivas, espacios y personas del contexto comunitario, etc.)[33].

3.2 ENCUADRE ABIERTO

El hecho de que el Acompañamiento Terapéutico tenga lugar en los ámbitos comunitario, domiciliario-familiar y cotidiano del paciente, problematiza todo lo relacionado con el rol, tarea, encuadre e intervención.

Respecto al encuadre, sostengo que se trata de un encuadre ambulante y abierto, aunque en este contexto me ceñiré a la noción de encuadre abierto pensado desde la Clínica de lo Cotidiano.

Es decir, ¿cómo concebir una noción de Encuadre coherente con los fundamentos de la Clínica de lo Cotidiano?

En la consulta, así como en prácticas grupales en instituciones, etcétera, por lo general se opera desde un "encuadre cerrado", en el sentido de que la intervención se dirige exclusivamente a la persona o grupo en cuestión y, a la vez, el terapeuta trata de cuidar para que terceros no intervengan, para que no interrumpan la sesión o no "molesten". Concretamente, en el encuadre cerrado las puertas suelen estar cerradas.

En cambio, en la Clínica de lo Cotidiano se opera desde un Encuadre Abierto. Aquí no siempre hay puertas, y las que hay suelen estar entreabiertas… aunque a veces con el cartelito de "no molestar".

Para diferenciar cuestiones de diferente orden, haré un análisis descriptivo de situaciones en las que el encuadre está:

1. Abierto hacia fuera, de modo que la intervención del Acompañante Terapéutico puede dirigirse a alguna persona del contexto inmediato del paciente (vecino, conserje, amigo, camarero); o bien

2. Abierto hacia dentro, en el sentido de que permite la participación selectiva de terceros.

---

[33] Ver también mi artículo sobre "Clínica de lo Cotidiano y Acompañamiento Terapéutico" (Dozza, 2011b).

Encuadre Abierto hacia fuera

Si bien sería megalomaníaco pretender alterar el contexto del paciente, el encuadre del Acompañamiento Terapéutico contempla la intervención selectiva y limitada sobre algunas personas del contexto en que el paciente está inserto.

Por lo general, no se trata tanto de organizar un encuadre formal para intervenir de forma sistemática ante tales situaciones, ni de convocar reuniones con las vecinas de la derecha y de la izquierda (si bien, según el caso, esto se puede hacer). En este contexto quisiera destacar las intervenciones que tienen lugar en el ámbito de situaciones cotidianas.

Sereno (1996) cuenta la anécdota en que estaba con un paciente (Pedro) en el portal del edificio donde éste vivía. Pedro les preguntaba a unos chicos si ellos tenían padre. Ninguno le hizo caso, pero el portero se fue aproximando poco a poco mientras barría la acera. Pedro le preguntó si tenía padre: "Dirigiéndose a mí, [el portero] preguntó si desde que conozco a Pedro él siempre fue así; o si era diferente, y ahora está peor. Dice que Pedro es el loco más loco que él conoce. 'Pregúntaselo a él`, dije. Pedro contestó: '¡¡No!! Antes yo era mucho peor. ¡Ahora estoy bien, muy bien!` Sin saber qué decir -y aparentemente con muchas dudas-, el portero decidió volver a su escoba". (Sereno, 1996, 169, trad. y corch. LDM)

Aquí se puede observar algo que sucede con cierta frecuencia, a saber: que alguien le pregunta al Acompañante acerca del paciente, no solo como si este no fuese capaz de hablar de sí, sino también como si no estuviese presente o no existiese. Ello tiene que ver con la existencia fantasmática en la psicosis, debido en gran medida a este modo de vinculación que las personas en general suelen establecer con personas con psicosis[34].

Suele hablarse de la incapacidad del psicótico en lo que se refiere a la terceidad. Sin embargo, en la anécdota dicha dificultad aparece en el portero, quien invita la Acompañante a una relación dual basada en la exclusión del tercer elemento. Invitación seductora, dado que pone a la Acompañante en el lugar de la que sabe y habla del psicótico y por él. Pero también una invitación excluyente, dado que tiende a anular la presencia y la voz de Pedro.

---

[34] Son muchas las formas en que el Acompañante también puede fomentar esta existencia fantasmática. Podría citar aquí el caso de la paciente que "como no hablaba, no preguntaba y no respondía, el Acompañante no le dio ni consigna, ni se presentó explícitamente, formando parte de un equipo y un encuadre, no le habló de los horarios de Acompañamiento Terapéutico etc." (Mauer y Resnizky, 1994, 22).

Ello hace recordar los planteamientos de Foucault (1964) acerca de la Época Clásica, en la cual la razón (portero) habla con la razón (Acompañante) acerca de la sinrazón (paciente). Quiere saber de ella, pero sin mirarla ni escucharla.

Con un gesto sencillo, la Acompañante hace una intervención bastante precisa: "Pregúntaselo a él". Ante la renuncia de la Acompañante a participar en aquel vínculo en que la razón habla con la razón acerca de la sinrazón, el portero se va "sin saber qué decir, y aparentemente con muchas dudas", pero quizá sabiendo que Pedro podía hablar.

Desde el relato de la anécdota no es posible evaluar el posible efecto de esta intervención, pero basándome en otras situaciones similares diría que, en mayor o menor medida, es posible contribuir a resignificar las imágenes que las personas (porteros, camareros, vecinos) tienen del paciente, así como determinados vínculos alienantes que se organizan en función de tales imágenes.

Además, y partiendo de que al parecer el portero se fue *confundido*, hipotéticamente considero que, si la Acompañante hubiese aceptado su "invitación vincular", *posiblemente lo confusional aparecería en Pedro*. Generalizando esta hipótesis, diría que esta modalidad interactiva alienante tiende a fomentar aquellos estados de aturdimiento, desconexión y "mirada perdida" comúnmente observables en psicóticos.

Volviendo a la cuestión del encuadre, diría que se trata de un encuadre abierto en el sentido de que autoriza "intervenir" sobre terceras personas que no pertenecen al encuadre del Acompañamiento Terapéutico, pero que sí forman parte del universo vincular del acompañado.

Ahora bien, aquí corresponde formular una advertencia: si intervenimos sobre alguien que no nos ha convocado ni autorizado a que lo hagamos, eso es una agresión; de modo que tiene que haber unas condiciones para que no lo sea, a saber:

a. La intervención no debe cuestionar directamente el lugar del otro, ni pretender explicitar lo que le pasa. Cuando la Acompañante dice "Pregúntaselo a él", no está tratando de revelar directamente nada del portero, no le está diciendo "me parece que usted...", porque hacerlo podría considerarse una agresión si se hace desde un lugar técnico o clínico. En la anécdota, lo que hace la Acompañante es poner en escena su comprensión de lo que está ocurriendo. De hecho, en este caso, lo que hace es desmarcarse ella misma de la "propuesta vincular" que le planteaba el portero. Aquí tenemos un ejemplo bastante ilustrativo de lo que veremos más adelante, y es que, en coherencia con los fundamentos de la Clínica de lo Cotidiano y el Encuadre Abierto, en Acompañamiento Terapéutico se opera fundamentalmente mediante Intervenciones Escénicas, y más específicamente, en la anécdota del portero, la intervención escénica se opera a modo de Acción Interpretativa Verbal (ver 6.2.2 *infra*).

b. Tales intervenciones desde el Encuadre Abierto hacia fuera no serán sistemáticas, sino que tendrán lugar en el ámbito de las relaciones cotidianas del paciente; es decir, no se trata tanto de organizar un encuadre formal, tipo reunión, más allá de que en determinadas situaciones eso se pueda hacer.

c. Por último, decir que el hecho de que el encuadre esté abierto hacia fuera, no significa que estará abierto a todo lo que esté fuera. Esta apertura se limita a aquellas situaciones y personas que de alguna forma bloquean el flujo del Acompañamiento o bien reflejan modos de vinculación que alienan al paciente (como en el caso del portero).

Encuadre Abierto hacia dentro

Si antes veíamos que el encuadre de la Clínica de lo Cotidiano está abierto de dentro hacia fuera, ahora corresponde decir que también está abierto de fuera hacia dentro, es decir, abierto a la participación de terceros e incluso a sus posibles "intervenciones", aunque también aquí se trata de una apertura selectiva y con "filtros".

A veces ocurre que el paciente propone, implícita o explícitamente, que un amigo o familiar esté presente durante el encuentro, o simplemente esta presencia se produce espontáneamente. No es poco frecuente que los Acompañantes sientan dificultades a la hora de facilitar tales inclusiones e incluso que las vivan como una "intrusión", por ejemplo, cuando un familiar "interrumpe" la "sesión" y se queda con el acompañado y Acompañante en el salón. Entonces se habla de "ataque al encuadre".

Sin embargo, si partimos del principio de que el encuadre de la Clínica de lo Cotidiano es un encuadre abierto, debería de parecernos interesante el hecho de que algún amigo o familiar esté presente, dado que ello puede brindar información muy importante en lo que respecta al universo vincular del acompañado.

Otro ejemplo muy común es el caso de los camareros en las cafeterías. Si partimos de la idea de que uno de los objetivos del Acompañamiento Terapéutico puede ser contribuir a crear una red normalizada de apoyo, el hecho de que el camarero se detenga a hablar debe considerarse algo potencialmente positivo.

En otros términos, el encuadre está abierto a todas aquellas participaciones que contribuyan a la consecución de la Tarea.

Otro tipo de situación común se da, por ejemplo, cuando una madre llama para cancelar un Acompañamiento alegando que irá con su hijo al psiquiatra ese día. Desde la noción de encuadre abierto, al Acompañante le corresponde contemplar la posibilidad de proponer acompañar al paciente y su madre (o quien sea) al psiquiatra, y es importante marcar esa característica del encuadre también a los familiares.

Con la explicitación del encuadre abierto no hay casi ningún motivo que justifique la cancelación de un encuentro de Acompañamiento Terapéutico. Por supuesto, y más allá de las dificultades del paciente y familiares para dejarse Acompañar en situaciones cotidianas, es respetable que no quieran que el Acompañante esté en la casa, por ejemplo, si van a recibir determinada visita.

En todo caso, la noción de encuadre abierto es una consigna que hay que transmitir al paciente y familiares.

En el extremo, en más de una ocasión me he encontrado el caso de pacientes que no salían con el Acompañante debido a que creían que este iba a hacerle "terapia a domicilio", es decir: creían que el encuadre era cerrado.

Hay que tener en cuenta que, si la noción de encuadre abierto rompe los esquemas de referencia "clásicos" del Acompañante, lo mismo ocurre con los Acompañados y sus familias, quienes por lo general han pasado por diversos procesos de tratamiento en encuadres cerrados.

Por otra parte, también hay casos de familiares que suelen estar presentes o presentarse con frecuencia durante los encuentros. Por lo menos, como punto de partida, diría que un familiar nunca "interrumpe" una "sesión", entre otras cosas porque en Acompañamiento Terapéutico no hay "sesión" en el sentido de relación dual, y de ahí que opto por llamarlo "encuentro" y así marcar que se trata de otra cosa... es otro encuadre.

Y si no hay "sesión" tampoco hay interrupción de la sesión por parte de la familia... porque ellos están en su casa y, si acaso, será el Acompañante Terapéutico quien estará "interrumpiendo" algo. Es decir, que no conviene pretender sostener una relación dual y ocupar profesionalmente el hogar familiar como si se tratara de nuestra consulta o un centro de rehabilitación (lo cual no invalida lo que veremos más adelante acerca la violencia necesaria; ver 5.2.1.1 infra).

Ahora bien, otra cosa muy distinta es que la actitud de determinado familiar (o camarero, etc.) resulte intrusiva o alienante con relación al paciente. Por ejemplo, que entre en la habitación sin llamar, etc. Pero esa intrusión no está marcada por el encuadre en sí, sino por el hecho de que hay una actitud intrusiva.

Por otra parte, el hecho de que el encuadre sea abierto no significa que no pueda haber puntos de cierre, acotamiento o límites; pero estos puntos se van estableciendo desde el vínculo o desde la clínica. Por ejemplo, si se observa que entre madre e hijo se producen discusiones compulsivas que no contribuyen a la Tarea, el Acompañante Terapéutico puede tratar de encuadrar que la madre no esté demasiado tiempo presente o que los encuentros se den fuera de la casa; pero eso ya forma parte de la clínica o manejo de los aspectos dinámicos del encuadre; no tiene que ver con su estructura.

La estructura del encuadre de la Clínica de lo Cotidiano, aunque selectiva, es abierta.

He observado, en mi experiencia como Acompañante, formador y supervisor, que los Acompañantes Terapéuticos suelen encontrar dificultades a la hora de sostener, en la teoría y sobre todo en la práctica, esta noción de Encuadre Abierto. Ello puede deberse a que la inclusión de un tercero se contrapone a su formación como psicoterapeuta (u otra profesión) que trabaja en la consulta, con un "encuadre cerrado" que se basa en proteger la intimidad del espacio y mantener la relación dual; o bien se contrapone a su esquema de referencia como coordinador de grupos, en los que también se opera desde un encuadre cerrado.

Además, un encuadre abierto siempre será más complejo, polifacético y polifónico que un encuadre cerrado, y esa mayor complejidad expone en mayor medida al Acompañante Terapéutico a ansiedades de tipo confusional… y una forma defensiva de acotar la confusión puede ser operando con un encuadre cerrado, es decir, empleando un esquema de referencia conocido ante una situación desconocida o desconcertante.

Por otra parte, desde un encuadre abierto, el Acompañante Terapéutico tendrá que sostener, en mayor medida, la tensión de Acompañar bajo la mirada de un tercero, y a la vez la tensión de ser él el tercero.

Por todo ello, conviene volver a insistir en la importancia de una formación específica para los Acompañantes Terapéuticos, y sobre todo en la importancia de una formación que contemple las especificidades de la Clínica de lo Cotidiano y sus derivados.

3.3 AMISTAD PROFESIONAL O TRANSICIONAL

El operar desde la Clínica de lo Cotidiano y un Encuadre Abierto favorece en gran medida el establecimiento de vínculos muy profundos y primarios entre Acompañante y acompañado.

Aunque pudiera parecer que la cuestión de la amistad tiene un carácter secundario, hay por lo menos tres puntos que revelan su importancia en Acompañamiento Terapéutico:

1. En los momentos fundantes del Acompañamiento Terapéutico se denominaba *Amigo Cualificado* a la persona que realizaba este trabajo.

2. De ahí que en dos trabajos (Pulice y Rosi, 1994, 23-29; Barreto, 1997, 169-180) los autores se dedicaron a reflexionar acerca del tema de la amistad en Acompañamiento Terapéutico[35]. Es decir, aunque el término "Amigo" ha sido suplantado, la cuestión de la amistad sigue vigente, en la medida misma en que la Clínica de lo Cotidiano demanda reflexionar acerca del empleo clínico de la espontaneidad, cercanía afectiva, grado de (a) simetría del vínculo, etc.

3. En primera instancia, lo planteado en 1) y 2) hace pensar que el tema de la amistad es un emergente propio del tipo de relación que se establece en Acompañamiento Terapéutico. Sin embargo, veremos que Winnicott también se ha dedicado a reflexionar acerca de esta cuestión, lo cual hace pensar que su importancia deriva no tanto del rol, sino más bien de una determinada forma de pensar la relación terapéutica, sobre todo con los llamados "casos graves".

Las dificultades a la hora de sostener las paradojas propias del Acompañamiento Terapéutico suelen producir tensión, confusión, conflicto e *impasse* en lo referente al rol y la tarea. Todo ello aparece reflejado en el relato de las primeras experiencias de un Acompañante Terapéutico:

"Entonces, ¿qué sería yo? ¿Qué es ese lado a lado? Yo sería el acompañante terapéutico, estaría con la paciente por un período de horas que estableceríamos con antelación; iría al cine, de compras, de paseo; tomaríamos un sándwich jun-

---

[35] Ver también los planteamientos de Baremblitt (en AAVV, 1991, 79-84; y AAVV, 1997, 177-182). Destacaría también un apartado que he leído recientemente titulado "Las paradojas de la amistad" (Pulice, 2011, 136) y que coincide en gran medida, aunque por caminos diferentes, con lo que viene a continuación.

tas, etc. Pero, ¿todo ello no son cosas que hacemos en la vida con los amigos, o con los familiares; o, cuando se es muy niño, con la niñera? Entonces, ¿qué sería yo: un profesional pagado para hacer de amigo? ¿Una falsa niñera de una niña de 16 años?" (En AAVV, 1991, 136; trad. LDM)

Aquí se puede ver cómo la paradoja aparece bajo la forma de conflicto, aunque un conflicto que busca la paradoja, la inclusión de lo profesional en esas "cosas que hacemos en la vida con los amigos" (*ibídem*). En un primer momento dicha inclusión solo fue posible sobre la base de la comparación excluyente: "Yo no sería la analista de la paciente, incluso porque ella ya tenía un analista y, obviamente, no necesitaría dos" (*ibídem*, 135; trad. LDM). Obsérvese la oscilación entre ser la analista o un "profesional pagado para hacer de amigo". Luego, el intento de dar con la paradoja se basa en el rol de niñera.

Siguiendo el relato del caso, la autora demuestra haber alcanzado la paradoja sin la necesidad de recurrir a otros roles que no el suyo. Ni analista, ni amiga, ni niñera: Acompañante Terapéutico. Ni amarillo ni azul: verde. En este sentido, es interesante observar el relato de una relación afectuosa y espontánea entre Acompañante y paciente, pero constantemente marcada por un encuadre y una actitud profesional que sostenía dicha relación.

Según Barreto (1997, 175), "si la relación entre acompañante y acompañado evoluciona satisfactoriamente, la misma camina hacia la amistad" (trad. LDM). Unas páginas más adelante cita a Winnicott quien, desde su experiencia como terapeuta de pacientes graves, señala que: *"Psicoterapia del tipo a que me estoy refiriendo puede parecer amistad, pero no es amistad porque al terapeuta se le paga y tan solo ve al paciente durante un período [...] limitado de tiempo"*. (Winnicott, citado por Barreto, 1997, 179; trad. LDM)[36]

En este pasaje, Winnicott diferencia psicoterapia y amistad basándose en los aspectos económico y temporal del encuadre. Tras esa cita, en el párrafo siguiente Barreto se desmarca de la diferenciación establecida por Winnicott y concluye que: "Si acompañamos el desarrollo de su pensamiento hacia el final de su obra, encontraremos los fundamentos -transicionalidad y espacio potencial- para afirmar que, sí, se trata de una amistad. Entonces, ¿qué es lo que caracterizaría a la amistad en este tipo de trabajo?" (*ibídem*; trad. LDM)

Más bien diría que los planteamientos posteriores de Winnicott no permiten afirmar que "sí, se trata de una amistad"; incluso porque lo que caracteriza al espacio

---

[36] El texto citado es: Winnicott, [1961] *Varieties of Psychotherapy, in "Home is Where We Start From"*. New York, Norton, 1994.

potencial y la transicionalidad es el hecho de no tener que tomar una decisión unívoca cuando se plantea una cuestión en términos dicotómicos ("amistad sí" *versus* "amistad no"). En este sentido, me parecen acertados los pasajes en que Barreto habla de una "relación que tangencia la amistad", o cuando emplea el término "amigos" (entre comillas) y "trabajo-amistad" (*ibídem*, 175, 178).

En el desarrollo del pensamiento de Winnicott observamos que, en la medida en que fue creciendo su capacidad para contribuir al establecimiento de una relación terapéutica intensa, íntima y espontánea, con mayor intensidad se le impuso la tarea de disponer una actitud profesional[37] capaz de sostener esta relación en el marco de un vínculo terapéutico y profesional, es decir: que se diferencia de la amistad propiamente dicha, aunque se le parezca en algunos aspectos.

Al hablar de los casos de "auto curación" (es decir: en que el propio entorno del paciente provee los cuidados necesarios), Winnicott señala que algún "acontecimiento, tal vez una amistad, puede corregir el fallo de la provisión fundamental, apartando el obstáculo que impedía la maduración en algún sentido" (Winnicott, 1965, 318). Por otra parte, en una conferencia pronunciada en 1958, comentó que: "Con todo, estas personas bastantes normales que padecen depresiones tienen amigos, amigos que los conocen, los quieren y los valoran, por lo que pueden proporcionarles el apoyo adecuado cuando ello resulta necesario. Pero, ¿qué ocurre con los individuos que además tienen dificultades para hacer amigos y recurrir a los vecinos? Esta es la complicación que hace necesaria nuestra intervención, en forma profesional, a fin de ofrecer el mismo tipo de ayuda que puede proporcionar un amigo, pero de manera profesional y con ciertas limitaciones". (Winnicott, 1964, 81)

Cuando Winnicott habla del "tipo de ayuda que puede proporcionar un amigo", considero que se está refiriendo a la cercanía afectiva, devoción y disponibilidad para enfrentar los momentos difíciles y acudir en situaciones de crisis, así como a cierto grado de simetría en la relación etc.

Entre los aspectos conductuales y vinculares de lo que puede haber de amistad en Acompañamiento Terapéutico, podría citar el empleo del lenguaje informal, las

---

[37]   Es posible sostener la actitud profesional incluso mientras se juega con el paciente en la piscina. Por otra parte, si el Acompañante adopta una postura rígida y distante, ello puede deberse a que "la actitud profesional puede erigirse sobre las defensas, inhibiciones y la obsesión por el orden" (Winnicott, 1965, 193). En este sentido, estoy de acuerdo con los planteamientos de Barreto (1997) acerca de los peligros de que la actitud profesional se convierta en rigidez, falta de espontaneidad y afecto, asimetría defensiva, etc.

bromas, charlas y discusiones tipo "tú a tú", el compartir actividades cotidianas como ir al cine y comentar la película, ir al mercado, charlar en una cafetería, jugar, etc. Con el paso del tiempo, todo ello suele configurarse a modo de "rutinas cotidianas" y llegar a estar marcado por sentimientos amistosos mutuos; es decir: sentimientos tiernos y hostiles, como suele ocurrir en las amistades.

Desde aquí conviene preguntar: ¿Por qué es necesario diferenciar esta "amistad profesional" de la amistad propiamente dicha?

En primer lugar, los hechos informan de que, sobre todo los pacientes graves, no suelen tener amigos, debido a que, tras el derrumbe psicótico y a lo largo de la cronificación, poco a poco los amigos se marchitan (o bien el mismo paciente tiende a aislarse). Aquí se confirma la tesis según la cual "La enfermedad mental consiste en no ser capaz de encontrar a nadie que pueda soportarnos" (Rickman, citado por Winnicott, 1965, 266)

No podemos dar por sentado que los profesionales tengamos mayores "aptitudes cristianas" y psicológicas que las de estos "amigos que los pacientes no tienen": podemos tolerar con nuestros pacientes una serie de situaciones que jamás toleraríamos en un amigo; e incluso si las toleráramos, posiblemente no estaríamos en buenas condiciones para ayudarle. Además, es bien conocido que cuando nuestros amigos llegan a determinados niveles de demanda y fastidio, les decimos: "tienes que buscar la ayuda de un profesional", o algo por el estilo.

En definitiva, no cabe duda de que estos pacientes graves necesitan un amigo, pero también necesitan un profesional; de modo que a este último le corresponde sostener la paradoja, que sería: permitir y potenciar aquello que es del orden de la amistad, pero sin asumir el rol de amigo. El eje organizador de esta paradoja es el encuadre (y todo lo que conlleva de teoría y técnica, formación y pertenencia a un equipo tratante).

De cara al paciente, el encuadre (horarios, honorarios, actitud profesional) enmarca un modelo de relación estructuralmente distinto del de la amistad[38]. Invariablemente "el encuadre ordena [...] una relación no convencional y *asimétrica*" (Etchegoyen, 1986, 245). Etchegoyen también se refiere a algunos aspectos de la relación analítica en que predomina la simetría, y recuerda que: "La asimetría

---

[38] Además de la cuestión de los honorarios, en Acompañamiento Terapéutico (sobre todo si es privado) suele establecerse que los gastos realizados durante los encuentros cogen a cargo del paciente o de su familia, lo cual constituye una constante afrenta a la amistad.

no impone supremacía [en el sentido de autoritarismo] sino el reconocimiento de la polaridad de los roles" (*ibidem*, 235, corch. LDM).

En Acompañamiento Terapéutico (más que en la relación analítica) hay un constante atravesamiento entre simetría y asimetría; la relación es (a)-simétrica.

Mejor dicho: en el plano dinámico puede haber diferentes grados de simetría (según el caso y situación), pero el vínculo será siempre estructuralmente asimétrico aunque esta asimetría estructural esté siendo constantemente atravesada por la simetría en el plano dinámico.

Por ejemplo: en una charla puede establecerse un diálogo simétrico en el que Acompañante y acompañado intercambian anécdotas personales (como si fuesen dos amigos), pero esta simetría en el plano dinámico siempre estará sostenida por una asimetría estructural. Por más que el Acompañante cuente anécdotas de su vida personal, aporte sus comentarios personales al modo de un semejante, constantemente estará modulando el grado de simetría y observando los efectos que su actitud produce en el paciente. Desde luego, todos cuidamos aquello que decimos a nuestros amigos, pero el tipo de cuidado anteriormente planteado es estructuralmente distinto, es asimétrico, está atravesado por la actitud profesional, la teoría y la técnica, la estrategia del tratamiento, la supervisión.

En definitiva, todo lo que pueda decirse de la amistad en Acompañamiento Terapéutico hay que encuadrarlo en la Clínica de lo Cotidiano.

En resumen, el enunciado de la paradoja sería: en Acompañamiento Terapéutico se puede permitir, y en algunos casos incluso conviene potenciar, todo lo que es del orden de la amistad, pero sin ser amigos. Al igual que la "madre suficientemente buena", el Acompañante posibilita que el paciente encuentre aquello que necesita concebir, a la vez que sigue siendo lo que es: un Acompañante Terapéutico. En todo caso, habría que hablar de una "amistad profesional" o, si acaso, de un "amigo transicional", de una amistad que puede oscilar de un verde más azulado a un verde más amarillado, pero siempre verde.

Esta "amistad", al igual que el objeto transicional, está destinada a perder significación y diluirse. Como mínimo, esta debería de ser la actitud mental del Acompañante. "Todos abrigamos la esperanza de que nuestros pacientes terminen con nosotros y nos olviden" (Winnicott, 1971b, 119); y este supuesto también se diferencia estructuralmente del que rige la amistad o el rol de amigo propiamente dicho.

Por más que se piense el Acompañamiento Terapéutico en términos de Clínica de lo Cotidiano, cabe no perder de vista que el Acompañamiento Terapéutico no es la vida misma, por más que se le parezca.

El empleo de la expresión "amistad profesional" puede conducir a malentendidos; por ejemplo, a que se piense que parte de la "técnica" del Acompañante consiste en "fingir" determinados afectos y actitudes, ya sean amistosos, tiernos, hostiles, etc. En este sentido, conviene introducir la próxima paradoja diciendo que todo intento de expresar afecto desde un lugar estrictamente técnico o racionalizado estará destinado a fracasar.

3.4 DE LA TÉCNICA AL MÉTODO

El poeta es un fingidor.
Finge tan completamente
Que llega a fingir que es dolor
El dolor que de hecho siente.

(Fernando Pessoa; trad. LDM)

En un tipo de intervención a la que puede denominarse *Clínica de lo Cotidiano*, sostenida desde un Encuadre Abierto, y en la que puede llegar a establecerse una *Amistad Profesional o Transicional*, conviene decir algunas palabras acerca del sentido del término "técnica".

Los estudios acerca de la contratransferencia y la intersubjetividad han sido fundamentales en el desarrollo de las técnicas psicoanalíticas en general (ver Bion, 1967; Etchegoyen, 1986; GRITA, 1999; Stern, 1985; Stern y otros, 1998; Winnicott [1947d]; [1960h]). El reconocimiento y comprensión de los atravesamientos entre (inter)subjetividad y técnica impulsó el replanteamiento de la noción de *formación profesional*, y a su vez el incremento de dispositivos volcados a brindar un marco de análisis de la relación terapéutica (formación en grupos operativos, supervisión, reuniones de equipo, análisis personal). Más allá de estos dispositivos, Winnicott considera que el encuadre y la actitud profesional potencian la estabilidad de carácter del terapeuta, pero advierte que "en la hora que le está asignada, uno puede tener una confiabilidad profesional muy diferente de la poco confiable personalidad propia. Con el tiempo, empero, la poca confiabilidad propia empieza a filtrarse". (Winnicott, 1989a, 127)

También dice que los casos graves de psicosis, así como aquellos en que entran en juego fuertes tendencias antisociales, "atraviesan gradualmente los obstáculos que para mí son la técnica del analista y la actitud profesional" (Winnicott, 1965, 198). Es decir, que aquí la persona del terapeuta gana mayor protagonismo.

Al hablar de los albergues para niños enfermos, en lo que se refiere a los cuidadores Winnicott dice que "su selección como personas adecuadas para la tarea tendría mayor importancia que su formación" (Winnicott, 1957, 118).

Sobre todo en Acompañamiento Terapéutico, considero fundamental desmarcarse de este dilema y reconocer la importancia de todos los factores, dado que no basta con ser "personas adecuadas para la tarea". De hecho, desde diversos ámbitos he observado la tendencia a que la relación terapéutica sea vivida por el profesional como algo demasiado "personal", o bien que se produzca una excesiva "tecnificación" de la actitud profesional.

Ello impone formular una noción de técnica que sea válida para la Clínica de lo Cotidiano; una técnica que no "tecnocratice" la cotidianeidad a tal punto que ya no sea posible reconocer nada de ella. En definitiva, una noción de técnica que no rompa las paradojas, sino que contribuya a sostenerlas. He aquí una pista: "Debemos señalar, sin embargo, que hay momentos en que los custodios deben "actuar naturalmente" en el sentido en que un actor lo hace. Ello resulta particularmente importante en el caso de niños enfermos. Si un niño se presenta llorando y dice: "Me corté el dedo", justo en el momento en que el custodio está preparando su planilla de impuesto a los réditos [...], debe actuar como si el niño no se hubiera presentado en un momento tan molesto, pues esos niños a menudo son demasiado enfermos o ansiosos como para aceptar las dificultades personales del custodio, además de las propias". (Winnicott, 1957, 118)

Sugiero que la técnica en Acompañamiento Terapéutico debe asemejarse a la del actor, es decir: a la técnica de *interpretación dramática* que emplea para construir, encarnar y representar un papel[39]. En lo manifiesto, a continuación veremos que el Acompañante interviene fundamentalmente desde una serie de intervenciones escénicas.

---

[39] De lo planteado puede extraerse la sugerencia de pensar el Acompañamiento Terapéutico desde el psicodrama, lo cual no haré en este contexto debido a que no tengo un conocimiento mínimamente profundo del tema (el cual en España viene siendo desarrollado por Alejandro Chevez y Andrea Montuori). Por otra parte, tomaré como punto de referencia algunas cuestiones relativas a la formación y el trabajo del actor. He brindado psicoterapia psicoanalítica a varios actores, pero mis conocimientos acerca de los procesos del actor los debo también a mi amigo Iñaki Aierra (actor y profesor de arte dramático).

El Actor (con mayúscula) debe de ser un experto en técnica, pero lo es con el objetivo de que el espectador no vea la técnica, sino tan solo el personaje.

Por otra parte, en cierta ocasión un director de cine dijo que el buen actor es aquél capaz de hacer que el personaje (del guion) convirtiéndose en persona, en el sentido de que el actor, con su *técnica*, traslada sus sentimientos y *experiencias personales* ("reales") al personaje. A esto se le llama "sustitución" o "transferencia" en arte dramático, es decir: a la técnica de transferir los sentimientos y experiencias personales al personaje. Acerca de los actores que trabajan con esta técnica, suele decirse que emplean el "Método" (Stanislavski, s.a.; Hethmon, 1968).

La paradoja consiste en que el personaje es "irreal" (una creación del autor), pero es "real" (los sentimientos y experiencias personales del actor). Ese sería un aspecto de la "magia" del actor, que nos lleva a experimentar sentimientos profundos (acompañados de sonrisas y lágrimas) hacia el personaje-persona, aun sabiendo que todo es "mentira", que el actor está "fingiendo". Fernando Pessoa diría que *finge tan completamente, que llega a fingir aquello que de hecho siente.*

Cuando nos encontramos ante un buen actor (o un actor suficientemente bueno) la "magia" se produce debido a que actor y espectador se sumergen en el campo de la transicionalidad, en esta zona intermedia en la cual la "mentira" puede ser "verdad" y viceversa. Esto lo enseñó Winnicott al decir que el arte es una extensión de los fenómenos transicionales.

Lo mismo podría pensarse respecto al espacio físico, dado que el escenario en el teatro *es, aun no siendo*, una casa, la calle, el bar. De forma análoga, la casa del paciente y el contexto comunitario (escenario del Acompañamiento Terapéutico) *pueden ser, aun no siendo*, una infinitud de lugares. Desde ahí el poder decir, también, que el Acompañante puede *llegar a ser, aun no siendo*, un amigo, el enemigo, la madre, el padre… el perro, la gata, un pájaro en la jaula…

Una de las diferencias respecto al trabajo del actor consiste en que, en Acompañamiento Terapéutico, la construcción del "guion" y del personaje-persona se va construyendo en función de la evolución del vínculo terapéutico. Debido a la imprevisibilidad del otro, habrá mucha improvisación; pero la improvisación se desarrolla desde unos fundamentos teóricos y técnicos, y también en relación con la estrategia del tratamiento.

Esta reflexión acerca de los atravesamientos entre "mentira" (técnica) y "verdad" (espontaneidad, autenticidad de las respuestas del terapeuta) resulta fundamental debido a que las personas con psicosis y patologías graves tienden en mayor medida a buscar la *persona* del terapeuta, sus reacciones afectivas más primarias, aquello que está más allá de su actitud profesional y de su técnica (cf. Stern y otros, 1998).

Aquí conviene analizar dos tipos de situaciones en que la paradoja se rompe. En una de ellas el terapeuta "finge a secas" algo que no siente, es decir: interviene desde un lugar estrictamente "técnico". La alternativa opuesta consiste en limitarse a expresar sus afectos tal como lo haría en sus relaciones personales cotidianas.

El "fingir a secas" deriva fundamentalmente de aquellas concepciones racionalistas y positivistas de técnica. Aquí puede ocurrir que el terapeuta esté constantemente programando actividades y enseñanzas preestablecidas, enseñando "técnicas" acerca de cómo el paciente debe actuar en situaciones de grupo y realizar un sinfín de *habilidades sociales*. También puede ocurrir que actúe estrictamente según criterios "técnicamente correctos", en función de aquello que entendió de lo que ha leído o dicho su supervisor.

Este tipo de terapeuta se asemeja al actor que finge a secas con su técnica; de modo que corresponde cuestionar en qué medida la falta de interés y motivación, tan común en personas con psicosis, se asemeja al aburrimiento que sentimos ante un mal actor. Stanislavsky comenta que: "El objetivo racional carente del calor de la emoción (el sentimiento) y la voluntad no llega al corazón del actor, no se proyecta al espectador y, por lo tanto, no es capaz de engendrar ´la vida del espíritu humano`, ´la sinceridad de las emociones`, ni ´sentimientos que parezcan verdaderos`. El árido objetivo de la razón no comunica esencia vital a los muertos conceptos de la palabra; solo registra el sumario del pensamiento. Al ir en pos de ese objetivo, el actor no puede vivir el papel. Simplemente lo recita" (Stanislavsky, s. a., 108).

Además del aburrimiento y falta de interés que ello produce en el espectador-acompañado, cabe tener en cuenta que "la inautenticidad grosera nos deja sin una brújula operativa interpersonal para el relacionamiento intersubjetivo" (Stern, 1985, 264). Es decir, que aquellas actitudes y actividades terapéuticas y rehabilitadoras llevadas a cabo desde lo estrictamente "técnico" (inauténtico) no contribuyen a que la experiencia sea significativa para el paciente.

En el otro extremo, el Acompañante Terapéutico puede considerar que debe ser espontáneo y expresar sus afectos tal como lo haría en su vida cotidiana, lo cual puede conducir a una sobreactuación de lo afectivo y lo espontáneo. De ahí que el método del Acompañante consiste en "´actuar naturalmente` en el sentido en que un actor lo hace" (Winnicott).

En el ámbito de la relación madre-hijo, Stern comenta que: "un ejemplo es la meta de la madre de Sam de jugar con su infante sin permitirle que se vuelva ´pasivo`. Hay una multitud de programas múltiples más triviales: alentar el juego con un objeto mientras se orienta al niño acerca de cómo jugar y de cómo no jugar; dirigir la atención del infante hacia algo seguro mientras se lo aparta de algo relativamente peligroso [...]; permitir que continúe un juego excitante, pero con un pie en el freno para actuar en cuanto el bebé presente los primeros signos de fatiga o sobrecarga. Todas esas situaciones involucran una cierta mezcla de conductas sinceras e insinceras". (Stern, 1985, 260s)

Estas situaciones y metas mencionadas por Stern son frecuentes en Acompañamiento Terapéutico, e involucran también cierta mezcla de conductas sinceras e insinceras.

En cierta ocasión, Carlos y yo mirábamos discos en una tienda. Debido a sus intensos sentimientos paranoides, exigía que yo estuviese constantemente a su lado. Sin embargo, en esta ocasión percibí que él miraba los discos de forma despreocupada, mientras yo sentía algo así como la atracción de un imán que me hacía seguirle por la tienda. Cuando me percaté de la situación, empecé a fingir (a "actuar naturalmente") que miraba los discos "a mi aire", sin estar pendiente de él. A su vez, Carlos siguió mirando los discos "a su aire"; o quizá, al igual que yo, lo fingía. El hecho es que poco a poco nos fuimos distanciando.

Transcurridos unos minutos, Carlos se acercó protestando por el hecho de que yo no le estaba "vigilando" (SIC). Le dije que esta vigilancia también era responsabilidad suya, que si la necesitaba, también a él le correspondía estar pendiente de mí.

Esta situación sentó las bases de una restructuración importante del vínculo terapéutico; un cambio del personaje que yo representaba para él. Todo ello apareció escenificado en este cambio de actitud, que incluía "cierta mezcla de conductas sinceras e insinceras" (Stern). Insincera porque yo la estaba fingiendo conscientemente, pero a la vez sincera en el sentido de que este fingir se apoyaba en la sensación de que me resultaba absurdo seguirle por la tienda.

Parafraseando la paradoja poética de Fernando Pessoa, diría que *el Acompañante es un fingidor; finge tan completamente, que llega a fingir que es verdad la verdad que de hecho siente.*

3.5 INTERVENCIONES ESCÉNICAS

Al hablar de aquellos pacientes que han sufrido fallos significativos en el proceso de constitución del aparato psíquico, Winnicott dice que: "En el presente nos encontramos con que todas estas cuestiones acuden para su revivencia y corrección en la relación transferencial, y que no deben ser tanto interpretadas cuanto experienciadas". (Winnicott, 1989a, 289)

Debido a que gran parte del trabajo del Acompañante consiste en *realizar actividades, intervenir activamente*, en Acompañamiento Terapéutico parece haberse producido una dicotomía dilemática entre palabra y acción. Barreto (1997, 77s, 181ss) señala que esta dicotomía podría solucionarse si se piensa la tarea del Acompañante en términos de *proveer experiencias terapéuticas* al paciente.

El Acompañante brinda experiencias terapéuticas a través de su *actitud general*, que puede manifestarse mediante verbalizaciones, acciones, pasividad, reacciones afectivas, tono de voz, expresiones faciales, etc.

Tales actitudes cobran sentido en el espacio intermedio entre dos acepciones del término "representación", a saber: en el atravesamiento entre las nociones de *representación mental* (relación de objeto, transferencia) y *representación escénica*.

En una representación escénica, teatral o cinematográfica, el actor no explica las relaciones entre los personajes (esto se hace en entrevistas, conferencias, etc.). Lo que hace el actor es encarnar al personaje, actuar o interpretar escénicamente su comprensión de tales relaciones. Este poner en escena puede manifestarse mediante acciones concretas, verbales, pasivas y, en definitiva, a través de todas aquellas formas de interacción observables en la vida cotidiana.

En términos comparativos: aquello que en la interpretación verbal aparece como lectura de las relaciones objetales, históricas y transferenciales, en este contexto corresponde pensarlo en términos de las vicisitudes de la actitud del Acompañante (representación escénica) ante las expectativas, demandas y necesidades del paciente (y la familia).

La intervención escénica es algo que va más allá de los planteamientos de algunos autores psicoanalíticos acerca de la intervención activa (Ferenczi, 1919; 1921a; 1925; 1926; 1933; Fiorini, s.a.; Ogden, 1994). Tampoco se trata de una aplicación clínica de las artes escénicas, sino de una forma de pensar y procesar la intervención desde diferentes niveles de lenguaje. Incluso en el trabajo psicoanalítico con neuróticos, al referirse al empleo del lenguaje verbal, Fiorini comenta que: "Nuestra tarea apunta a introducir un lenguaje capaz de acercar al paciente al mundo propio del proceso primario de pensamiento. Un mundo de condensaciones, de desplazamientos de sentido, mundo de la metáfora, de la imagen, de la escenificación. Antes que un lenguaje de ideas necesitamos recurrir a un lenguaje plástico, a un lenguaje poético, a un lenguaje dramático" (Fiorini, 1993, 89).

Si bien este lenguaje tiene sus fundamentos en procesos de tipo primario, no por ello hay que considerarlo como perteneciendo a un rango inferior, como algo que se emplea exclusivamente con personas con psicosis debido a que supuestamente no tienen acceso al pensamiento simbólico, etc. Diría que se trata de un lenguaje más potente, independientemente de que no sea el que detiene las mayores cuotas de poder en las producciones psicoanalíticas (cf. Baremblitt, en AAVV, 1991, 79-84).

CAPÍTULO 4

EL ENCUADRE Y SUS PARADOJAS

CAPÍTULO 4

EL ENCUADRE Y SUS PARADOJAS

Los ejes organizadores para conceptualizar acerca del encuadre son *tiempo, espacio y actitud*. En este capítulo analizaré algunos aspectos del encuadre más directamente relacionados con la actitud mental y conductual del Acompañante Terapéutico. El tiempo y espacio serán discutidos en el próximo capítulo.

Una primera dificultad deriva de que suele definirse el encuadre en cuanto *conjunto de constantes que enmarcan el proceso terapéutico*. Esta definición corresponde a aquellas prácticas en que el profesional organiza, por ejemplo, las condiciones espaciales para recibir al paciente. Sin embargo, cuando el Acompañamiento Terapéutico tiene lugar en el contexto hogareño y/o familiar, en cierto sentido suelen ser el paciente (y la familia) los que disponen las condiciones espaciales para recibir al Acompañante.

Además, uno de los objetivos del Acompañamiento consiste en potenciar, hasta cierto punto, una *constante inconstancia de las constantes* en lo que se refiere a los espacios frecuentados por la pareja Acompañante-acompañado.

Estos elementos problematizadores, que delimitan las especificidades de la Clínica de lo Cotidiano, demandan una conceptualización en términos de paradoja (inconstancia de las constantes) y "encuadre ambulante y abierto".

Además, veremos que en determinados momentos de la relación terapéutica la actitud mental y conductual del Acompañante suele caracterizarse por la *paradoja de la actuación contratransferencial*.

4.1 LA INCONSTANCIA DE LAS CONSTANTES

Etchegoyen (1986) hace un amplio análisis acerca del encuadre en la situación analítica, abordando el tema desde diversas perspectivas y autores. Basándose en un artículo de Zac[40], define tres categorías de constantes en el encuadre psicoanalítico, adoptando como eje central la *actitud mental y conductual* del analista.

---

[40] Zac, J.; Un enfoque metodológico del establecimiento del encuadre, "Revista de psicoanálisis, vol. 28", 1971, págs. 593-610.

A la primera categoría la denomina *constantes absolutas*, que derivan de las teorías del psicoanálisis y "aparecen en todo tratamiento psicoanalítico ya que guardan relación directa con las hipótesis definitorias de nuestra disciplina" (*ibídem*, 471). Si un paciente invita a su analista a cenar, este no dudará en apoyarse en la regla de abstinencia y "decir" que no, aunque lo diga sin decirlo o interpretando.

En Acompañamiento Terapéutico, no hay ninguna regla según la cual el Acompañante debe abstenerse de aceptar la invitación a cenar, incluso si ello implica encontrarse con el paciente fuera del horario establecido. La constante absoluta en este tipo de situación puede consistir en que el Acompañante cobrará los honorarios correspondientes (no son amigos) o bien descontará estas horas del siguiente encuentro. Por lo demás, hay relativamente pocos elementos que delimiten constantes absolutas *a priori*. Las decisiones clínicas (el aceptar o no la invitación a cenar) se basan más en el análisis del vínculo y de la estrategia de tratamiento de cada caso y situación.

La segunda categoría está constituida por *constantes relativas que dependen del analista*. Entre ellas, Etchegoyen destaca: "algunos rasgos de su personalidad, su ideología científica y otras más concretas como el lugar en que tiene su consultorio, el tipo y estilo de sus muebles, así como también las regulaciones de sus honorarios, feriados, etcétera." (*ibídem*). Aunque estas constantes dependen del analista, hay un "sentido común psicoanalítico" que establece algunos criterios.

El Acompañante Terapéutico, al trabajar desde su espontaneidad cotidiana (profesional), no tendrá tan claro cuáles son estos criterios. En principio, no hay ninguna regla según la cual no deba contar chistes o anécdotas de su vida personal. Por otra parte, en determinados casos y situaciones puede que no sea conveniente andarse con chistes e intimidades.

Por lo tanto, hay pocos criterios que puedan establecerse *a priori* desde la teoría o de un "sentido común" respaldado por esta.

Por ejemplo, si la actividad consiste en salir al campo una tarde de verano, el Acompañante Terapéutico puede presentarse en bermuda. Por otra parte, si determinado paciente tiende a establecer relaciones demasiado erotizadas, quizá al Acompañante no le quede más remedio que pasar un poco de calor.

Además, mientras en psicoanálisis la relación es fundamentalmente verbal, en Acompañamiento esto va a depender del desarrollo de la relación. Con algunos pacientes se establecen altos niveles de interacción a nivel corporal, mientras con otros puede que ello no resulte conveniente. Ello también depende de las facilidades y dificultades del Acompañante en este sentido.

Por último, estarían las *constantes que también son relativas pero dependen de la pareja*. Etchegoyen da como ejemplo el que los horarios de las sesiones se establecen teniendo en cuenta las conveniencias de ambas partes. Aquí se entra en el ámbito de los "acuerdos tú a tú", que en gran medida caracterizan la práctica del Acompañamiento Terapéutico. No solo los horarios se establecen conjuntamente, sino también los lugares de encuentro, el tipo de actividad a realizar, etc.

Partiendo de este análisis diferencial entre psicoanálisis y Acompañamiento Terapéutico, resulta evidente que en este último se opera desde un encuadre "menos estructurado", en el sentido de que hay pocas constantes que puedan definirse *a priori*. Aunque con el respaldo de la teoría, en Acompañamiento Terapéutico las "constantes" se definen más bien en función de la tarea y las idiosincrasias de vínculo terapéutico (y de todo aquello que lo atraviesa, como puede ser la estrategia del tratamiento etc.). En ello consiste uno de los aspectos de la paradoja de la inconstancia de las constantes.

Si bien es cierto que, incluso en psicoanálisis, en "cada caso tendremos que escuchar lo que dice el analizando, lo que estipula la teoría y lo que nos informa la contratransferencia" (Etchegoyen, 1986, 477), en Acompañamiento Terapéutico las particularidades de cada caso tienen un peso mayor.

Por lo tanto, más que definir *a priori* modos de actuar, la discusión acerca del encuadre brinda herramientas conceptuales para pensar acerca de la especificidad de cada caso. A su vez, estas herramientas para pensar brindan referencias que enmarcan la actitud mental y conductual del Acompañante.

El encuadre (actitud mental y conductual) en Acompañamiento Terapéutico se acerca en gran medida a los planteamientos de Fiorini (s.a.) acerca del encuadre en psicoterapia breve de orientación psicoanalítica (focal, de apoyo, en instituciones públicas y asistenciales). Entre otras cosas, el autor hace referencia al "principio de flexibilidad" según el cual pacientes con diferentes diagnósticos requieren diferentes estrategias terapéuticas, y cada caso puede requerir "la remodelación periódica de la estrategia y las tácticas en función de la evolución del tratamiento" (*ibidem*, 33; cf. Winnicott, 1965, 206, 294).

Fiorini también argumenta en pro de una participación más activa, corporal y personal del terapeuta, en el sentido de que *"la inclusión selectiva de rasgos personales del terapeuta es parte de la técnica"* (*ibidem*, 113). Ello incluye intervenciones que se ocupan también del "afuera" del tratamiento y de aspectos pragmáticos de la vida cotidiana (lo cual implica la contraindicación de emplear interpretaciones transferenciales de forma sistemática). Todo ello apunta hacia la idea de manejo clínico-asistencial anteriormente discutido (ver 3.1 *supra*).

En función de las particularidades de cada caso, el autor incluso contempla la posibilidad de regalos y préstamos mutuos entre paciente y terapeuta (lo cual no es poco frecuente en Acompañamiento), y que se produzcan encuentros fuera del ámbito terapéutico (ver *ibidem*, 23ss, 185).

Si se toma como referencia el encuadre psicoanalítico en sentido estricto, en Acompañamiento Terapéutico hay "menos encuadre"; pero si la referencia son las especificidades de la Clínica de lo Cotidiano (incluida la Amistad Profesional y el Método, el Encuadre Abierto etc.), habría que hablar más bien una *noción de encuadre estructuralmente distinta*.

4.2 ACTITUD MENTAL Y CONDUCTUAL

Empleará el término "actitud" para significar que el encuadre se basa fundamentalmente en la actitud mental y conductual del Acompañante Terapéutico. Al hablar del encuadre en la situación analítica, Etchegoyen comenta que: "Hay dos formas de entender el encuadre, como hecho de conducta o como actitud mental. El encuadre es sustancialmente una actitud mental del analista, concretamente la actitud mental de introducir el menor número de variables en el desarrollo del proceso. A eso se le debe llamar en última instancia encuadre, y no solo a una determinada conducta". (Etchegoyen, 1986, 477)

Si se tiene en cuenta la inconstancia de las constantes, en Acompañamiento Terapéutico diría que no se trata tanto de "introducir el menor número de variables en el desarrollo del proceso" (Etchegoyen), sino más bien de la actitud de administrar las variables *en función* de:

1. La tarea clínico-asistencial,

2. Las necesidades psíquicas y organización defensiva del paciente (y familia); y

3. El desarrollo del vínculo.

Incluso en psicoanálisis y psicoterapia, en determinados casos y situaciones puede ser legítimo "acomodar mi *setting* a la rigidez de sus mecanismos de defensa [del paciente]" (*ibídem*, 483; cf. Fiorini, s.a., 75s). En otros términos, diría que es clínicamente legítimo adaptar el encuadre, o actitud mental y conductual, a las necesidades psíquicas y organización defensiva del paciente y su familia.

Para justificar estos planteamientos, resulta fundamental tener en cuenta la diferencia entre la relación madre-bebé, en el desarrollo normal, y Acompañante-paciente/familia. Es cierto que en ambas la adaptación a la organización defensiva y a las necesidades psíquicas se corresponden. Sin embargo, con lo que se encuentra la madre es con una organización defensiva primitiva propia del desarrollo normal. Aquí, *la organización defensiva del lactante, sostenida por los cuidados maternos, es algo que contribuye al desarrollo.*

En cambio, en la patología psicótica la catástrofe psíquica ya tuvo lugar, de modo que *la organización defensiva opera a modo de bloqueo del desarrollo.* Adaptarse a una organización defensiva así estructurada es cualitativamente diferente.

En términos clínicos, al Acompañante le corresponde cumplir una función cuyos términos se contradicen, a saber: adaptarse a las necesidades psíquicas y, a la vez, a la organización defensiva. Los términos se contradicen debido a que, sobre todo en la familia del psicótico (el psicótico incluido), la organización defensiva tiende a pedir y demandar lo contrario de aquello que posibilitaría atender a las necesidades psíquicas.

En donde la necesidad psíquica busca, por ejemplo, la institución de normas y relaciones legisladas, la organización defensiva tiende a borrar estas referencias interactivas. En donde la necesidad psíquica busca a un objeto que module la sobrestimulación de la desmesura materna, la organización defensiva suele demandar que el Acompañante adopte una actitud sobrestimuladora.

A su vez, pretender establecer una "batalla" directa y frontal entre desmesura materna y encuadre solo haría intensificar los sentimientos persecutorios y la rigidez de la organización defensiva (intrapsíquica e interactiva) en el contexto familiar. Si la desmesura materna tiende a borrar toda terceidad, interdicción, norma y límite (función paterna), ello no significa que el Acompañante deba introducir esos elementos de forma directa e inmediata. Hacerlo sería reproducir los patrones interactivos de la desmesura de la función *paterna*.

En la práctica clínica, tales situaciones suelen resultar extremadamente confusionales para el Acompañante; muchas veces no sabrá si está atendiendo las necesidades del paciente y la familia, o más bien contribuyendo a reforzar y cronificar los patrones vinculares instituidos.

Para acotar estas situaciones confusionales, en cierta medida inevitables e incluso necesarias, conviene pensarlas en términos de paradoja.

4.2.1 La paradoja de la actuación contratransferencial

Desde la perspectiva de la actitud mental y conductual, la regla fundamental del encuadre consiste en que la actitud del Acompañante Terapéutico debe adaptarse a la organización defensiva del paciente y su familia[41]. De no ser así, su presencia en el contexto familiar resultará demasiado persecutoria, lo cual genera un incremento de las ansiedades, defensas intrapsíquicas y patrones interactivos patógenos. No es poco frecuente que tales incrementos contribuyan a la interrupción prematura del Acompañamiento Terapéutico, por lo general por parte de la familia, o bien produzcan reacciones a modo de "boicot".

Entre otras cosas, la presencia y el encuadre del Acompañamiento Terapéutico puede y suele resultar persecutorio debido a que:

1. Más allá de la negación, los progenitores suelen sentirse extremadamente culpables por la enfermedad mental de su hijo (cf. Winnicott, 1964, 89). En la medida en que se percatan de que el encuadre del Acompañamiento Terapéutico puede contribuir a la evolución del paciente, ello resulta persecutorio debido a que es otra persona, y no ellos, el que está reparando el daño causado. También es común observar manifestaciones de indignación cuando los familiares se percatan de que, en su relación con el Acompañante, muchas de las manifestaciones patológicas del paciente no son tan pronunciadas. Ello también suele constituir un importante factor culpógeno.

2. Además, en donde el encuadre represente la autoridad del (supuesto) saber profesional, sobre todo la figura materna suele vivirlo como amenaza de herida narcisista por verse no sabiendo (cf. Ogden, 1989, 163).

   Afrenta al narcisismo y culpa son dos de las principales fuentes de ansiedades paranoides.

3. El encuadre también puede resultar persecutorio en la medida en que representa la función paterna que limita y acota la "ley sin ley" de la desmesura materna. Lo persecutorio deriva de las fantasías y expectativas catastróficas asociadas a la castración simbólica y la ruptura de la simbiosis patológica.

   Cuando en tales familias la figura paterna aparece en la escena, por lo general lo hace a modo de intrusión física y psíquica (desmesura de la función paterna), lo cual refuerza aún más aquellas fantasías y expectativas catastróficas.

---

[41] Me ceñiré de aquí en adelante en los casos en que el Acompañamiento Terapéutico tiene lugar con una alta participación de la familia, dado que en estos casos es cuando mejor se aprecia los fenómenos que pretendo describir.

Por otra parte, cuando la función paterna moduladora y estructurante realmente se hace efectiva, lo que se observa es un efecto apaciguante (ver 7.3 *infra*).

4. Por último, el encuadre puede resultar persecutorio debido a que la organización defensiva (interactiva) de la familia se apoya en gran medida en el miembro enfermo. "El tratamiento exitoso de un hijo puede resultar traumático para ambos progenitores o para uno de ellos. La psicosis latente en el adulto, que hasta ese momento se mantenía oculta y dormida, sale a la superficie debido a los profundos cambios positivos del niño, y reclama reconocimiento y atención". (Winnicott, 1964, 88)

A modo de defensa ante tales ansiedades, sobre todo la figura materna suele albergar la convicción de saber exactamente qué necesita su hijo para curarse. Desde esta convicción, sumada a su compulsión a "reparar", se otorga el rol de "terapeuta", establece su propio "(anti)encuadre de tratamiento" y tiende a no seguir las prescripciones y consignas establecidas por y con los profesionales[42].

Estos mecanismos defensivos fomentan una serie de interacciones a las que podría denominarse "transferencia familiar" en Acompañamiento Terapéutico. En ella la familia suele desplegar, en la relación con el Acompañante Terapéutico, aquellos modos de vinculación basados en la desmesura de la función materna y el correspondiente menoscabo de la función paterna. En las manifestaciones interactivas de dicha "transferencia familiar" es común observar que:

1. La figura materna tiende a imponer una serie de mandatos y exigencias con la finalidad de que el Acompañante actúe según los criterios de la desmesura materna, y se coloque así en su "zona de control omnipotente" (Winnicott).

2. A la vez, tales patrones interactivos tienden a poner al Acompañante en el (no) lugar de figura paterna excluida, borrada y subordinada a los mandatos maternos; es decir, en el (no)lugar de "asistente" o espectador pasivo de la desmesura materna.

3. Otro aspecto de la "transferencia familiar" consiste en relacionarse con el Acompañante como si este fuese el paciente; de modo que, en el trascurso de su labor, una y otra vez el Acompañante recibirá las embestidas de la desmesura materna. Sobre todo en los Acompañamientos largos, no sería

---

[42] Por supuesto, tales familias también tratan de colaborar con el tratamiento y Acompañamiento de su hijo. Como he indicado en otros momentos, en este contexto me estoy centrando en los aspectos más críticos del funcionamiento familiar.

equivocado decir que uno llega a experimentar en "carne propia" los procesos vinculares que condujeron a la psicotización y cronicidad del paciente.

Estas tres modalidades interactivas de la "transferencia familiar" suelen producir intensos sentimientos contratransferenciales que los Acompañantes describen en términos de miedo, agobio y odio ante las demandas, exigencias y críticas exacerbadas hacia su trabajo; sentirse impotente, invadido, paralizado, manipulado, anulado y fuera de lugar; temor a "volverse loco" etc.

Dichos sentimientos suelen impulsar la actuación de la contratransferencia o *acting-out*, lo cual supone reproducir unos modos de relación en cierta medida análogos a los de la familia. Entre otras cosas, a menudo la parálisis del Acompañante es remplazada por la compulsión a intervenir, mientras la sensación de sin-lugar se trueca por intervenciones intrusivas o impositivas como modo de forjarse un lugar (desmesura de la función paterna), o bien por actitudes que tienden a anular al paciente. Cuando ello se transforma en un patrón y se mantiene por demasiado tiempo, el encuadre del Acompañamiento cumple la función de amoldarse a la organización defensiva familiar.

Sin embargo, he observado que, hasta cierto punto y sobre todo en determinadas etapas, esta actuación contratransferencial "negativa" suele manifestarse en la práctica totalidad de los Acompañamientos Terapéuticos que han producido resultados positivos. De ser esto válido, corresponde considerar que tales actuaciones son parte integrante del *proceso de establecimiento del encuadre*.

La paradoja de la actuación contratransferencial consiste en que la actuación "negativa" de la contratransferencia puede resultar "positiva" para la evolución del caso. La evolución se produce *gracias a, y a pesar de*, la actuación contratransferencial.

Desde mi labor como Acompañante, formador y supervisor, he observado que en muchos casos los sentimientos contratransferenciales más intensos y desbordantes suelen derivar de las relaciones del Acompañante con los familiares, y no tanto con el paciente. De ahí que estos procesos relacionados con la paradoja de la actuación contratransferencial se hacen notar sobre todo en aquellos Acompañamientos intensamente marcados por la participación de los familiares.

Para investigar acerca de tales procesos adoptaré como referencia el modelo familiar constituido por madre, padre e hijo/a con una patología grave (sin mencionar a los posibles hermanos).

¿En qué consiste el posible efecto positivo de tales actuaciones "negativas"?

Parece haber una tendencia más o menos general a observar solo los aspectos patógenos de la dinámica familiar; pero también es importante reconocer que incluso las dinámicas más patógenas pueden contener algo de sano, o que por lo menos puede ser rescatado como tal. Cuando la figura materna demanda que el Acompañante se amolde a los patrones familiares, hay que darle cierta dosis de razón. Con ello está brindando información acerca de los patrones interactivos familiares que, de no tenerse en cuenta, se convierten en un obstáculo insalvable.

Sugiero que la actuación "negativa" de la contratransferencia puede resultar positiva en la medida que:

1. al amoldarse en cierta medida a los patrones interactivos familiares, a la vez el Acompañante está adoptando una actitud adaptativa que contribuye a no intensificar las ansiedades paranoides, así como las defensas intrapsíquicas e interactivas.

2. A su vez, ello facilita el establecimiento de un vínculo significativo con el paciente y la familia.

El único pasaje en que he encontrado una referencia explícita a los posibles efectos positivos de tales actuaciones "negativas", aparece en un planteamiento de Searles: "En general, y si bien sabe que los padres respondieron al paciente de determinadas maneras -condena, reproche, desprecio, etc.- que promovieron la enfermedad en el niño, el terapeuta se niega a tener las manos atadas por algún imperativo autoimpuesto en el sentido de que su conducta debe ser siempre el antídoto de esos traumas tempranos y de que jamás debe incurrir en tales respuestas.[...]. Cabría postular con cierto grado de certeza que una persona cuyas relaciones intrafamiliares han sido tan aberrantes como para dar origen a una esquizofrenia, de ningún modo podría relacionarse -pues no tendría herramientas suficientes derivadas de su experiencia pasada-, con un terapeuta idealmente afectuoso y maduro". (Searles, 1966, 176)

Un terapeuta con una actitud mental y conductual idealmente afectuosa y madura dificultaría el establecimiento de un vínculo significativo, e incluso podría resultar persecutorio por la excesiva discrepancia entre su actitud y los patrones familiares.

¿Cómo dar cuenta entonces de necesidades clínicas cuyos términos se contradicen?

Al hablar de la situación analítica, Bleger se refiere a dos encuadres: el del analista y el que trae el paciente. "El analista debe aceptar el encuadre que el paciente trae [...], porque en este se halla resumida la simbiosis primitiva no resuelta, pero tenemos que afirmar, al mismo tiempo, que aceptar el meta-yo (el encuadre) del paciente no significa abandonar el propio, en función del cual se hace posible analizar el proceso y el encuadre mismo transformado en proceso". (Bleger, 1967, 247s)

En los términos aquí empleados, la cuestión que se plantea es cómo adaptarse al antiencuadre familiar sin perder las referencias que el encuadre brinda para pensar e intervenir.

Retomando la metáfora del ondear de una bandera, diría que en el *plano dinámico* la actitud del Acompañante se corresponde con los movimientos de la bandera amoldándose al viento (demanda materna). A su vez, para que este baile no se convierta en un vuelo decadente, hace falta un eje organizador, el mástil paterno que limita y a la vez posibilita el baile. Sobre todo en las etapas iniciales del Acompañamiento Terapéutico, este eje organizador está constituido por los elementos del contrato terapéutico (primer momento, o momento fundante, del proceso de establecimiento del encuadre).

Por ejemplo, en cierta ocasión, en el momento del contrato la madre de un paciente propuso pagarme un sueldo mensual fijo. Le dije que ello no era posible, y que mi forma de cobrar era por horas. El padre enseguida aceptó esta condición.

Se trataba de una familia muy adinerada que tenía a varios empleados en la casa. Mi hipótesis (ampliamente corroborada a lo largo de este Acompañamiento) era que la madre estaba demandando que yo fuera "el asistente" de sus demandas, un empleado más de la casa que tendría que "obedecer sus órdenes". Si bien es cierto que en primera instancia tuve que ponerme (o fui colocado) en su zona de control omnipotente, ello se daba sobre la base de un eje organizador que instituía un lugar distinto al de los empleados de la casa. De hecho, a lo largo de este Acompañamiento, el cobro por horas (mástil) ha sido una referencia fundamental a la hora de manejar algunos "manejos" por parte del paciente y familiares[43].

En otro caso, el hermano de un paciente puso como condición que la Acompañante (una supervisanda, de nacionalidad y nombre vascos) se hiciera llamar "María". Según él, su hermano esquizofrénico tenía delirios paranoides relacionados con el terrorismo. La Acompañante no aceptó esta condición, y en este caso no fue posible manejar la situación y empezar el Acompañamiento Terapéutico.

---

[43] Más allá de las particularidades de este caso, este tipo de regulación de los honorarios (por horas) puede considerarse una constante en los Acompañamientos Terapéuticos realizados a nivel privado. Además, todos los gastos realizados durante el Acompañamiento suelen correr a cargo del paciente o responsable. Todo ello se pacta en el establecimiento del contrato.

Por otra parte, más allá de estos elementos a los que el Acompañante no debe renunciar (mástil), hay situaciones dinámicas en que, *durante un período de tiempo limitado y hasta cierto punto*, debe adaptarse al "(anti)encuadre" que la familia trae dado.

Esta adaptación tiene lugar fundamentalmente desde procesos interactivos inconscientes y espontáneos; es decir, no se trata de que el Acompañante se plantee conscientemente actuar la constratransferencia. Al hablar de los diferentes momentos del desarrollo de la "simbiosis terapéutica", Searles señala que: "Desde luego, todo esto es solo en pequeña medida el resultado de un plan consciente y de una 'técnica' terapéutica controlada. Antes bien, constituye el curso natural de los hechos en la evolución transferencial y el terapeuta debe tener la espontaneidad necesaria para dejarse llevar por él". (Searles, 1966, 61)

A su vez, considero que la conceptualización acerca de la paradoja de la actuación contratransferencial puede brindar un respaldo legitimador a estos fenómenos que se desarrollan fundamentalmente desde la intuición y la espontaneidad. Si uno pretende "tener la espontaneidad necesaria para dejarse llevar" (Searles) como una bandera al viento, conviene desarrollar instrumentos (en este caso conceptuales) que constituyan aquel mástil organizador que permite y a la vez acota.

El respaldo conceptual no elimina las ansiedades confusionales inherentes a la labor del Acompañante. Lo que hace es brindar un marco teórico que legitime lo confusional (así como determinados grados de actuación contratransferencial) como parte del proceso, lo cual ya es un movimiento de acotar la confusión y contener ansiedades. Al hablar de la terapia de pacientes psicóticos, Winnicott dice que: "Si al analista se le van a imputar una serie de sentimientos en bruto, entonces lo mejor es prevenirle para que se disponga a ello, ya que debe tolerar que se le coloque en aquella posición". (Winnicott, 1958, 269)

Sobre todo al Acompañante Terapéutico, también hay que prevenirle para que se disponga a sostener una noción de encuadre que incluye actitudes mentales y conductuales técnicamente "malas", sobre todo si se toma como referencia el encuadre teórico "ideal".

La práctica clínica impone conceptualizar e intervenir desde una noción de *encuadre suficientemente bueno*. Cuando Winnicott habla de la madre suficientemente buena, incluye en este concepto sus "errores" inevitables y necesarios para el desarrollo del bebé, siempre que no sean excesivos y puedan ser reparados a tiempo.

En términos clínicos, la actuación contratransferencial verdaderamente negativa es aquella que no puede ser reparada a tiempo, o que no viene seguida por el *desmarque*[44] por parte del Acompañante (ver a continuación).

En resumen, la clínica de la paradoja de la actuación contratransferencial pasa por cuatro momentos, a saber:

1. El Acompañante no es un objeto significativo, y su presencia resulta potencialmente ansiógena y persecutoria.

2. Los patrones interactivos familiares se despliegan en la relación con el Acompañante ("transferencia familiar").

3. El Acompañante actúa, hasta cierto punto y durante determinado tiempo, en consonancia con aquellos patrones interactivos. Con ello se convierte en objeto significativo y confiable o, por lo menos, no demasiado persecutorio (lo cual previene contra la interrupción prematura del Acompañamiento Terapéutico).

4. La consolidación del vínculo posibilita el proceso de desmarque por parte del Acompañante, que consiste en un desplazamiento gradual de los lugares en que ha sido colocado, o de los roles que se le ha adjudicado. En calidad de objeto significativo, el desmarque del Acompañante contribuye a resignificar los patrones interactivos familiares o, por lo menos, a potenciar la capacidad de desmarque del paciente.

Esta sería una noción aproximada de lo que entiendo por manejo de la transferencia en Acompañamiento Terapéutico, que no se basa en la interpretación, sino más bien en el desmarque a través de una serie de *intervenciones escénicas*.

A continuación haré un análisis descriptivo de estos procesos mediante un caso clínico.

4.2.2 Caso clínico: desmesura materna y encuadre

En un artículo sobre "El *setting* y las funciones en acompañamiento terapéutico", Cenamo, Silva e Barreto (en AAVV, 1991, 190-205) describen el Acompañamien-

---

[44] Empleo el término "desmarque" en el sentido de que uno se sale de la "marca" de la demanda del otro o de algún tipo de "enganche" con el otro. En una analogía futbolística, se trataría de desmarcarse de la marca o presión, de un defensa, que a uno le impide o anula. También emplearé este término a la hora de referirme al "desmarque especular" (ver 8.3 *infra*).

to Terapéutico de una niña de diez años. A pesar de no tratarse de un caso de psicosis, es interesante observar en él las manifestaciones de la paradoja de la actuación contratransferencial.

El Acompañamiento Terapéutico fue solicitado debido a los problemas escolares de Julia, quien no aceptaba someterse a psicoterapia. En la entrevista con los padres, la madre manifestó su necesidad de que alguien *la sustituyera* en la tarea de hacer los deberes escolares con Julia. La Acompañante señaló que su "papel sería el de estar con Julia *en sus cosas*; que a veces saldrían a pasear, jugar" (*ibidem*, 192; trad. y curs. LDM), ante lo cual, la madre protestó diciendo que primero tendrían que hacer los deberes.

Se puede observar, desde el primer momento, el conflicto entre la demanda materna y el encuadre del Acompañamiento. En el primer encuentro, Julia propuso jugar con la perra de la vecina, ante lo cual la Acompañante dijo que primero tendría que hacer sus deberes. La niña perdió su vivacidad y adoptó una actitud de rechazo hacia la Acompañante, no le dirigía la palabra, hablaba sola, cantaba en voz alta. La Acompañante "confiesa" que "Julia había encontrado el camino cierto: se enfrentaba a mí, me irritaba y no estudiaba" (*ibidem*, 194).

A partir del reconocimiento y análisis de sus sentimientos y actuaciones contratransferenciales, poco a poco la Acompañante pudo rescatar el encuadre que tenía por función atender las necesidades de Julia, y no la demanda de satisfacer el "ideal narcisista materno" (*ibidem*, 197). Pero ese logro tenía sus altibajos. En determinada ocasión la madre entró en la habitación de Julia y dijo: "Hoy *vosotras tenéis* que estudiar, ¿vale?" (*ibidem*, 199; curs. LDM).

"Vosotras tenéis que estudiar" apunta a cómo la Acompañante era tratada como si fuese Julia. La Acompañante reconoce que "caí presa en esa telaraña y solo después percibí que actué según el orden que había recibido" (*ibídem*, 199). Y, tras recibir la orden materna, dijo: "*Vamos* a estudiar, Julia" (*ibídem*); lo cual apunta a que, desde la identificación, la "Acompañante-hija" también se sentía sometida al "examen" materno.

Aquí se puede ver la relación entre demanda materna, transferencia familiar y actuación contratransferencial. Si por un lado la Acompañante se sentía impulsada a actuar contratransferencialmente como si fuese la madre, por otro lado, se sentía tratada y actuaba como si fuese Julia.

Desde un análisis convencional parecería que se trata exclusivamente de una reacción contratransferencial que perjudica la relación terapéutica, pero es posible rescatar sus posibles efectos positivos.

Desde la perspectiva de la subjetividad de la madre, ello tiene un efecto estabilizador, debido a que puede depositar cierto monto de sus ansiedades y demandas en la "Acompañante-hija" y decir: "esta hija-Acompañante solo piensa en divertirse y jugar; así que debo intervenir para que haga sus deberes". Simultáneamente, en este contexto, "los deberes" de la Acompañante consisten en actuar el rol demandante materno y hacer estudiar a Julia.

A su vez, al responder desde el lugar de "hija", la Acompañante también brinda *apoyo yoico* a Julia, comparte con ella el impacto de la demanda materna, así como los sentimientos de odio de ahí derivados.

Al actuar la contratransferencia, la actitud de la "Acompañante-madre" no se diferencia demasiado de la actitud de la madre, y la actitud de la "Acompañante-hija" no se diferencia en mucho de la de Julia. Con ello la Acompañante contribuye a que su presencia no resulte demasiado persecutoria, y también a que se convierta en alguien significativo para Julia y su contexto familiar.

Además, hay aquí algo de función especular, en el sentido de que Julia, aunque no sea consciente de ello, puede observarse a sí misma en la Acompañante-hija sometida al orden materno. Estos dos elementos (odio y "verse desde fuera en la relación con el otro") son fundamentales en lo que se refiere a desmarcarse de la demanda materna.

Estos procesos ilustran un fenómeno común en Acompañamiento Terapéutico, en el cual el Acompañante se convierte en intermediario entre la demanda materna y el objeto de la misma, lo cual apunta a la función paterna.

Por otra parte, cabe tener en cuenta que también hubiera resultado persecutorio si la Acompañante se hubiese mantenido por demasiado tiempo en el lugar de objeto sometido a la demanda materna.

En la medida en que los patrones familiares se hacen significativos en el contexto de la relación con la Acompañante, poco a poco esta puede empezar el proceso de desmarque, lo cual contribuye a resignificar tales patrones.

La Acompañante cuenta que en cierta ocasión iban a cruzar una calle y el semáforo estaba rojo para ellas. Como no venía coche, cogió a Julia de la mano para cruzar, ante lo cual esta se asustó y dijo que no podían hacerlo, puesto que su madre no cruzaba la calle cuando el semáforo estaba rojo.

"AT: Está bien. No se puede cruzar cuando viene coche y está rojo para nosotras. Pero, a veces, se puede. Además, yo no hago como tu madre porque no soy tu madre [45]. A continuación, en el siguiente semáforo pasó lo mismo; pero Julia tuvo otra actitud: cogió firme de mi mano y, riéndose mucho [46], tomó la iniciativa para cruzar la calle. El miedo a cruzar la calle parece ser el miedo a cruzar una orden de la madre. Parece existir una ansiedad persecutoria ligada a la idea de que desobedecer a la madre significaría un desastre". (AAVV, 1991, 196; trad. LDM)

Este tipo de situaciones marcó una etapa de evolución favorable, en que la paciente manifestó una mayor libertad para explorar, experimentar, preguntar y expresarse.

En cierta ocasión, Julia dijo que quería estudiar sola, pero temía que la madre despidiese la Acompañante. Aquí la situación transferencial parece manifestar el temor a dañar a la madre y a que esta no sobreviva al ataque; es decir: la paciente siente que sus impulsos a hacerse autónoma pueden destruir la "Acompañante-madre" (si estudia sola, la madre la despide-destruye). A raíz del comentario de Julia, la Acompañante le prometió que hablaría con sus padres.

Para resumir: la Acompañante habló con los padres y estos sobrevivieron al ataque (no interrumpieron el Acompañamiento). Julia pasó a estudiar sola y sacó buenas notas; de modo que su relación con la Acompañante pudo centrarse en la cuestión de la identificación con la figura femenina. En este contexto, la Acompañante comenta que "finalmente se definió el encuadre del acompañamiento y el trabajo evolucionó rápidamente, puesto que el acompañante terapéutico pudo ejercer mejor sus funciones y Julia, más segura, pudo retomar sus intereses principales". (*ibídem*, 202; trad. LDM)

Las sutilezas de la cita posibilitan acceder a una cuestión importante. En primer lugar, está el planteamiento de que "finalmente se definió el encuadre". ¿Ello significa que hasta este momento el encuadre no estaba "definido"? Más bien, diría que en primera instancia predominaba una situación de conflicto entre el encuadre del Acompañamiento y el familiar. Ello aparece en la Acompañante bajo la forma

---

45 Nota LDM: Según mis impresiones, resulta evidente el enfado de la Acompañante cuando dice: "Yo no hago igual que tu madre porque no soy tu madre". Podría pensarse que, desde su enfado, la Acompañante se desmarca de su "identificación" con la figura materna. Pero, sobre todo, parece haber aquí una "Acompañante-hija" harta de tener que ser lo que supone que la demanda materna espera que sea. A la vez, ello parece apuntar a la cuestión de la constitución de la identidad desde la negación de las identificaciones primarias. Es decir; "yo *no* soy igual que mamá" implica que, le guste o no, mamá es una referencia para la constitución de la identidad. En este sentido, solo apuntar que el odio (enfado de la Acompañante) es un elemento fundamental en el proceso de desidealización e integración (1.5.2.1 *infra*).

46 Nota LDM: Siguiendo a Freud (1905), veremos que la risa es un criterio bastante fidedigno de evaluación clínica (ver cap. 9).

de conflicto entre el encuadre (teóricamente ideal) y su actuación contratransferencial. Como hemos visto, esta última no deja de ser un aspecto del encuadre, debido a que atiende a la organización defensiva de la familia y de la paciente, facilita el establecimiento de un vínculo significativo y el acceso a resignificar los patrones interactivos familiares.

En la medida en que la Acompañante tiene "la espontaneidad necesaria para dejarse llevar" (Searles, 1966, 61) -es decir, para "dejarse llevar" como la bandera al viento sujetada por el mástil- el conflicto aparece bajo la forma de paradoja: el encuadre está constituido también por aquello que "desencuadra" (actuación contratransferencial). Un Acompañante "teórica y técnicamente perfecto" no podría llegar a esto, no sería capaz de tolerar el "curso natural de los hechos en la evolución transferencial" (*ibídem*) y contratransferencial.

En este sentido, sugiero una pequeña corrección en la formulación según la cual "el acompañante terapéutico pudo ejercer mejor sus funciones" (AAVV, 1991, 202). Este planteamiento podría ser interpretado como que anteriormente la Acompañante no había ejercido las funciones que le correspondía, es decir: refleja una concepción lineal y unívoca de "error", "acierto" y encuadre.

Cabe subrayar que la evolución del caso tuvo lugar *a pesar de*, y *gracias a*, la actuación contratransferencial (paradoja). Si fuese posible eliminar el "a pesar de", posiblemente se perdería el "gracias a".

Por otra parte, cuando los autores dicen que por fin "se definió el encuadre", entiendo que la mayor integración de la paciente y de la situación familiar no demandaban ya una respuesta de la Acompañante en cuanto objeto (en cierta medida) complementario de la transferencia (cf. Searles, 1966, 64); de modo que el encuadre dejó de estar profundamente marcado por las contradicciones propias de la situación paradójica que se genera en el trabajo con pacientes graves y sus familias.

En la medida en que Julia y sus padres pudieron introyectar el encuadre e identificarse con la (actitud mental y conductual de la) Acompañante, los autores señalan con acierto que esta "pasó a ejercer la función de interlocutor de los deseos y fantasías, y no de Yo auxiliar, finalizando el proceso de acompañamiento" (AAVV, 1991, 204; trad. LDM).

A modo de conclusión, diría que, sobre todo en los momentos iniciales del *proceso de establecimiento del encuadre*, la paradoja de la actuación contratransferencial remite a los puntos intermedios entre dos extremos: a) aquel en que el Acompañante fundamentalmente se "amolda" a los patrones familiares, y b) aquel en que, posiblemente a modo de defensa, intenta cumplir a rajatabla con los fundamentos de un "encuadre teóricamente ideal".

CAPÍTULO 5

ENCUADRE: TIEMPO Y ESPACIO

CAPÍTULO 5

ENCUADRE: TIEMPO Y ESPACIO

Partiendo de los fundamentos de la Clínica de lo Cotidiano, en capítulos anteriores hemos visto que en Acompañamiento Terapéutico se interviene desde un encuadre ambulante y abierto, marcado por la inconstancia de las constantes y atravesado por la paradoja de la actuación contratransferencial. Ahora corresponde analizar algunas cuestiones relacionadas con la administración de los aspectos espaciales y temporales del encuadre.

5.1 ESPACIO

"El espacio no existe: es solo una metáfora
para la estructura de nuestras existencias"

(dicho por una artista plástica)

En psicoterapia el terapeuta trata de organizar un espacio físico que favorezca el proceso terapéutico. De forma análoga, los progenitores administran un ambiente espacial que no resulte intrusivo y facilite el desarrollo del lactante. La administración de estos elementos espaciales conforma la función sostenedora del ambiente físico (cf. Safra, 1995, 30ss).

Al diferenciar entre el tratamiento de la neurosis y la psicosis, Winnicott dice que "la aportación y mantenimiento de un ambiente normal puede ser por sí misma algo de importancia vital en el análisis de un psicótico; a decir verdad, a veces puede ser aún más importante que las interpretaciones verbales, que también deben hacerse. Para el neurótico, el sofá, la habitación caldeada, la comodidad pueden *simbolizar* el amor materno; para el psicótico, sería mejor decir que estas cosas *constituyen* la expresión física del amor del analista". (Winnicott, 1958, 273; cf. Catafesta, 1996, 173ss)

En Acompañamiento Terapéutico, debido al talante (de)-ambulante y abierto del encuadre, no tiene cabida hablar de una organización planificada del espacio físico. La única referencia a esta cuestión la he encontrado en el siguiente párrafo: "En la consulta establecemos un encuadre. Desde el contrato hasta la forma cómo los muebles están ubicados en la sala, tenemos una multiplicidad de elementos que constituyen un campo en dónde se establece el proceso terapéutico. El encuadre es una garantía y una necesidad para la realización del trabajo. En la práctica del acompañante, es evidente que el encuadre no está pegado al espacio físico: estén donde estén terapeuta y paciente, el encuadre está presente. A esta presencia que recorre el espacio físico, a este campo, se denominó *encuadre ambulante".* (Fulgencio Junior, en AAVV, 1991, 234; trad. LDM)

Si bien esta noción de encuadre ambulante apunta a que no es posible definir el encuadre en términos estrictamente espaciales, sugiero pensar acerca del encuadre en términos de *espacios físico-vinculares,* en el sentido de que determinados patrones vinculares se organizan en función de los espacios físicos en que el Acompañamiento tiene lugar.

Estas cuestiones espacio-vinculares serán analizadas desde dos ámbitos distintos, teniendo en cuenta:

1. La *monotonía* (homogeneidad) o diversidad (heterogeneidad) de los espacios frecuentados por Acompañante y acompañado.

2. El talante público (contexto comunitario) o privado (por lo general la casa del acompañado) de los espacios en que el Acompañamiento tiene lugar.

5.1.1 Monotonía y diversidad

Si en psicoanálisis se busca la constancia de los aspectos espaciales del encuadre, en Acompañamiento Terapéutico la búsqueda apunta más bien hacia cierto grado de inconstancia y diversificación de los espacios frecuentados (casa, espacios comunitarios, establecimientos comerciales, etc.).

También puede ser importante la frecuentación constante de algunos espacios, dado que ello contribuye a que el paciente los "habite afectivamente", en el sentido de establecer rutinas y vínculos significativos con personas y lugares.

Sin embargo, hay casos en los que no se produce esta dinámica caracterizada por un funcionamiento intermedio entre la constancia y la diversidad. Es común observar una tendencia a la monotonía o diversidad excesivas.

1) Monotonía ansiolítica y ansiógena

A veces al Acompañante se le impone una monotonía extremada en lo que se refiere a los espacios en que los encuentros tienen lugar. En un extremo tuvimos el caso de un acompañado que durante meses "impuso" que el Acompañamiento tuviese lugar en su casa o, para ser más preciso, en el sofá del salón.

Esta monotonía puede estar al servicio de la necesidad de estar en lugares más protegidos y conocidos, lo cual aporta cierto efecto ansiolítico. No es poco frecuente que el acompañado se niegue a salir de su "ingreso hogareño" debido a que, en este contexto, la conducta ambiental resulta más previsible, en parte debido a que el "encuadre hogareño-familiar" suele organizarse a modo de patrones vinculares crónicos.

Sin embargo, con el paso del tiempo, esta clausura hogareña suele convertirse en un espacio asfixiante y terrorífico para el paciente (y sus familiares); a veces también para el Acompañante.

Este doble efecto de la monotonía (ansiolítico o ansiógeno), indica dos directrices a la hora de pensar la administración clínica del encuadre espacio-vincular. Estas son: a) legitimar y sacar provecho de la monotonía ansiolítica, o b) desmarcarse de la monotonía ansiógena.

A) Legitimar y sacar provecho de la monotonía ansiolítica

En algunos casos, uno de los objetivos del Acompañamiento (en el contexto de la estrategia del tratamiento) consiste en facilitar salidas al exterior. Sin embargo, también es cierto que en algunos casos el contexto hogareño constituye el marco espacio-vincular de la organización defensiva del paciente. Salir de este contexto puede suponer exponerle a angustias muy primitivas.

Al referirse a la psicoterapia de pacientes graves, Winnicott señala que "el terapeuta se hace cargo de la organización defensiva del paciente, que queda representada por las condiciones físicas y emocionales muy particulares de la situación analítica". (Winnicott, 1988, 171, subr. LDM)

En el tipo de situación que describo, la organización defensiva puede quedar representada por las condiciones espacio-vinculares del contexto hogareño.

En otro lugar, Winnicott habla del análisis de una paciente que pasaba por un profundo estado de regresión a la dependencia: "En el caso de esta paciente, ciertas cosas tienen que permanecer siempre igual. Las cortinas han de estar corridas; la puerta de la habitación, cerrada pero sin llave, de tal modo que pueda entrar directamente; la disposición de los objetos en el cuarto debe ser siempre la misma, aunque hay algunas variaciones que corresponden a la relación transferencial. En el momento de que hablo, el objeto constante se halla situado en una determinada posición sobre el escritorio y tengo acumulados junto a mí algunos papeles esperando que ella me los pida de vuelta". (Winnicott, 1989a, 125)

El Acompañante no puede brindar tales "condiciones físicas y emocionales muy particulares de la situación analítica" (Winnicott), de modo que una alternativa consiste en legitimar la necesidad de monotonía (previsibilidad), por ejemplo, en aquellas situaciones en que el acompañado no quiere salir. Este criterio contribuye a que no se produzcan o intensifiquen situaciones ansiógenas y de rechazo hacia el Acompañante, quien tendrá que gestionar las demandas de los familiares (aunque a veces también del psiquiatra u otros profesionales) para que el paciente salga de casa.

Sobre la base de un vínculo confiable, paulatinamente pueden abrirse posibilidades de explorar nuevos espacios, lo cual tiene que ver con los planteamientos de Winnicott acerca de la "presentación del mundo en pequeñas dosis". Davis y Wallbridge comentan que: "Cuando está presente la madre (o su sustituto), es más fácil sumar riqueza en la forma de una más amplia oportunidad de experiencia porque la madre, que se ha vuelto familiar para su bebé por su persona y por el modo en que aborda las cosas, proporciona el marco indispensable. La familiaridad no solo constituye el marco para la fecunda presentación de lo nuevo, sino que también es esencial para evitar trabucamientos traumáticos". (Davis y Wallbridge, 1981, 128s)

Si el objetivo del Acompañamiento apunta hacia la diversidad, en algunos casos ello debe pasar por sacar provecho de este aspecto positivo de la monotonía.

A su vez, conviene estar atento a la diversidad potencialmente presente en lo monótono. Por más que el Acompañamiento siempre tenga lugar en casa del paciente, en este espacio se puede oír música, charlar, preparar juntos un café, jugar a las cartas, ver fotos etc. Este sería uno de los aspectos de la "atención flotante" en Acompañamiento Terapéutico.

B) Desmarcarse de la monotonía ansiógena

En aquellas situaciones en que lo monótono resulta ansiógeno (llegando a producir incluso la sensación de algo asfixiante y terrorífico), el Acompañante suele sentir la necesidad imperativa de sacar al paciente, y a sí mismo, del contexto hogareño-familiar. Ello puede indicar la conveniencia de adoptar una actitud mental y conductual más asertiva y estricta en este sentido; o "una dirección firme a cargo de personas comprensivas" (Winnicott, 1965, 257).

En cada caso hay que tener en cuenta el momento de la relación terapéutica. Para poder adoptar esta actitud estricta, desde luego uno tiene que tener la suficiente "personalidad", pero sobre todo tiene que haberse "ganado el derecho" a hacerlo, y eso uno se lo gana en la medida en que se ha convertido en alguien significativo y confiable.

En todo caso, conviene tener en cuenta los puntos intermedios entre legitimar y sacar provecho de la monotonía, y adoptar una actitud estricta de desmarque o interdicción.

Las decisiones clínicas en este sentido suelen estar fuertemente atravesadas por una serie de sentimientos y reacciones contratransferenciales.

Hay situaciones en que es el Acompañante quien siente ansiedad ante la posibilidad de Acompañar al paciente en lugares menos protegidos y conocidos. A veces el paciente no quiere salir de casa debido a que, en una ocasión en que lo hizo con el Acompañante, este se sintió demasiado aprehensivo, tenso etc. Ello suele ser más frecuente en Acompañantes novatos que no se han habituado a trabajar en contextos en que las variables son menos controlables (encuadre ambulante y abierto). En tales casos, la necesidad de estar en un espacio protegido y previsible es más bien del Acompañante... mas allá de que el "síntoma" lo manifieste el acompañado.

Por otra parte, estos sentimientos contratransferenciales del Acompañante pueden estar informando acerca del estado psíquico del paciente, en el sentido de que este necesita estar en lugares más protegidos y conocidos.

Todo análisis de este tipo de situación debe basarse en el interjuego entre estas dos perspectivas o, en definitiva, en el vínculo.

Otra dinámica interactiva relativamente común consiste en que, a pesar de que los sentimientos contratransferenciales apuntan a la necesidad de monotonía, el Acompañante actúa reactivamente sobrestimulando al paciente para que salga de casa.

Más allá de la relación Acompañante-acompañado, tales actuaciones también pueden derivar de las presiones y tensiones generadas desde las demandas de los familiares, a veces del terapeuta, de los demás miembros del equipo o del supervisor... y también desde las demandas más difíciles de gestionar: las que uno mismo se auto impone (in)conscientemente.

En primera instancia, tales actuaciones reactivas no son necesariamente negativas, sino algo que ilustra lo anteriormente planteado acerca de la paradoja de la actuación contratransferencial. Serán negativas si el Acompañante no puede desmarcarse, y positivas si puede usarlas para pensar y desmarcarse.

2) Diversidad productiva y ansiógena

Si en un extremo está la tendencia a lo monótono, en el otro está la diversidad excesiva e incluso anárquica de los espacios en que el Acompañamiento tiene lugar. Ello es más frecuente en pacientes en estado de manía y esquizofrénicos graves, en los que predomina el caos, las pulsiones sin sujeto y la necesidad de descarga motriz.

La diversidad excesiva se asemeja a estos viajes turísticos en los que se pretende conocer Europa en una semana. Se va a muchos lugares, pero no es posible "habitar afectivamente" en ninguno.

Aquí también podría plantearse dos directrices a la hora de pensar acerca de la actitud mental y conductual, a saber:

a) Potenciar y sacar provecho de la diversidad.

Si la diversidad y motilidad no resulta ansiógena, el Acompañante puede optar por "dejarse llevar" y ver qué sucede. A veces, este "dejarse llevar" (como la bandera al viento atada al mástil) conduce a lugares que, en el mejor de los casos, se convierten en una referencia (por ejemplo, encontrar una plaza y pasar a frecuentarla). Este sería otro aspecto de la "atención flotante" en Acompañamiento Terapéutico (este punto será desarrollado en 9.4 *infra*).

b) Ejercer una función de interdicción

A lo largo de varios encuentros, el Acompañante puede observar que la "circulación anárquica" no lleva a ninguna parte, y solo hace intensificar el nivel de confusión, angustia y excitación del paciente, y también el suyo. Sobre todo en los casos extremos, dentro de lo posible, conviene ejercer una función de interdicción. Se trata aquí de prevenir contra situaciones extremadamente ansiógenas, violentas y de riesgo, tanto a nivel físico como psíquico (cf. AAVV, 1991, 29, 140s; Dozza, 1992, 37). Este punto será desarrollado cuando trate la cuestión de la función de interdicción (cap. 7).

En resumen, el análisis de la monotonía-diversidad de los espacios puede brindar algunas referencias para pensar acerca de la actitud mental y conductual del Acompañante Terapéutico. A continuación, ahondaré en este análisis, tomando como referencia aquellas situaciones en que el Acompañamiento tiene lugar en el contexto privado (hogareño-familiar) o público (comunitario).

5.2 LO PRIVADO Y LO PÚBLICO

Uno de los elementos del encuadre espacio-vincular tiene que ver con el *lugar en que comienzan los encuentros* (aunque también suele ser importante el lugar en que finalizan).

El lugar de encuentro suele pactarse en el momento del contrato, y resulta significativo el hecho de que los encuentros empiecen en un psiquiátrico, a la salida del hospital de día o del análisis del paciente, en su casa o en un lugar público.

A su vez, los cambios de lugar de encuentro informan acerca de la evolución del paciente y del vínculo con el Acompañante. Además, pueden constituir una forma de intervención (por ejemplo, proponiendo que los encuentros empiecen en el portal en vez de en la casa).

En lo que se refiere a la evolución del paciente, imagínese que en un primer momento los encuentros empiecen en su casa, y que a partir de determinado momento acuerdan encontrarse en el portal, y luego en una cafetería que hay allí cerca. Estas variaciones pueden estar indicando una mayor motivación e implicación por parte del paciente, un mayor nivel de autonomía y capacidad para explorar espacios y situaciones desconocidos, etc.

Ya en lo que se refiere al vínculo terapéutico, estos cambios en el aspecto espacial del encuadre pueden estar reflejando el establecimiento de un vínculo significativo y confiable, así como un nivel mayor de alianza terapéutica.

Otras veces se producen cambios en sentido inverso, es decir, al comienzo los encuentros empiezan en lugares públicos, y con el tiempo pasan a empezar en lugares más protegidos, por lo general la casa del paciente. Estos cambios pueden deberse a la necesidad de estar en espacios más conocidos, homogéneos y previsibles, o a que determinados "movimientos" familiares e internos estén fomentando el repliegue y bloqueo de los procesos de individuación. También pueden derivar de la dificultad del Acompañante para contener al paciente en espacios públicos.

En definitiva, sea cual sea la evolución de este aspecto del encuadre (y también puede ser significativo el que no haya cambios en este sentido a lo largo del tiempo), importa destacar que una de las funciones del aspecto espacial del encuadre es brindar referencias para pensar acerca la evolución del paciente y del vínculo terapéutico. Estas referencias para pensar modulan y orientan la actitud mental y conductual del Acompañante.

5.2.1 En el contexto hogareño-familiar

Es bastante frecuente que los Acompañamientos empiecen en casa del paciente (cf. Braga, 1987, 15). Este es el primer gesto adaptativo que hace el Acompañante, entre otras cosas debido a que sobre todo los pacientes graves suelen dejar bastante claro que, como el Acompañante no vaya a su encuentro, no habrá encuentro.

Por lo tanto, este sería un elemento espacio-vincular del encuadre, es decir, que al Acompañante le corresponde ir al encuentro del paciente, en su espacio. Este punto de partida atraviesa la configuración vincular que se establece entre paciente, Acompañante y (si acaso) familia[47].

De parte del Acompañante (sobre todo el novato), mucha confusión, dado que sus esquemas de referencia, teorías, formación, defensas y rituales relacionados con la actitud profesional, daban por sentado la organización del espacio, *de su espacio*. Sin embargo, ahora su tarea le impone acudir al espacio del otro, (des) organizado por el otro. La "batalla" tendrá lugar en territorio ajeno, en el cual uno se encuentra más expuesto y perdido debido a que tiene menos posibilidades de administrar las variables. Todo ello tiende a resultar confusional para el que realiza esta labor.

A su vez, imagínese que durante años el paciente y su familia pasaron por diversos tipos de tratamiento en relación con los cuales, probablemente, ya tenían unas defensas "bien planificadas". Cabe suponer que, por lo menos en cierta medida y

---

[47] A la hora de establecer el contrato (primera entrevista), resulta importante sostener la idea según la cual el Acompañante "no tiene" consulta, más allá de que la tenga. Más allá de que un primer contacto puede ocurrir en el despacho del profesional que hace la derivación, conviene realizar la primera entrevista en alguno de los lugares del ámbito de intervención del Acompañante (hogar, alguna cafetería tranquila, etc.). Según mi experiencia, un primer contacto en la consulta del Acompañante luego tiende a intensificar sobre todo las ansiedades de los familiares en lo que respecta a la presencia del Acompañante en el hogar. Si, de forma consciente o inconsciente, en psicoanálisis los pacientes "prefieren" no tener contacto con su analista fuera de la consulta, cabe tener en cuenta que en la Clínica de lo Cotidiano la consulta puede representar lo externo al Acompañamiento. No obstante, en situaciones puntuales, y sobre todo, en la medida en que los familiares ya se han habituado a la presencia del Acompañante, puntualmente este puede sugerir tener alguna reunión en la consulta, si considera conveniente tener un espacio más protegido o que favorezca el tomar distancia para poder pensar desde otro lugar. Por lo demás, las intervenciones deben tener lugar en los espacios propios de la Clínica de lo Cotidiano.

en cuanto a la fantasía, la autoridad y función del profesional estaban asociadas al hecho de que tenían que acudir a un espacio de tratamiento. De pronto, resulta que es el profesional quien acude, mientras a ellos les corresponde organizar no solo nuevas defensas, sino también el espacio para recibir al Acompañante.

Al contrario de lo que corresponde esperar del encuadre organizado por el terapeuta, aquí no cabe suponer que la organización del espacio contribuirá al proceso terapéutico (aunque sí contribuye, dado que brinda información acerca del funcionamiento vincular).

En la práctica, el Acompañante suele encontrarse con una gran diversidad de situaciones, entre las cuales podría mencionarse: nadie le abre la puerta cuando llega, o tardan en abrirla; o bien el paciente no se encuentra en casa, se encierra en su habitación o se le ocurre "jugar al escondite". A veces incluso echa al Acompañante de su casa. A su vez, puede que la familia decidió cambiar la disposición de los muebles justo durante la hora del Acompañamiento, o dejan al Acompañante esperando en el salón ("sala de espera") durante varios minutos, a veces con la compañía del perro, que no parece demasiado amigable.

A fin de cuentas, resulta que la "organización" del espacio, por el paciente y la familia, es una manifestación de la organización defensiva interactiva. Se trata de un "encuadre" que a la vez es síntoma (en el sentido de que está comunicando algo).

Invariablemente se producen situaciones de "tira y afloja". Si la paradoja de la actuación contratransferencial destaca aquellas situaciones en que conviene "aflojar", ahora el destaque recae en aspectos de la actitud mental y conductual en que corresponde "tirar"; es decir, disponer de recursos que posibiliten "habitar profesionalmente" el espacio hogareño-familiar, y asegurar en lo posible el mantenimiento del encuadre terapéutico.

Esta cuestión condujo a una discusión polémica en lo que se refiere a la ética en Acompañamiento Terapéutico.

5.2.1.1 Violencia necesaria: ética de la ocupación profesional del espacio ajeno

Las normas del convivio social establecen que, cuando acudimos a la casa de alguien, adoptamos una serie de medidas y cuidados para que nuestra actitud no resulte intrusiva. Intuitivamente tendemos a investigar los elementos del "encuadre" de la casa. Si somos fumadores, antes de encender un cigarrillo rastreamos la decoración para ver si hay algún cenicero. Con ello obtenemos alguna pista para saber si a nuestro anfitrión le molesta, o no, que se fume en su casa; y luego le preguntamos si le molesta que fumemos.

En parte adoptamos estos cuidados debido a que de alguna forma sabemos que el "encuadre" de una casa es la versión arquitectónica y decorativa del sí-mismo del anfitrión: adoptar una actitud intrusiva puede ser vivido como una invasión a su persona. Quizá por ello algunos anfitriones suelen decir: "siéntase *como si estuviese en su casa*". Si destacamos el "como si", resulta evidente que con esta cortesía y permiso, *a la vez nos está recordando que no estamos en nuestra casa*. De hecho, nuestros familiares y amigos íntimos no suelen emplear tales "cortesías recordatorias".

Al entrar en el contexto hogareño-familiar, el Acompañante Terapéutico debe tener en cuenta estas convenciones sociales que rigen la relación anfitrión-visitante. Pero aquí el anfitrión es el paciente y su familia. La casa, propiedad privada, es a la vez el espacio clínico; de modo que el Acompañante tendrá que buscar las posibilidades intermedias para "habitar profesionalmente" este espacio *que no es su espacio*.

Este tipo de situaciones espacio-vinculares impone reflexionar acerca de la *ética en Acompañamiento Terapéutico*, en el sentido de una ética de la ocupación profesional del espacio ajeno, y sobre todo en aquellos casos de personas cuya problemática consiste, entre otras cosas, en rechazar todo tipo de ayuda (a veces con razón si se tiene en cuenta la violencia institucional de la que han sido objeto en algunos casos).

Ante tales cuestionamientos (entre otros) se acuñó la expresión "violencia necesaria" (AAVV, 1991); es decir, una "violencia" que es "violencia" desde el punto de vista de las convenciones sociales, pero que no es violencia en la medida en que es necesaria y debido a que es Tarea[48].

A modo de ejemplo: "¿Puedo ir a la casa del paciente cuando este no quiere recibirme?" (Fulgencio Junior, *ibídem*, 235; trad. LDM). El autor dirá que sí, siempre que esta *violencia necesaria* sea una forma de hacer frente a la pseudoautonomía y pseudovoluntad del paciente, o cuando resulte evidente que "su *discurso de muerte* y su *caminar hacia la muerte* no es una opción suya, sino más bien una condición de su enfermedad." (Dozza, 1992, 41s).

---

[48] La expresión "violencia necesaria" ha sido acuñada por el equipo del Hospital de Día A Casa (São Paulo, Brasil). No hay un desarrollo teórico del tema, y mi contacto inicial con la noción de violencia necesaria se produjo a raíz de mi participación en las reuniones del equipo de Acompañantes Terapéuticos de dicho hospital.

En el tratamiento de pacientes graves suele ser difícil establecer la *alianza terapéutica*. Más allá de las dificultades del terapeuta para facilitar dicho establecimiento, ello puede deberse a la falta de esperanza y el alto nivel de ansiedad del paciente, así como a sus dificultades a la hora de asumir los compromisos, normas y acuerdos implicados en dicha alianza (cf. Rosenfeld, 1987, 349ss).

Uno de los elementos fundamentales de la alianza terapéutica consiste en que el paciente acude al tratamiento. Si ello supone una dificultad en el tratamiento de algunos psicóticos, el Acompañante puede encontrarse, además, con que el paciente no quiera recibirle e incluso le eche de casa.

Ante tales situaciones, al Acompañante le corresponde sostener la "alianza terapéutica" (entre comillas debido a que no es una alianza entre dos personas), hacerse cargo de la parte de la "alianza" que el paciente no puede asumir. Desde esta perspectiva, la violencia necesaria constituye uno de los aspectos éticos del encuadre sin el cual muchos Acompañamientos Terapéuticos no serían viables.

La aplicación clínica y ética de este planteamiento resulta muy compleja y delicada; hay formas y formas de acudir a la casa del paciente pese a que diga que no quiere vernos, e incluso de quedarnos pese a que nos eche. En todo caso, conviene evitar el enfrentamiento directo y la crispación; no se trata de un juego de fuerzas. Más bien todo lo contrario. La violencia necesaria es un "arte" que debe llevarse a cabo con suma delicadeza, "mano izquierda" y "juego de cintura", y también requiere del Acompañante un buen nivel de asertividad y constancia.

Si hay un rechazo activo y se valora que ello es manejable, uno puede buscar posibilidades intermedias; por ejemplo, irse a otra habitación de la casa, informando al paciente de que allí estará durante el horario pactado. O, si directamente el paciente no le abre la puerta, tras insistir el Acompañante puede dejar una nota escrita informando de que estuvo allí y, sobre todo, indicando el día y hora en la que volverá.

En la inmensa mayoría de los casos, poco a poco los pacientes van "cediendo terreno", acercándose poco a poco o permitiendo que el Acompañante se acerque.

Como casi todo lo que pueda decirse acerca del Acompañamiento Terapéutico, es fundamental tener en cuenta cada caso y situación específicos (así como las advertencias que vienen a continuación)[49].

---

[49] Desde ya, advertir que la técnica de la violencia necesaria no está reñida con uno de los fundamentos de la Recuperación, que es el *empoderamiento*. Por más que estemos plenamente de acuerdo en que debemos facilitar que el paciente participe activamente

Otra cuestión importante tiene que ver con determinadas connotaciones vinculares relacionadas con la propiedad privada, según las cuales "en mi casa mando yo, y si no estás de acuerdo, márchate". Los derechos sobre la propiedad privada suelen desplazarse hacia el Acompañante, quien a veces es tratado como una especie de empleado de la casa (que supuestamente debe recibir órdenes y cumplirlas sin más).

Sin perder de vista lo planteado acerca de la paradoja de la actuación contratransferencial, hasta cierto punto la ética del Acompañamiento Terapéutico debe desmarcarse de las convenciones relacionadas con la propiedad privada. Si el Acompañamiento tiene lugar en casa del paciente, el Acompañante debe habitar este espacio teniendo en cuenta el atravesamiento entre estas dos concepciones del espacio (como propiedad privada que a la vez es el espacio clínico).

Pero si la parte contratante (por lo general la familia) exige que el Acompañante actúe según sus prescripciones o se vaya de la casa, al Acompañante le corresponde (si no es posible manejar la situación) dar por terminada su intervención en el caso, dado que no están dadas las condiciones mínimas de trabajo.

Desde esta perspectiva, la violencia necesaria es un elemento constituyente del contrato terapéutico con la parte que solicita el Acompañamiento. Si no hay otro (por lo general un familiar, el terapeuta, psiquiatra) que autorice al Acompañante, este no podrá ejercer la violencia necesaria, dado que en este caso no habría un mínimo de mástil que posibilite el ondear de la bandera.

En lo que se refiere a las dificultades del Acompañante para sostener la actitud mental y conductual propia de la violencia necesaria, cabe destacar:

1. Sentirse sometido a la demandas e impulsado a actuar según lo planteado acerca de la paradoja de la actuación contratransferencial.

2. Cierto "pudor personal" (derivado de convenciones socioculturales), y falta de herramientas práctico-conceptuales, en lo que se refiere a "habitar profesionalmente" una propiedad privada ajena.

---

en las decisiones en lo que respecta a su tratamiento (empoderamiento), ello no nos exime de la ardua tarea de *sostener una disponibilidad asertiva* en aquellos casos en que la principal dificultad radica justamente en la absoluta falta de esperanza de poder ser ayudado, y más aún cuando esa falta de esperanza está fuertemente teñida por intensos impulsos tanáticos que pueden manifestarse de forma activa o pasiva. En algunos casos, hay que "preparar" al paciente antes de que pueda realmente sacar provecho del empoderamiento.

3. Una concepción de "respeto" hacia el otro que, en determinadas situaciones, no resulta operativa en el trabajo con psicóticos y sus familiares (cf. Dozza, 1994, 41).

Dicha concepción de "respeto" muchas veces encubre una actitud negligente, que podría ilustrarse de la siguiente forma: "bueno, si le apetece estar durmiendo todo el día, hay que respetarlo"; o, "si dice que quiere estar solo y me echa, hay que respetarlo".

Por supuesto que hay que respetar a nuestros acompañados y empoderarles; pero, a la vez, lo que no hay que hacer es abandonarles en su inercia mortífera.

Desglosando la expresión *violencia necesaria*, cabe tener en cuenta que, si la violencia fuera tal, no sería necesaria. El término "violencia" parece derivar más bien de una "ética neurótica" de respeto hacia la propiedad privada y la (pseudo) voluntad del otro. Ética esta que, en algunos casos y momentos del tratamiento, puede conducir a actitudes poco operativas en lo que se refiere a atender las necesidades del paciente. Ya el término "necesaria" apunta hacia la tarea ineludible de atender dichas *necesidades*.

Cuando el Acompañante está en casa del paciente, el encuadre del Acompañamiento le otorga ciertos derechos en lo que se refiere a la *ocupación profesional* de dicho espacio.

Tales derechos no le autorizan ver qué hay de comer en la nevera, por así decirlo. Se trata de derechos relacionados con la condición psíquica, necesidades y tratamiento del paciente: derechos que son deberes. Por otra parte, si el paciente vive solo y se encuentra desnutrido, entonces sí puede tener cabida mirar qué hay en la nevera, e incluso preparar algo para comer juntos, si ello contribuye a que el paciente se alimente.

Lo planteado desemboca en una cuestión ética muy compleja y delicada; siempre hay el peligro de justificar *violencias innecesarias* apoyándose en el discurso de la violencia necesaria.

La dificultad consiste en que, en la práctica clínica, esta diferenciación teórica se hace difusa, incluso engañosa. Foucault (1964) ha ilustrado cómo la Época Clásica y el positivismo científico urdieron un sin fin de discursos para justificar violencias corporales y morales, azotes y condenas. Me pregunto (sin la pretensión de dar una respuesta unívoca) en qué medida la noción de violencia necesaria puede ser (empleada como) una versión contemporánea, quizá más sutil y elaborada, de aquellos discursos.

Entre otras cosas, cabe tener en cuenta aquellas situaciones en que el rechazo prolongado del paciente se debe no solo a su patología, sino también a las dificultades y ansiedades del Acompañante. En este tipo de situación, la violencia "necesaria" puede estar más bien al servicio de la organización defensiva y déficits del Acompañante o de la estrategia del tratamiento.

Según mí experiencia, cuando la "violencia" es realmente necesaria y bien administrada, de una forma explícita o implícita el paciente termina dándonos las gracias; gracias por no habernos marchado cuando nos echó de su casa, por no "tirar la toalla" cuando dijo que no nos necesitaba para nada, cuando juró que lo único que necesitaba era que le dejáramos en paz. En una de estas ocasiones le dije al paciente que, si viera que estaría en paz, me iría; pero ya había visto lo suficiente como para estar seguro de que no tendría su ansiada paz si me fuera. Durante meses le Acompañé en contra de su voluntad, y muchas fueron las gracias (implícitas y explícitas) que posteriormente me dio por haberlo hecho.

5.2.2 En el contexto comunitario: pertenencia e inserción

En Acompañamiento Terapéutico, resulta evidente que el contexto comunitario no es el encuadre. Sin embargo, es posible pensar acerca de algunos elementos del encuadre (actitud mental y conductual) en función de la noción de Tarea y de los espacios físico-vinculares en que el Acompañamiento tiene lugar.

De la misma forma que hay un "encuadre" en el contexto hogareño-familiar, también hay un "encuadre" dado en el contexto comunitario. En términos generales, dicho "encuadre" opera en función de los valores y normas socioculturales que rigen la convivencia comunitaria.

Un aspecto de la tarea vincular consiste en contribuir a la inserción comunitaria, en el sentido de facilitar el establecimiento de vínculos significativos con lugares y personas del contexto comunitario. No se trata tanto de que el paciente encuentre trabajo, retome sus estudios o aprenda a preparar un "arroz a la cubana". Por sí solos, estos logros no garantizan la inserción, sobre todo cuando dicha "inserción" se da sobre la organización de un sí-mismo falso, lo cual puede ser estimulado por determinadas técnicas de *adiestramiento y entrenamiento en habilidades sociales*.

En muchos casos, debe considerarse un logro importante el "simple" hecho de que el paciente sienta que determinado banco, en una plaza, es "su" banco, o que se sienta cliente de una cafetería, etc. Tales "trivialidades cotidianas" constituyen un elemento fundamental de pertenencia e inserción comunitaria.

Esta cuestión está estrechamente relacionada con los planteamientos de Winnicott acerca del espacio potencial y la zona intermedia de experiencia. Cuando el bebé "dice", antes de poder hablar, que "esta es mi madre/mi osito", lo hace en el sentido de que "mi madre/osito me pertenece debido a que es parte de mí". Este sentido primitivo de la pertenencia constituye el fundamento de toda patria futura. Antes de sentirse perteneciendo a algo, está la convicción de que "la cosa" le pertenece a uno. Para que uno llegue a sentirse parte de "algo", primero "algo" tiene que ser parte de uno.

Los atravesamientos entre este sentido primitivo de la pertenencia y sus desarrollos posteriores configuran la "paradoja de la pertenencia", lo cual aparece reflejado en el lenguaje cotidiano cuando decimos: "en *mi* calle (o barrio, ciudad, país)...", "en *mi* edificio, colegio, etc...", o "ahora viene *mi* autobús". En la zona intermedia de experiencia, sentirme perteneciendo al barrio en donde vivo está atravesado por sentir que el barrio me pertenece y es parte de mí.

Por lo general, el término "pertenencia" se emplea para significar que el individuo pertenece a algo. Sin embargo, aquel sentido más primitivo de la pertenencia apunta a que "la cosa" pertenece al individuo, aun cuando este reconozca (a nivel secundario) que el barrio no es suyo.

Estas experiencias intermedias de pertenencia, que en cierta medida el neurótico tiene dadas, puede constituir una de las cuestiones fundamentales para muchos pacientes graves. A menudo, nos encontramos con pacientes en los que se han roto o diluido de forma casi absoluta los vínculos significativos con espacios comunitarios y situaciones cotidianas. Son personas sin patria ni mundo, cuyo mundo se limita (más allá de las relaciones familiares) a los distintos espacios de tratamiento y rehabilitación, o ni siquiera eso.

Al Acompañante le corresponde brindar, a *"su"* paciente, experiencias que faciliten otras inserciones, teniendo en cuenta aquel sentido primitivo de la pertenencia.

En la medida en que se establece un vínculo significativo y de confianza, para el paciente el Acompañante se convierte en *"mi* Acompañante-osito", en una especie de "objeto transicional ambulante" y ansiolítico.

La frecuentación conjunta de espacios comunitarios suele contribuir a que, poco a poco, tales espacios (por ejemplo, una cafetería) y sus habitantes (el camarero, etc.) entren en el ámbito de aquellas experiencias primitivas de pertenencia ("mi cafetería", "mi mesa", "mi camarero"). A partir de este punto, uno puede llegar a sentirse cliente de esta cafetería, lo cual implica el establecimiento de vínculos significativos con el espacio físico y también con el camarero, con otros clientes etc.

Quizá la simplicidad de estos planteamientos oscurezca su importancia vital, así como el valor de su potencia terapéutica.

Por ejemplo: antes veíamos cómo muchos pacientes se encierran en el hogar familiar debido a la necesidad de estar en espacios más conocidos, previsibles y protegidos. En algunos casos hay una evolución positiva en la medida en que esta cafetería (u otro espacio frecuentado) se convierte en una "cafetería transicional"[50].

De poco sirve enseñar habilidades cognitivo-conductuales acerca de cómo comportarse en una cafetería, pagar la cuenta, etcétera, si se desatienden estos procesos vinculares que conforman el sentimiento de pertenencia ("mi Acompañante", "mi cafetería" y "yo como cliente de la cafetería").

Por otra parte, sobre todo con los casos graves, suele ser difícil sostener la circulación por los distintos espacios comunitarios, en parte debido a que "la enfermedad mental consiste en no ser capaz de encontrar a nadie que pueda soportarnos" (Rickman, citado por Winnicott, 1965, 266).

Esto, que suena irónico pero resulta trágico, apunta hacia la tarea de contribuir a que la circulación del paciente por el contexto comunitario resulte *soportable* (y productiva), tanto para dicho contexto como para el paciente. En mayor o menor medida, según el caso, al Acompañante le corresponde cumplir una función de Yo e incluso de Superyo auxiliar, en el sentido de evitar o impedir situaciones ansiógenas y traumáticas, auto y heterodestructivas.

Por ejemplo: una paciente esquizofrénica grave solía ir a una zona de Madrid frecuentada por drogadictos, exponiéndose a situaciones violentas que, sobre todo en uno de los encuentros, estuvieron a punto de producirse. En este tipo de situaciones, la intervención puede consistir (y así fue en este caso) en instituir "lugares prohibidos". En este caso, el aspecto espacial del encuadre se define en función de los lugares a los que no se acude, dado que pueden resultar intrusivos o traumáticos (ver también los planteamientos acerca de la función de interdicción: 7.5.1 *infra*).

Si bien es común observar, en el contexto comunitario, una serie de actitudes negativas y alienantes hacia las personas con psicosis, también es cierto que una y otra vez las personas del contexto comunitario pueden intervenir en beneficio de la Tarea, lo cual se ve facilitado por un encuadre abierto hacia dentro.

---

[50] He adoptado la cafetería como ejemplo debido a que suele ser un lugar muy frecuentado en los Acompañamientos.

Por ejemplo: imagínese a un paciente que ha perdido los límites de la convivencia social, de modo que el camarero le echa de la cafetería. Quizá se trate de una situación aislada, y el Acompañante puede operar como una especie de intermediario que "apacigüe los ánimos" y posibilite la reconciliación. Este sería otro ejemplo de apoyo *yoico*, en el sentido de sostener la (in)capacidad de reparar del paciente.

Por otra parte, puede que últimamente el paciente anduvo "saltándose los límites" en demasía, y la actitud del camarero le propició la oportunidad de experimentar una situación en la que hay límites. Ello no deja de ser una "intervención" realizada desde el "encuadre" comunitario, es decir, desde las leyes y normas que rigen el convivio social, y que en algunos casos, no están instituidas en el contexto familiar del paciente.

Los familiares del psicótico suelen "acostumbrarse" a las "locuras disruptivas" y estereotipias del paciente (así como a las propias); de modo que, aquello que se considera absurdo, disruptivo y patológico, se percibe como algo "natural". A este fenómeno lo denominaré "síndrome del acostumbramiento".

Más allá del ámbito familiar, en el contexto comunitario es común observar las manifestaciones de este "síndrome", sobre todo en aquellas personas que comparten situaciones cotidianas con el psicótico (portero, camarero, etc.), incluido el Acompañante Terapéutico.

Una de las características del "síndrome del acostumbramiento" consiste en relacionarse con el psicótico como si éste estuviese al margen de las relaciones legisladas.

Si el neurótico enferma al encontrarse demasiado sometido a leyes y normas (represión, Superyo), el psicótico enferma por no poder reconocerlas, en parte debido a que no se le reconoce como perteneciendo al orden de las relaciones sociales legisladas.

La inestabilidad intrapsíquica, junto con la falta de referencias externas legisladoras, intensifican el estado de caos, pulsiones sin sujeto y desorganización del individuo, así como las actuaciones antisociales que realiza a modo de demanda.

En cierta medida, las leyes y normas sociales "atraviesan" al sujeto sin tocarle, o solo le tocan en situaciones extremas; por ejemplo, cuando el camarero le echa a gritos o empujones. Cuando las actuaciones antisociales sobrepasan cierto nivel de tolerancia, pueden provocar el ingreso psiquiátrico involuntario o la intervención de la policía. Conviene no perder de vista el efecto apaciguante que ello puede producir. Ante la falta de una ley humanizante y comunitaria que ampare al individuo, la intervención de la policía cumple la función de amparo concreto. Es, como mínimo, un mal menor... aunque malamente, por lo menos intervino de algún modo la función paterna.

Más allá de que determinadas reacciones sociales deriven de un nivel de tolerancia demasiado bajo, también cabe tener en cuenta que la tolerancia excesiva, derivada en parte del "síndrome del acostumbramiento", acaba siendo un gesto de exclusión y desamparo que contribuye a que el sujeto no se sienta "ciudadano del mundo", amparado por las leyes y normas que amparan y rigen las relaciones sociales[51].

A modo de ilustración, la secuencia sería: 1) en el hogar familiar, se han acostumbrado a que el paciente escupa en el suelo; 2) ello le resulta absurdo al Acompañante, pero con el tiempo tiende a acostumbrarse; 3) en los encuentros, el paciente escupe en el suelo de la cafetería; pero el camarero, así como el Acompañante, hacen como que no lo ven, o también se acostumbran; 4) entonces los escupitajos empiezan a acercarse más y más a los cuerpos de los demás clientes; 5) hasta que, por fin, el camarero (o algún cliente) decide poner fin a esta situación.

Por lo tanto, cuando el camarero *echa* al paciente de la cafetería, puede que esté contribuyendo a su *inserción* en lo social, en algo que es del orden de las relaciones legisladas[52].

Ante la actitud del camarero, el Acompañante puede percatarse de que no estaba brindando la reciedumbre y límites que la condición psíquica y conducta del paciente demandaban. En este caso, el Acompañante no tiene que avergonzarse por tomar al camarero como "modelo de identificación".

No es poco frecuente que las reacciones de las personas del contexto comunitario operen en calidad de tercero o función paterna; una terceidad que, al no estar tan "acostumbrada" a las estereotipias y locuras disruptivas del paciente, puede contribuir a que el Acompañante se desmarque del "síndrome del acostumbramiento".

---

[51] El "síndrome del acostumbramiento" no es algo necesariamente negativo. En determinados momentos de la relación terapéutica, forma parte de los procesos que constituyen la paradoja de la actuación contratransferencial. Será algo negativo si el Acompañante no puede "desacostumbrarse" poco a poco y desmarcarse.

[52] De forma análoga, cuando se "echa" al niño de la relación fusional y edípica, se está contribuyendo a su inserción en lo social desde la institución de relaciones legisladas, es decir: se trata de una *exclusión* que *inserta*, o de una *prohibición* que *autoriza* (vid. Green, en AAVV, 1970, 71-77).

En un nivel más abstracto, ello tiene que ver con que "en algún nivel, la calle nos acecha, pudiendo cumplir el papel del otro que mira" (Caiaffa, en AAVV, 1991, 98; trad. LDM)... y que, además de "mirar", a veces incluso "interviene".

Por todo ello, también la importancia de un encuadre abierto que facilite estas experiencias que contribuyen a la integración del paciente en el contexto comunitario, con todos los beneficios psíquicos que ello conlleva.

5.3 TIEMPO

En el momento del contrato suelen establecerse horarios fijos (días de la semana, número de horas). A diferencia de lo que pasa en psicoterapia (sesiones de 45/50 minutos), en Acompañamiento Terapéutico no hay un tiempo *standard* establecido a *priori*. Las particularidades de cada caso brindan los indicios para encuadrar la cantidad de encuentros semanales, así como la duración de los encuentros. Estas particularidades tienen que ver con la gravedad del caso, si el paciente frecuenta otros recursos terapéuticos y rehabilitadores, si realiza actividades y mantiene relaciones sociales (amistades, etc.), la tendencia al aislamiento psicosocial y a rechazar cualquier tipo de vínculo, etc.

Por otra parte, tengo conocimiento de algunos casos en los que no se establecen horarios fijos; por ejemplo, cuando el profesional es contratado por una institución para brindar apoyo psicosocial a los pacientes que lo necesiten en situaciones puntuales. Aquí sería conveniente diferenciar entre *Método del Acompañamiento Terapéutico* (horarios fijos) y *Función de Acompañamiento (apoyos ocasionales en situaciones puntuales)*, entre otras cosas debido a que el hecho de que haya, o no, una delimitación fija de los horarios, supone unas diferencias significativas en el desarrollo del vínculo, así como en los esquemas de referencia para pensar e intervenir (ver a continuación). Diría incluso que no existe Acompañamiento Terapéutico (aunque sí Función de Acompañamiento) sin un encuadre temporal.

En este contexto, adoptaré como referencia Acompañamientos Terapéuticos privados con horarios fijos, con una duración de entre dos y tres horas cada encuentro. En los Acompañamientos intensivos (en casos muy graves, momentos de crisis) los encuentros pueden ser mucho más largos y (casi) diarios. Incluso se habla de "internación domiciliaria" (Pulice y Rossi, 1994,21).

Sin embargo, considero que, si un paciente necesita demasiadas horas de Acompañamiento, posiblemente necesita más bien una contención institucional (hospital de día, ingreso). La idea generalizada de que el ingreso psiquiátrico es perjudicial puede conducir a situaciones que resultan extremadamente ansiógenas para el paciente y su familia, para los profesionales en general y, sobre todo, para los Acompañantes. Hay situaciones en que lo más conveniente *para todos* es hacer el ingreso y a la vez empezar el Acompañamiento Terapéutico.

5.3.1 Manejo flexible o estricto de los horarios

Las particularidades de cada caso y situación, pensadas desde un marco teórico general y la estrategia del tratamiento, brindan indicios a la hora de decidir si adoptar una actitud más flexible o estricta en lo que respecta al cumplimiento de los horarios pactados (dando por sentado que la puntualidad estricta, al comienzo de los encuentros, *siempre* será la actitud más favorable).

No es poco frecuente, sobre todo al comienzo, que el acompañado quiera interrumpir el encuentro antes de la hora pactada. Si bien cierto grado de flexibilidad puede resultar favorable en determinados casos y situaciones, por lo menos al comienzo, en otros, los fallos significativos en el *cumplimiento* y sobre todo en el *establecimiento* del encuadre suelen incrementar las ansiedades confusionales y persecutorias, así como las defensas en el paciente (y sus familiares). También el Acompañante puede sentirse más afectado en este sentido, debido a que no dispone de referencias (en este caso temporales) para pensar e intervenir.

En términos generales, diría que en determinadas situaciones puede haber flexibilidad en lo que se refiere al *cumplimiento* del encuadre, pero en todo caso esta flexibilidad dinámica debe tener lugar sobre la base de un marco estable, que es la delimitación temporal fija (y demás condiciones) establecida en el contrato.

La delimitación temporal fija es lo que posibilita hablar de interrupción anticipada o alargamiento del encuentro, y desde ahí llevar a cabo un análisis del vínculo y cuestionar: ¿se trató de una manipulación del paciente o de una reacción ante una actitud intrusiva del Acompañante? ¿La interrupción anticipada se debió al nivel de ansiedad, o más bien el paciente estaba poniendo el Acompañante a prueba? ¿El alargamiento de los encuentros se debe a que hay una situación de "enamoramiento" entre Acompañante y acompañado, de modo que les cuesta separarse? ¿El paciente no tiene noción de temporalidad y necesita que el Acompañante funcione como una especie de "yo auxiliar temporal"? ¿los intentos por parte del paciente y la familia, de que no se cumpla el horario pactado, tienen que ver con movimientos de borrar el talante profesional y terapéutico de la relación? (ver próximos apartados).

Esta posibilidad de *pensar el vínculo desde el encuadre* brinda los indicios para decidir el rumbo y talante de las intervenciones, incluyendo las decisiones acerca de si adoptar una actitud más estricta o flexible en lo que respecta al *cumplimiento* del encuadre. También brinda referencias para reencuadrar (ampliar o disminuir la duración de los encuentros). Por lo tanto, esta posibilidad de pensar desde el aspecto temporal del encuadre será uno de los factores decisivos para discriminar entre Acompañamiento Terapéutico y Función de Acompañamiento.

En algunos casos, sobre todo al comienzo, la presencia del Acompañante puede resultar ansiógena para el paciente. Partiendo de que una de las principales tareas consiste en mantener las angustias primitivas a raya, en determinadas situaciones está clínicamente justificado renunciar a cumplir con un aspecto formal del encuadre (horario establecido). Esta flexibilidad se justifica en la medida en que, con ello, el Acompañante está adoptando una actitud mental y conductual adaptativa y no ansiógena (en lo que respecta a las contraindicaciones de este principio de flexibilidad, ver a continuación).

Desde el análisis de la situación, se puede decidir por reencuadrar, o no, la duración de los encuentros. Por ejemplo, en pacientes con alto nivel de aislamiento, sobre todo al comienzo puede ser excesivo un encuadre de encuentros de tres horas o incluso de dos; de modo que puede ser conveniente reencuadrar y empezar con encuentros cortos, o bien mantener el encuadre pero sin un forzamiento para que se cumpla estrictamente, por lo menos durante un tiempo.

El principio de flexibilidad se aplica sobre todo en situaciones puntuales y transitorias, y en casos excepcionales. Como regla general, abogo por el establecimiento y cumplimiento estricto (que no rígido) de los horarios pactados[53].

Entre otras cosas, el cumplimiento estricto de los horarios puede contribuir a contrarrestar, encuadrar o acotar la atemporalidad y el talante absoluto-terrorífico del proceso primario no mediatizado. Desde este punto de vista, el encuadre cumple la función del tercero que instaura los atravesamientos apaciguantes del proceso secundario y del principio de realidad. Además, también contribuye a sostener las paradojas propias del Acompañamiento Terapéutico. En lo que respecta a la "Amistad Profesional", el Acompañante tiene un mayor margen de espontaneidad y cercanía afectiva en parte debido a que el talante profesional queda representado por la duración del encuentro. Es como si Acompañante y acompañado dijeran:

---

[53] El manejo estricto del encuadre no va en contra de que Acompañante y acompañado pacten cambios puntuales de horario para facilitar la consecución de la Tarea (actividades, acompañamientos a citas etc.)

"podemos estar aquí jugando como dos amigos, pero solo durante las dos horas que dura el encuentro". En otros términos, pueden juguetear como la bandera al viento, gracias a que hay un mástil que limita y a la vez posibilita el juego.

Por otra parte, a veces ocurre que el paciente "decide" hablar de determinado tema cuando quedan unos pocos minutos para finalizar el encuentro, en cuyo caso, quizá el mensaje implícito sea: "puedo hablar de ello durante cinco minutos"; de modo que el alargamiento del encuentro podría resultar ansiógeno (aunque no necesariamente).

5.3.2 Tiempo, dinero, amor y odio

Hay Acompañamientos en los que las características del vínculo tienden a fomentar el alargamiento de los encuentros más allá del horario pactado. Para resumir una de estas "características del vínculo", basta con señalar que, en el "I Encuentro de Acompañantes Terapéuticos de São Paulo", Farneda (1989) presentó un trabajo titulado "Consideraciones sobre la pasión en el Acompañamiento Terapéutico de psicóticos".

La fascinación mutua entre Acompañante y acompañado es un fenómeno frecuente. Bien administrada, esta fascinación puede ser un factor positivo, por ejemplo, en el proceso de narcisización del paciente… y del Acompañante.

Las personas con psicosis (al "igual" que los bebés y niños) tienen un gran poder de fascinar. Se trata de algo más primario que la intencionalidad (a veces no consciente) de seducir para resultar fascinante, o de fascinar para conquistar al otro.

En la psicosis, considero que este poder espontáneo de fascinar deriva, entre otras cosas, de la necesidad primaria de ser narcisizado por el otro. Pero este fenómeno vincular se procesa más bien en el otro. No se trata tanto de que el psicótico fascine al neurótico, sino más bien de que al neurótico el psicótico le resulta fascinante; fascinación que parece derivar, entre otras cosas, de aquello que el neurótico proyecta en esta "pantalla" que es el funcionamiento psíquico en la psicosis.

Sin embargo (y eso los psicóticos y sus figuras maternas lo demuestran), hay fascinaciones que aniquilan, que empiezan con plenitud y culminan a golpe de angustia impensable; de modo que conviene acotar la fascinación mediante una delimitación temporal. En cierta ocasión, en un encuentro de tres horas con un paciente con esquizofrenia, este dijo: "¿y si nos quedamos todo el día juntos?… ah, no; eso es enfermedad, ¿verdad?" (SIC).

Aquí el mismo paciente marca la función del encuadre. Fascinación sí, pero solo durante las tres horas pactadas. Ello supone un acotamiento de la fascinación, dado que marca el talante profesional de la relación, la finitud de estos momentos que saben a eternidad, la separabilidad en vínculos que huelen a dualidad fusional no mediatizada. Este acotamiento produce un efecto ansiolítico, dado que discrimina entre la fascinación estructurante y la patógena. Además, como señalaba, posibilita sostener las paradojas propias del Acompañamiento Terapéutico.

A la vez que acota la fascinación, el encuadre enmarca y sostiene una actitud mental y conductual que expresa el "amor profesional" del Acompañante. Al igual que el amor de transferencia, el amor profesional es amor genuino fomentado por la fascinación y acotado por el encuadre y la actitud profesional.

La situación teórica ideal sería: "fascinación acotada por una delimitación temporal" (cumplimiento del encuadre). Sin embargo, el ideal solo es una referencia (a veces tan fascinante que uno lo confunde con los hechos), una guía para el desarrollo de un proceso. Posiblemente el no cumplimiento de este ideal, cuando el Acompañante permite (dentro de unos límites) el alargamiento de los encuentros, ejerza también una función positiva, por lo menos en algunos casos y momentos del proceso terapéutico.

Algunos pacientes pueden llegar a "entender" que la interrupción del encuentro a la hora pactada sea la expresión del "amor profesional y condicional" del Acompañante, su forma de cuidarle. Sin embargo, pacientes que funcionan a niveles más primarios pueden necesitar recibir muestras concretas de un amor incondicional.

No se trata de brindar el amor y devoción verdaderamente incondicionales que brinda la madre al comienzo del desarrollo, sino un "amor incondicional profesional", es decir, que a la vez es condicional (paradoja). Lo incondicional queda representado por el tiempo extra concedido, mientras lo condicional se expresa en el hecho de que se trata de una concesión limitada (no van a pasar todo el día juntos). Además, el Acompañante cobrará honorarios extras (si el Acompañamiento es privado) o bien ese tiempo de más se descontará en el siguiente encuentro.

En este punto suelen producirse dos fenómenos interesantes, a saber: 1) En algunos casos, en Acompañamientos privados el Acompañante suele sentir un mayor o menor grado de "pudor" a la hora de cobrar tales honorarios; como si ello "ensuciara" o "desvirtuara" la ilusión de amor incondicional. 2) A su vez, ello encuentra su correspondiente en que el paciente da muestras de no querer saber nada sobre estos asuntos económicos, lo cual se ve facilitado por el hecho de que suelen ser los familiares los que se hacen cargo de los pagos. Es decir que, en mayor o menor medida, el "pudor" del Acompañante puede estar motivado por la necesidad del paciente de preservar la ilusión de amor incondicional ("ilusión" en el sentido de necesidad psíquica, y no de defensa).

Lo cierto es que entre familiares, Acompañante y paciente, se encargan de que el tema del dinero se quede oculto, aunque solo sea a modo de saber disociado o no pensado (un "saber que no se sabe"). El Acompañante debe ser capaz de tolerar esta etapa, sin forzar la explicitación del tema, pero manteniendo una atención flotante en lo que respecta a posibles señales que indiquen que su acompañado empieza a estar preparado para saber lo que ya sabía.

Suele ser un momento importante del proceso cuando este "tipo de paciente" da muestras (a veces involuntarias) de por fin querer enterarse del tema de los honorarios; o bien el Acompañante se siente más cómodo y encuentra una forma de explicitar el tema.

Todo ello apunta hacia una evolución importante: el paciente empieza a estar preparado para tramitar el amor condicional, lo cual tiende a ampliar su ámbito de relaciones sociales. En la relación terapéutica, esta inserción en el ámbito del amor condicional (función paterna) implica, a su vez, la inserción en el ámbito del odio y la ambivalencia.

Por ejemplo: Carlos solía quedarse dormido y, en algunas ocasiones, se despertaba hacia el final del encuentro solicitando que me quedara media hora más, debido a que "tengo que hablarte de algo muy importante" (SIC). Ante mi negativa, daba muestras de desilusión y protestaba diciendo que no me interesaba por sus asuntos. Esta dinámica estaba estrechamente relacionada con que, hiciese lo que hiciese, durante *todo el tiempo* Carlos siempre tenía a alguien disponible para atenderle, ya sea un familiar o empleados de la casa. Al comienzo de la relación terapéutica, le brindé una dosis considerable de amor incondicional profesional, pero en la medida en que el vínculo se fue consolidando, empecé a introducir condiciones.

En su artículo sobre "El odio en la contratransferencia", Winnicott (1958) hace referencia al proceso de desilusión (función paterna) en el desarrollo emocional y en la clínica. Sobre todo, en el tratamiento de pacientes graves, afirma que invariablemente el terapeuta se verá envuelto con cuestiones relativas a su odio hacia el paciente. Por otra parte, da una serie de motivos por los cuales el odio no es expresado de forma directa ni perjudicial, a veces ni siquiera sentido por el terapeuta. Entre otras cosas, dice que "El odio es expresado por la existencia del final de la sesión" (*ibídem*, 270). En otro lugar, al hablar de la labor del trabajador social, Winnicott hace un comentario que resulta ser un resumen bastante preciso de la relación entre encuadre y odio profesional: "La asistencia social es una labor profesional, y lo que se discute es la motivación que rige en la limitada esfera de la relación del trabajador social con una situación-demanda. Ciertamente puede sostenerse que el amor es necesario; esta tarea no podría llevarse a cabo a partir del odio. No obstante, el odio del asistente social está contenido en la estructura de la relación profesional, su naturaleza finita, el hecho de que se le pague por ello, etc. [...] El odio no está ausente, sino que está sublimado". (Winnicott, 1987b, 227s)

El cumplimiento del encuadre, en cuanto representante de la función paterna que opera a modo de "corte" (finitud, acotamiento), está motivado por el odio profesional.

Se trata de intervenir *desde* el odio, lo cual es distinto de intervenir *con* odio.

En este sentido, recuérdese que el "motor" del proceso de desilusión es el odio ambivalente de la figura materna.

En el caso de Carlos, las interminables horas que le acompañé mientras dormía, así como sus rasgos "psicopáticos", han producido en mí intensos sentimientos contratransferenciales de odio. Aquí, el cumplimiento del horario de finalización posibilitaba al Acompañante ventilar su odio y así no tener que "asesinar" a Carlos de vez en cuando. Por otra parte, en la medida en que este odio pudo ser administrado en el ámbito del encuadre terapéutico (no concederle media hora más, entre otras cosas), el paciente pudo sacar provecho de ello, en el sentido de que poco a poco "comprendió" que, si quería hablar, no podía estar durmiendo durante todo el encuentro. A esto se le podría denominar "odio profesional": es odio legítimo y genuino, pero mediatizado por el encuadre y al servicio de la tarea. Clínicamente, se trata de un odio que cuida y enseña a odiar apropiadamente. "De un paciente psicótico sometido a análisis no cabe esperar que tolere su odio hacia el analista a menos que este sea capaz de odiarle a él". (Winnicott, 1958, 278)

Carlos solía tener una actitud extremadamente amable y era incapaz de manifestar enfado, a la vez que presentaba una serie de conductas agresivas disociadas. También solía "tener la sensación" (SIC) de que se golpeaba la cara, le aplicaban electroshock, etc.

Esta incapacidad para odiar encontraba su correspondiente sobre todo en la madre, quien no podía acceder a la ambivalencia y poner su odio al servicio del proceso de desilusión. Al no poder odiar apropiadamente, esta madre no podía desilusionar a Carlos, de modo que este no podía encontrar en ella esta clase de actitud (retirada materna) que posibilita tener motivos objetivos para odiar al objeto y luego integrar en él los sentimientos ambivalentes de amor y odio. El padre tampoco aportaba la necesaria función paterna. Al carecer de "motivos objetivos" para odiar, este "odio sin sujeto ni objeto" quedaba disociado y aparecía bajo la forma de síntoma (sensación de golpearse la cara, etc.).

En términos temporales, paradójicamente diría que, debido a que "siempre" estaba atendido, este paciente "nunca" se sentía atendido, dado que solo podía sentirse atendido por un objeto ausente, en la medida misma en que Carlos necesitaba esa "presencia de la ausencia" que brinda "motivos objetivos" para odiar.

Cuando Carlos proponía alargar el encuentro, podría pensarse que estaba demandando la "presencia de la ausencia" del Acompañante. Si este último se quedaba media hora más (lo cual llegó a ocurrir), aquel "tengo que hablarte de algo muy importante" (SIC) se convertía en nada, dado que lo importante era tener una delimitación temporal lo más precisa posible de la presencia/ausencia del Acompañante (lo cual operaba también a modo de atravesamiento del proceso secundario, temporalidad).

En la evolución de este proceso fue posible observar la creciente capacidad de Carlos para enfadarse y manifestar su enfado, lo cual vino acompañado de una disminución de la sintomatología y una ampliación de sus actividades sociales y culturales.

Si el manejo estricto de la finalización de los encuentros puede aparecer como siendo la manifestación del odio profesional, por otra parte, el manejo estricto de determinados aspectos del encuadre apunta más bien hacia el amor profesional del Acompañante Terapéutico.

Las intervenciones tipo retirada materna producían en Carlos intensos sentimientos de duda (transferencial) acerca del amor del Acompañante hacia él. A la sazón había establecido una "transferencia idealizadora" (Kohut, 1971) y constantemente preguntaba si yo le quería[54].

En ningún momento le di una respuesta verbal a esta pregunta, dado que las respuestas a sus preguntas solían intensificar su angustia y dudas. Además, los vínculos afectivos en esta familia tenían como características básicas la viscosidad,

---

[54] Aquí el cumplimiento de la hora de finalización de los encuentros también contribuía a acotar y modular la idealización-fascinación hacia el Acompañante. Sin esta modulación, estos procesos estructurantes hubiesen podido convertirse más bien en obstáculo al proceso terapéutico.

el intrusismo y la imprevisibilidad; de modo que Carlos temía el amor del otro en la medida en que este constantemente amenazaba con aniquilar su ya frágil sentimiento de individualidad[55].

Por otra parte, en cierta ocasión Carlos dijo: "ya no preguntaré si me quieres, ¿sabes por qué?, porque sé que me quieres; porque siempre cumples con lo que quedamos, eres puntual: si dices que me vas a esperar en determinado lugar, a determinada hora, lo haces" (SIC). En definitiva, la puntualidad, devoción, cumplimiento estricto de lo acordado, etcétera, eran experienciados por Carlos como la manifestación del amor del Acompañante hacia él.

Desde luego, la duda acerca del amor del otro nunca se diluye del todo, pero queda mediatizada por una referencia que contribuye a tramitarla de una forma estructurante, o por lo menos no tan patológica.

En este caso, en un primer momento operé más bien con un manejo relativamente flexible del encuadre. En la medida en que el vínculo se consolidaba, el desarrollo de la relación demandó un manejo más estricto (en mi experiencia profesional, ha sido el caso en que tuve que adoptar la actitud más estricta). Todo ello representaba y era experienciado como la manifestación del amor y el odio profesionales del Acompañante, lo cual parece haber potenciado la capacidad de Carlos para la ambivalencia. Ello supuso una disminución de la sintomatología paranoide, la ampliación de su círculo de relaciones interpersonales, etc.

---

[55] No se trata de establecer una *regla* según la cual el Acompañante debe *abstenerse* de decir "te quiero" al paciente, sino de que, *debido a las particularidades de este caso*, opté por no decirlo.

CAPÍTULO 6

ACCIÓN INTERPRETATIVA

CAPÍTULO 6

ACCIÓN INTERPRETATIVA

En términos generales, y en el ámbito de los autores aquí utilizados, la discusión acerca de la interpretación verbal en el tratamiento psicoanalítico de la psicosis gira alrededor de dos posturas distintas. Por un lado, están Bion y Rosenfeld, quienes defienden el mantenimiento de la técnica psicoanalítica "clásica" (empleada con neuróticos) y el empleo sistemático de interpretaciones. Por otro lado, estarían Winnicott y Searles, para los cuales no hay que rechazar la posibilidad de interpretar, pero sí relativizar e incluso evitar el uso de la interpretación (sobre todo la transferencial e histórica) según el diagnóstico, la gravedad del caso, el momento del tratamiento y de la relación transferencial, etc.

Incluso sin entrar en el campo específico del Acompañamiento Terapéutico, resulta difícil encauzar esta discusión, en parte debido a que no hay una definición unívoca del concepto de interpretación y menos aún en lo que al tratamiento de la psicosis se refiere. No solo cada escuela, sino también diferentes autores de una misma escuela emplean el término con diferentes sentidos.

Es importante tener en cuenta estos dilemas en el seno de los debates psicoanalíticos, debido a que todo ello aparece reflejado en las discusiones acerca de la interpretación en Acompañamiento Terapéutico. En este ámbito suele haber la tendencia a tomar como referencia la labor del analista *de pacientes neuróticos*, y desde ahí concluir que al Acompañante Terapéutico *de pacientes psicóticos* no le corresponde interpretar. Así vistas las cosas, la discusión estaría sentenciada.

Una serie de situaciones clínicas y reflexiones evidencian que esta fórmula dicotómica ("psicoanalista interpreta" *versus* "Acompañante no interpreta") resulta insatisfactoria y no da cuenta de una serie de intervenciones que, si bien no son interpretaciones en el sentido "clásico" del término, sí pueden considerarse intervenciones interpretativas.

Desde la perspectiva aquí adoptada (en consonancia con los planteamientos de Winnicott), la limitación en lo que respecta al empleo sistemático de interpretaciones se impone en primera instancia en función de la condición psíquica en la psicosis. Por tanto, esta limitación se impone (aunque a diferentes niveles) tanto al analista cuanto al Acompañante, con la diferencia de que este último opera además desde una estrategia clínico-asistencial (Clínica de lo Cotidiano). En otros términos: "Del trabajo social el psicoanalista puede aprender (entre otras cosas) que la interpretación no es la parte más importante de la labor en aquellos casos en que la falla ambiental tiene un papel comparativamente preponderante en la etiología" (Winnicott, 1987b, 229).

A su vez, esta limitación en lo que respecta al empleo de la interpretación va a depender de la noción de interpretación con que se opera (y es importante destacar que en sus escritos y conferencias Winnicott estaba dialogando, y haciendo crítica de la noción kleiniana sobre la interpretación sistemática de la transferencia).

Cuando en São Paulo se realizó el "I Encuentro de Acompañantes Terapéuticos" (1989), se empezó discutiendo si el Acompañante interpreta, pero enseguida se impuso la cuestión de si en el trabajo con la psicosis se debe interpretar en los términos clásicos de hacer consciente lo inconsciente, cómo interpretar y, en definitiva, qué es una interpretación (cf. AAVV, 1991, 85ss).

En aquel "Encuentro" la psicoanalista Mirian Chnaiderman comentó: "Creo que nunca se va a llegar a una teoría global acerca de qué es acompañamiento terapéutico, si se interpreta o no se interpreta, o si se interviene de una u otra forma. Lo que nos interesa, aquí, es esto de tener que inventar cada momento; pero creo que hay momentos en los que, sí se interpreta. [...] Tenemos que pensar cómo cada uno entiende qué es una interpretación; porque si uno piensa la interpretación dentro de una Teoría de la Representación, de algo en el lugar de alguna cosa, etc., entonces yo creo que eso no tiene nada que ver; pero, para mí, la interpretación también es una intervención, y no solo en el sentido del movimiento. Creo que, de hecho, existe una laguna entre el análisis de psicóticos y neuróticos; pero, incluso en el trabajo con neuróticos, mi preocupación es que la interpretación sea una intervención y un acto, es decir, es en este sentido que yo creo que el acompañamiento terapéutico viene a explicitar cuestiones de mi práctica como analista. Pero estoy de acuerdo con que el psicoanálisis no da cuenta". (En AAVV, 1991, 86s; trad. LDM)

Para contribuir a discriminar entre intervenciones de distinto orden, sugiero diferenciar entre la interpretación (sustantivo) y lo interpretativo (adjetivo). En el Acompañamiento Terapéutico de personas con patologías psicóticas, en momentos puntuales se opera fundamentalmente con intervenciones interpretativas. Si bien mediante tales intervenciones interpretativas es posible operar en términos de *manejo de la transferencia*, por lo general no hay explicitación semántica de aspectos transferenciales. Lo interpretativo se formula fundamentalmente mediante *intervenciones escénicas o interactivas*, que pueden ser acciones concretas, verbales o pasivas.

Lo "interpretativo" será aquí el "apellido" de la intervención. Deriva del efecto (sostenedor, ansiolítico, de corte o desmarque) que la intervención produce en el paciente, y en cierta medida del hecho de que el Acompañante interpreta algo en su mente, pero lo formula en términos escénicos (y cuando digo "escénico" ello incluye evidentemente lo verbal).

Para prevenir contra posibles malentendidos, hay que adelantar que en ningún caso conviene que el Acompañante emplee lo interpretativo de forma sistemática. Ello iría en contra de los fundamentos de la Clínica de lo Cotidiano.

6.1 LO INTERPRETATIVO Y LOS INSTRUMENTOS DEL LENGUAJE

Lo interpretativo puede llevarse a cabo no solo a través de verbalizaciones, sino también mediante acciones o actitudes que conllevan mensajes interpretativos.

Pensemos en un músico que *interpreta* una partitura. Por sí sola, la partitura no es más que un conjunto de líneas y manchas negras esparcidas sobre el papel (objetos parciales, anarquía psíquica). Con el acercamiento del músico, estas manchas negras pasan a ser *signos* en la medida en que el músico es capaz de *leerlas*, es decir, establecer un orden relacional y temporal (ritmo, compás), nombrarlas, etc. Esta posibilidad de leer la partitura sería lo "equivalente" a *la interpretación que el Acompañante formula en su mente*.

Entre dicha interpretación-lectura (mental) y la que se formula al paciente, hay un trámite fundamental, que para el músico sería el empleo de un instrumento para *ejecutar* la interpretación (tarea que también incluye su *participación afectiva*).

El que escucha la interpretación no necesita entender absolutamente nada acerca de los procesos implicados en la interpretación-lectura para *"entender"*, *sentir* la música.

Imaginemos ahora que la partitura es lo que trae el paciente. En la neurosis diría que hay una partitura en la que no todos los signos y notas están presentes (represión), pero los que están informan acerca de los que no están (lapsus, sueños, asociación libre).

En cambio, sobre todo en la patología psicótica grave, habría que hablar de una partitura despedazada, sin tiempo ni pautas (objetos parciales, indiscriminación, dualidad escindida, anarquía psíquica). A esta partitura "no le falta nada" (debido al menoscabo de la represión primaria), pero tampoco es posible hacer música desde ella, dado que no hay orden posible de relación entre las manchas negras esparcidas sobre los trozos de papel. Se trata de una "partitura potencial".

En el peor de los casos, la existencia psicótica puede desarrollarse a modo de una partitura que no llega a convertirse en música: solo suena a modo de estruendo y ruido de interferencia. En el mejor de los casos, salta a la vista la singularidad y creatividad que puede generarse desde esta partitura potencial.

Más allá de la interpretación que el Acompañante formula en su mente, habría que preguntar, en cada caso y situación, cuáles son los instrumentos más apropiados para hacer llegar el mensaje al paciente y para que sea posible componer musicalidades desde su partitura potencial.

Diría que hay música con letra y música instrumental; es decir, a partir de una partitura potencial es posible componer musicalidades con instrumentos verbales y no verbales. Además, hay una serie de puntos intermedios, dado que la voz puede hacer de instrumento. Tales sonidos verbales (por ejemplo, un "la, la, la") no encierran ningún significado semántico, pero posibilitan significar la partitura, hacer sonar alguna musicalidad.

Aquí se abre un amplio abanico de posibles instrumentos para componer musicalidades, que pasa por los instrumentos de percusión (es decir, el lenguaje no verbal) y de viento (pre-verbal), el "la, la, la" (verbal sin significado semántico) y el contenido semántico de las canciones. En términos clínicos, este abanico de posibilidades se manifiesta a través de interacciones verbales y no verbales cotidianas, a las que en determinadas situaciones conviene denominar Acción Interpretativa.

6.2 ACCIÓN INTERPRETATIVA

Nos expresamos en sílabas que surgen desde el suelo,
expresándonos en un discurso que no hablamos.

(Wallace Stevens, citado por Ogden, 1994)

Es común pensar acerca del Acompañamiento Terapéutico en términos de contribuir a la *construcción de escenas* en las que el paciente pueda "engancharse", comunicarse, establecer vínculos afectivos con lugares y personas, crear etc. Porto y Sereno dicen que: "El acompañante interpreta al sujeto en los momentos en que el montaje de esta escena se interrumpe y exige su intervención a través de acciones, que posibiliten salidas liberadoras hacia el flujo de su construcción [...]. Muchas veces la "interpretación" se hace a través de un gesto que complementa activamente lo que se está haciendo, y que libera al sujeto para seguir acercándose a la escena imaginada". (Porto y Sereno, en AAVV, 1991, 29; trad. LDM)

La cita sirve para advertir que en ningún caso se trata de emplear acciones interpretativas de forma sistemática, dado que ello iría en contra de los fundamentos de la Clínica de lo Cotidiano. La acción interpretativa se emplea fundamentalmente en situaciones puntuales que bloquean o dificultan la Tarea y el flujo escénico del Acompañamiento Terapéutico.

La *palabra* no tiene el monopolio del *lenguaje*, de modo que una conceptualización del lenguaje en términos de acción también resulta fundamental en el tratamiento de pacientes neuróticos. En un artículo titulado "El concepto de acción interpretativa", Ogden (1994) señala que se ha investigado poco acerca de las interpretaciones transmitidas al analizando mediante las acciones del analista, y añade que: "La acción interpretativa no es un evento analítico excepcional, sino simplemente parte de la estructura del trabajo interpretativo común." (*ibídem*, 498)[56].

Aunque Ogden se refiere fundamentalmente al psicoanálisis de neuróticos, sus formulaciones sirven como punto de partida para pensar acerca del Acompañamiento a personas con patologías psicóticas graves. En la introducción de su artículo sobre "El concepto de acción interpretativa" dice: "Se entiende por acción interpretativa el uso de la acción (diferente al discurso verbal simbólico) por parte del analista para transmitir al analizando aspectos específicos de su comprensión de la transferencia-contratransferencia que, en determinada coyuntura del análisis, no pueden ser solo transmitidos a través del contenido semántico de las palabras. Una interpretación-en-la-acción deriva su sentido simbólico específico del contexto experiencial de la intersubjetividad analítica en el que es generada. Simultáneamente, la comprensión de la transferencia-contratransferencia transmitida por la acción interpretativa del analista debe ser pensada silenciosamente en palabras por el analista". (Ogden, 1994, 495)

---

[56] Hasta donde he podido investigar, la utilización del término "acción interpretativa" por Ogden y Acompañantes debe considerarse pura coincidencia. No hay ninguna referencia indicando que los Acompañantes hayan tomado este término del artículo de Ogden. Su artículo es de 1994, y a mediados de los años 80, entre los Acompañantes ya hablábamos de acción interpretativa (aunque parece no haber ningún artículo que desarrolle este concepto). En el desarrollo de lo que expondré a continuación, conviene decir que solo recientemente he tenido acceso a los artículos de Ogden y Racamier. No se trata de salvaguardar la originalidad, sino de destacar que esta convergencia teórica "casual" resulta significativa; es decir, que parece haber un movimiento contemporáneo de reconocimiento de diversos niveles de comunicación, lo cual supone cierto desmarque respecto al modelo psicoanalítico más tradicional, centrado casi exclusivamente en el enfoque verbal-interpretativo (ver sobre todo Nasio, s.a.; Racamier, 1980; Searles, 1966; Stern, 1985; Stern y otros, 1998).

La cita resulta ser un resumen bastante preciso de lo anteriormente expuesto, y revela lo que quizá sea lo más importante que pueda decirse acerca de la acción interpretativa; de modo que, a lo largo del artículo, Ogden se dedica fundamentalmente a describir tres viñetas clínicas que ilustran este concepto.

Conviene aclarar que no siempre el pensar "silenciosamente en palabras" es previo a la formulación de la acción interpretativa. Muchas veces tales acciones surgen espontáneamente y de forma no planificada; son *insigths* del terapeuta, y solo *a posteriori* llega a establecer un hilo consciente de significado semántico.

Posiblemente una parte considerable de las intervenciones más potentes surgen de estos procesamientos a modo de *insigth* y posterior elaboración semántica. Es importante señalar esta cuestión debido a que, en los relatos clínicos, parece haber cierta tendencia a describir las intervenciones como siendo la explicitación de razonamientos conscientes del terapeuta, cuando en el momento de la intervención este conocimiento previo no existía o era precario (cf. *ibídem*, 516; Stern y otros, 1988).

Esta relativa ausencia de razonamiento previo no implica una anulación o menoscabo de la capacidad técnica del terapeuta, sino otra noción de técnica, que tiene que ver con el "método" (ver 3.4 *supra*).

A continuación, analizaré tres modalidades de acción interpretativa, que se manifiestan a través de: a) acción concreta; b) acción verbal y c) acción pasiva.

6.2.1 Acción concreta

Refiriéndose al tratamiento y cuidado del psicótico en un hospital de día, Racamier (1980) relata el caso de una persona con esquizofrenia que, siempre que se le presentaba la posibilidad de participar en una situación placentera y constructiva, actuaba de forma auto y heterodestructiva. Las intervenciones verbales no habían resultado, de modo que a Racamier (quien, al igual que Ogden, cita a Winnicott) se le ocurrió instituir una hucha en forma de cerdo "en la que el paciente echaría un óbolo cada vez que pasaba por un buen momento" (*ibídem*, 149). Por lo general, la cantidad del pago de tales penitencias se estimaba conjuntamente con el personal del hospital de día.

Esta intervención interactiva produjo resultados terapéuticos casi inmediatos, mejorando en términos generales el estado afectivo y conductual del paciente. Racamier comenta: "Se propone una acción, pero es una acción que habla. Conlleva un mensaje interpretativo: lo contiene, pero no lo formula. Y es una acción concreta. Así seguimos al paciente en su propio terreno, el de una concretización en la cual los contenidos psíquicos son actuados hacia afuera más que pensados desde dentro. Concreta, esta acción se materializa en el objeto tomado en el sentido habitual del término: una hucha, en mi ejemplo. El paciente podrá dotar a este objeto de una significación encarnada: símbolo a nuestros ojos y, más bien, presímbolo desde la óptica del paciente. Aquí, sin duda, el significado latente del cerdo era el de un receptáculo apto para contener las pulsiones del paciente". (Racamier, 1980, 151)

Ello apunta hacia la diferenciación entre significación (pre-simbólica, interactiva) y simbolización (intrapsíquica). Racamier dice que "seguimos al paciente en su propio terreno, el de una concretización en la cual los contenidos psíquicos son actuados hacia afuera más que pensados desde dentro" (*ibídem*). Diría que el sí-mismo del sujeto, así como sus necesidades psíquicas primitivas (tanto neuróticas como psicóticas) necesitan interacciones y objetos concretos que les "signifiquen" mediante relaciones de materialidad.

La expresión "acción concreta" no hace referencia solo a lo concreto del objeto (hucha, moneda), sino también a todas las interacciones implicadas en su presentación y administración (el acto de presentar la hucha, proponer que el paciente echara una moneda, negociar las cantidades con los cuidadores, y todas las interacciones que giraban alrededor de este "ritual escénico").

A su vez, cuando Racamier dice que "el significado latente del cerdo era el de un receptáculo apto para contener las pulsiones del paciente", considero que sería más acertado decir que el cerdo, así como el contexto interactivo en que ha sido presentado y administrada su utilización con los cuidadores, se ha convertido en la concreción significante del sujeto de la pulsión del paciente, es decir, de sus pulsiones destructivas sin sujeto. Esta concreción significante sujetaba al sujeto allí en donde el sujeto no tenía cómo sujetar lo pulsional.

En el contexto de estos recursos comunicacionales primarios, terapeutas y paciente transitan por el campo de la transicionalidad y sus construcciones significantes. Y "creo, en efecto, que el acompañar a un esquizofrénico, si esto no es un 'como si', consiste en reservarle un margen de juego" (*ibídem*, 150).

Diría entonces que, si *lo simbólico es necesario, la significación es imprescindible*. Aunque el paciente seguía igual de psicótico y con un menoscabo para tramitar sus contenidos psíquicos "desde dentro", el "cerdo significante" paliaba aquello que su psicosis tenía de enfermiza.

Al analizar el concepto de "objetos sí-mismo" de Kohut, Stern (1985, 291s) señala que más allá de la patología, el empleo de tales objetos debe considerarse legítimo y sano en todas las etapas de la vida. En este sentido, critica la concepción psicoanalítica más tradicional, "para la cual la meta de la madurez es (en parte) el logro de cierto nivel de independencia y autonomía respecto de los objetos, por la vía de los procesos de separación/individuación e internalización" (*ibídem*).

Parece haber una tendencia más o menos generalizada a valorar y legitimar en mayor medida los procesos posteriores del desarrollo (entre ellos la simbolización) en detrimento de los procesos más primarios e interactivos. Los planteamientos aquí desarrollados sugieren una (casi) inversión de esta ecuación. Si antes apuntaba a que la significación es imprescindible, ahora diría que lo simbólico por sí solo (intrapsíquico) no se basta, no da cuenta de sí mismo. Sin los procesos implicados en la significación y sus construcciones concretas e interactivas, lo simbólico sería pies soñadores sin suelo para empujarse. Machado lo ilustra de la siguiente forma:

"En mi alma, hermana de la tarde, no hay contornos...
y la rosa simbólica de mi única pasión
es una flor que nace en tierras ignoradas
y que no tiene aroma, ni forma, ni color." (Machado)

Sin la significación, la "rosa simbólica" no tiene aroma, ni forma, ni color; el sí-mismo se convierte en una abstracción intangible e irrealizable.

Significar es perder el sí-mismo en los objetos para encontrarlo en ellos, mientras se interactúa con ellos mediante relaciones significativas de materialidad (poética, en el caso de Machado).

En cierto sentido, la piel del sí-mismo es la superficie de los objetos con los que uno interactúa de forma significativa o significante.

A partir de estos planteamientos generales, podrían pensarse diversas formas de acción interpretativa concreta. En este sentido, destacaría el libro "La realización simbólica" de Sechehaye (1947), en el cual la terapeuta ilustra cómo, de una forma muy creativa, presentó diversos objetos significantes a su paciente esquizofrénica.

Hay situaciones en que no hay un objeto concreto, pero sí la acción concreta de, por ejemplo, acostar y envolver con mantas a una paciente que (según interpreté en mi mente) manifestó estar experienciando angustias relacionadas con la desintegración y el desmembramiento corporal. A los pocos minutos, la paciente manifestó sentirse bastante mejor y dejó de morderse el brazo, en su búsqueda desesperada de algo concreto-sensorial que acotara su dolor abstracto-psicológico.

6.2.2 Acción verbal

> *Problema terapéutico que ha sido siempre problema de*
> *poetas: encontrar palabras que logren ser acción más que*
> *contemplación.* (Fiorini, s.a., 16)

En cierta ocasión Carlos (trastorno obsesivo-compulsivo grave) propuso alquilar una cinta de video, pero no estaba apuntado como socio del videoclub ni tampoco llevaba documentación que le identificara. Lo mismo había pasado en situaciones anteriores, pero con su "poder de seducción" siempre se las arreglaba para que se apiadasen de él. Sin embargo, en esta ocasión la dependienta del videoclub no accedió a alquilarle la cinta, pese a que Carlos hubiese desplegado toda su batería de recursos seductores (ser amable, poner cara de súplica, etc.). De regreso a su casa, dijo:

C: ¡Qué cabrona la chica!, ¿verdad? Hubiera podido alquilarme la cinta.

AT: Bueno; ella está haciendo su trabajo. Creo que el cabrón eres tú, que vienes sin documentación y crees que puedes alquilar la cinta solo con tu poder de seducción... por cierto, creo que en este sentido estás empeorando: antes eras "mejor" seductor.

C: Estoy empeorando, ¿verdad? (risas)

AT: Sí; antes lo hacías mejor[57].

Hablando sobre su DNI:

AT: ¿Así que no tienes cómo demostrar que tú eres tú?

C: No; no tengo cómo demostrarlo. (SIC)

---

[57] A la sazón, Carlos presentaba una mejoría significativa, de modo que el contrasentido de la broma resultaba evidente: "estoy empeorando = estoy mejorando". Según mí apreciación, su mejoría presentaba una estrecha correspondencia con una gradual pérdida de capacidad para la seducción de tipo "psicopático".

Esta charla culminó con Carlos diciendo que *hablaría con su padre, dado que este sabía acerca de su (carnet de) identidad.*

Como se puede observar, directamente he llamado "cabrón" al paciente, en un momento en que éste proponía una alianza en que la "cabrona" sería la dependienta.

La familia de Carlos constantemente establecía esta alianza que denominaba "cabrón" a todo aquél que no atendía incondicionalmente a sus demandas; y constantemente demandaban (también en la relación transferencial) que se les concediese *excepciones*.

En un trabajo titulado "Algunos tipos de carácter dilucidados por el trabajo psicoanalítico", en un apartado sobre "las ´excepciones´", Freud (1916) habla de un tipo de paciente que siente haber sufrido demasiado, fue objeto de injusticias y ha sido privado. Por ello siente tener el derecho a que se le excuse de toda condición y requerimiento, y se le trate como una excepción.

Cuando Carlos contaba cinco años, sus padres fueron encarcelados y torturados por la dictadura política de su país de origen, hecho al que se refería en términos de "una injusticia social" (SIC). Así que Carlos y su familia constantemente exigían que esta "sociedad cabrona" (personificada en la figura de la dependienta del videoclub, a veces del Acompañante etc.) les resarciera por los daños producidos.

Desde luego, llamar "cabrón" a alguien (o decir algo que remite a esa idea) es de lo más cotidiano; pero con ello se produjo un desmarque escénico-interpretativo, que consistió en no participar en aquella "alianza cabronizante". En este desmarque escénico, lo interpretativo deriva de que la actitud del Acompañante no se corresponde con la expectativa y demanda del paciente, lo cual apunta a la *función de resignificación* de los vínculos que se despliegan en la relación transferencial y extratransferencial (con la dependienta del videoclub etc.).

De aquí deriva un principio general en lo que respecta a lo interpretativo, a saber: que, a pesar de que en lo interpretativo no hay explicitación semántica de lo transferencial y lo histórico, el desmarque escénico puede incidir en este nivel (manejo de la transferencia). Incluso en la situación analítica, Etchegoyen dice que "una psicopatía empieza a modificarse cuando el paciente puede reflexionar, cuando empieza a darse cuenta, de repente, de que ahora tiene "inhibiciones", y tiene que pensar. [...] una buena interpretación para un psicópata es simplemente detallarle, en forma ordenada, lo que ha hecho, mostrándole las secuencias y consecuencias de su acción; esto que no parece una interpretación es la más cabal interpretación para este caso". (Etchegoyen, 1986, 51)

Si se acepta este criterio, podría pensarse que decir a Carlos (aunque este no era un psicópata) que "el cabrón eres tú", y explicarle su "cabronada", es algo muy parecido a lo que plantea Etchegoyen[58]. De ahí que también tendría que ser aceptable la idea de que, para este caso, pero también teniendo en cuenta la especificidad de la tarea y el uso de la palabra en Acompañamiento Terapéutico, eso que para nada se parece a una interpretación, podría serlo. Por otra parte, debido a que dicha intervención se procesa más bien a modo de representación escénica, sería más conveniente denominarla acción interpretativa verbal.

6.2.3 Acción pasiva

En su artículo acerca de la acción interpretativa, Ogden (1994) presenta una viñeta clínica en un apartado titulado "El silencio como interpretación de una perversión del lenguaje y del pensamiento". El mismo título ya indica que, dijera lo que dijera el analista, o interpretara lo que interpretara, ello era recibido por la paciente desde su perversión del lenguaje y del pensamiento; con lo cual, Ogden dispuso como acción interpretativa mantenerse en silencio.

Partiendo de esta idea, sugiero que, si el silencio es la pasividad de la palabra, la pasividad será el silencio de la acción. Entre los músicos suele decirse que "los silencios se escuchan", y se escuchan debido a que delimitan contrastes entre presencia y ausencia de sonido; marcan tiempo, pausa y ritmo. El silencio se escucha en la medida misma en que no se oye y contrasta con el sonido.

Podría representarse esta idea con el número cero. El cero es un número paradójico por excelencia, dado que representa la presencia de una ausencia. Cuando se dice que "en este cajón no hay ninguna (cero) naranja", se pone de manifiesto la presencia de una ausencia. Aquí se trata de un cero con referencia: había la

---

[58] Fiorini (1993) relata una anécdota clínica en que un paciente de Kohut se jactaba de adoptar una actitud arrogante y desafiante ante diversos policías que le habían multado por exceso de velocidad. Kohut le anunció a su paciente que haría la interpretación más profunda de todo su análisis, y dijo: "Usted es un perfecto idiota". Fiorini sugiere que aquí se trata de "confrontar al paciente con una imagen, es decir, realizar un pasaje de indicios de conductas diversas a un trabajo en el nivel de la imagen" (ibídem, 126). A continuación sugiere que es posible hacer confrontaciones de un modo menos drástico que el empleado por Kohut. Estoy de acuerdo con ello, pero considero que hay pacientes que tienden a no registrar estas intervenciones "menos drásticas"; con lo cual, en determinadas situaciones puntuales puede ser conveniente emplear "palabras-fuerza". Como diría Zaratustra, "cuando los sentidos están adormecidos, hay que emplear un lenguaje de rayos y truenos" (Nietzsche, 1890).

expectativa de encontrar naranjas. Lo mismo es válido si se dice que "en este cajón no hay nada", con la diferencia de que en este caso hay una referencia menos precisa: en donde no hay nada se supone que podría haber cualquier cosa que quepa en el cajón. Se trata de un cero sin referencia[59].

La pasividad como forma de acción interpretativa consiste en el silencio de la acción. Esta pasividad es acción debido a que se contrapone a las expectativas y demandas del paciente (y/o de la familia).

Se trata de un cero con referencia, en el sentido de que tales expectativas no se cumplen. Ante la acción pasiva del Acompañante, con lo que se encuentra el paciente es con la presencia de la ausencia de la actitud que esperaba encontrar.

Por ejemplo, Carlos ha sido el más pasivo de los pacientes que he conocido jamás: nunca deseaba ni buscaba nada, ni tampoco se preocupaba por lo que fuera, aun cuando "lo que fuera" supuestamente le interesaba. Todo ello estaba puesto en la familia, que "deseaba", buscaba, pensaba y se preocupaba por él.

Sin embargo, a lo largo de dos años de Acompañamiento las cosas le fueron relativamente bien y decidió matricularse en una escuela de cine. Como no podía dejar de ser, eran los familiares y yo los que teníamos que (pre)ocuparnos, por ejemplo, de que acudiera a las clases y llegara a la hora establecida.

Si, sobre todo al comienzo, necesitaba dicho apoyo efectivo, también quedaba claro que la escuela de cine había sido un logro importante; de modo que ni los familiares ni yo estábamos dispuestos a cargar con la culpa si el logro se echaba a perder (recuérdese los planteamientos acerca de la paradoja de la actuación contratransferencial). Carlos lo sabía muy bien, y constantemente "sacaba provecho" de ello.

En cierta ocasión le correspondía dirigir una escena en la escuela de cine. La ecuación era muy sencilla e inequívoca: cuanto mayor el interés e importancia de lo que a Carlos le correspondía hacer, más angustiado y activo estaba el "vecindario" (yo incluido). A continuación, haré la transcripción de algunos pasajes del encuentro que empezó en su casa, el día que le correspondía dirigir su escena (los comentarios actuales aparecen entre corchetes):

---

[59] En algún lugar he escuchado, o leído, que históricamente el cero ha sido el último número que se "descubrió". Quizá sea el "más simbólico" de los números, o el que supone un mayor grado de capacidad representacional.

Estuvimos charlando un rato en su habitación y Carlos propuso que repasáramos juntos la escena que iba a dirigir. Luego, dijo que iba a ducharse antes de irnos a la escuela de cine. En este momento, temblé [dado que en más de una ocasión no llegó a una cita por estar más de una hora duchándose], y más todavía cuando dijo: "Tardo un minuto, Leonel". En este momento me di cuenta de que el encuentro iba a ser duro. Dudé seriamente de mi capacidad para "estarme quieto" (pasivo); de modo que lo primero que hice fue coger una revista e imponerme como tarea el leerla hasta que Carlos me dijera que estaba listo. Me iba bien, pero a cada tres o cuatro minutos Carlos se empeñaba en ponerme las cosas más difíciles: desde el cuarto de baño [que está dentro de su habitación] decía: "Ahora salgo, Leonel". La asistenta [adiestrada por la madre] constantemente entraba en la habitación dando voces para que se diese prisa. Estuve a punto de intervenir, pero luego pensé que esto también era asunto de Carlos. Cuando me di cuenta de que la asistenta estaba haciendo lo que a mí me "apetecía" hacer y me costaba no hacer (empujar a Carlos), se me fueron las ganas de estrangularla. Decidí dedicarle también a ella la lectura de la revista.

Ha salido de la ducha:

C: Ahora vamos, Leonel.

AT: (Sin despegarme de "mi" revista) Vale[60].

Mientras se arreglaba [muy lentamente, como de costumbre], volvió a decir "ahora vamos" en cuatro ocasiones. Quedaba claro que, en este contexto, "ahora vamos" significaba "tranquilo"; es decir: estaba depositando su angustia en mí. A continuación, se produjo la siguiente escena:

C: (Muy asustado) ¡¡Leonel!! [Esto era una clara señal de que se le había "cruzado" algo, es decir: tuvo la sensación de que se había cortado la cara, etcétera, y estaba muy angustiado por ello].

Seguí leyendo mí revista; ni siquiera le miré. El muy listo lo entendió perfectamente y se rio.

---

[60] Recuérdese aquí uno de los fundamentos del "método", a saber: "El Acompañante es un fingidor. Finge tan completamente, que llega a fingir que es verdad la verdad que de hecho siente" (ver 3.4 *supra*). En la escena descrita yo trataba de "fingir" que no estaba preocupado.

C: *Se me cruzó.*

AT: *Bueno.*

Poco después:

C: *¡¡Leonel!!*

Seguí con mí revista, pero de repente reaccioné de una forma muy histriónica, como si estuviera muy angustiado. De hecho, estaba imitando a su madre. Reímos.

Poco después:

C: *¡¡Leonel!!*

AT: *¿Tanto te asusta lo que tienes que hacer hoy en la escuela de cine?*

C: *¿Crees que estoy asustado?*

AT: *Eso es lo que te he preguntado.*

C: *Pues, sí que lo estoy.*

Dijo que tenía mucha necesidad de demostrar a sus compañeros y a su profesor, que podía hacerlo bien. Cuando salimos de su casa, ya quedaba poca revista a la que hojear. En el taxi, llegando a la escuela, miró el reloj:

C: *Vamos llegar a tiempo. Creíste que yo iba a tardar cuando entré en la ducha, ¿verdad?*

AT: *Ah ¿sí? (SIC)*

[En el encuentro siguiente dijo que a sus compañeros y profesor les había gustado mucho cómo dirigió la escena].

En la anécdota se ve cómo la pasividad produjo un silencio que Carlos escuchó, en la medida misma en que este silencio de la acción se contraponía a su expectativa, que sería: la de un ruido activo, que en esta situación se manifestaba en el griterío de la asistenta haciéndose cargo de sus asuntos.

El contraste con esta expectativa convierte la pasividad en una presencia activa; o, para decirlo con otros términos: la pasividad aparece aquí como un cero con referencia, en la medida en que hace presente la ausencia de la actitud que el paciente demanda y espera encontrar.

Esta acción interpretativa pasiva contribuyó a que Carlos empezara a sentir su angustia ("¡¡Leonel!!"), cuando hasta ese momento todo indicaba que los únicos angustiados eran la asistenta-madre y el Acompañante. Pero la angustia aparece disociada y descontextualizada ("se me cruzó"), de modo que se la contextualiza a través de una pregunta interpretativa ("¿Tanto te asusta lo que tienes que hacer hoy en la escuela de cine?").

Más allá de las intervenciones verbales, fundamentalmente a través de la pasividad, se escenificó una labor de contención y manejo de la transferencia, en la que se devuelve al paciente los afectos y funciones depositados en el Acompañante.

En esta anécdota, la acción interpretativa pasiva ejerce la función de resignificar los vínculos patológicos (de dependencia, etc.) derivados del contexto familiar y escenificados en la relación transferencial.

Por último, destacar que *este paciente* pudo (a partir de determinado momento de la relación terapéutica) sacar provecho de este tipo de intervención pasiva, es decir, escuchar estos silencios de la acción. Sin embargo, muchas veces no queda otra posibilidad que pasarse algún tiempo, o mucho tiempo, sosteniendo el deseo y ansiedades del paciente, y brindándole la necesaria dosis de apoyo concreto o efectivo. Así ha sido en las etapas iniciales del vínculo con Carlos. De lo contrario, seguramente no hubiese llegado a matricularse en la escuela de cine, entre otras cosas.

6.3 ADMINISTRACIÓN DE LO INTERPRETATIVO EN LA CLÍNICA DE LO COTIDIANO

Es frecuente que algunos pacientes quieran hablar acerca de situaciones que les han sucedido, de su historia, relaciones familiares y sociales, inquietudes y cuestiones existenciales. Por lo general, en tales casos la mayor parte del quehacer verbal del Acompañante presenta una estrecha relación de cercanía con situaciones cotidianas; de modo que la tarea consiste en "ofrecerse como semejante" (Pulice y Rossi, 1994, 27). Las charlas informales marcadas por la escucha atenta e interesada del Acompañante, así como por sus comentarios fundamentados en la Clínica de lo Cotidiano, brindan por sí solas experiencias terapéuticas importantes.

Es mucho lo que el vínculo terapéutico "hace por sí solo" (siempre que haya confianza), sin la necesidad de intervenciones estrictamente psicológico-clínicas. Este hacer del vínculo deriva fundamentalmente de la actitud del Acompañante, de modos de estar con, compartir situaciones y actividades etc.

Aquí lo terapéutico tiene lugar desde experiencias que se acercan al ámbito de la amistad, del efecto estabilizador que produce tener a alguien con quien hablar acerca de temas personales, intercambiar comentarios acerca de una película, acontecimientos políticos y sociales divulgados en los medios de comunicación o bien "hablar por hablar". Estos diálogos simétricos (en el plano dinámico) no implican la anulación de la actitud profesional del terapeuta, sino que reflejan su empleo en los términos de la Clínica de lo Cotidiano y la Amistad Profesional o Transicional.

Es bastante frecuente que la práctica totalidad de las relaciones y conversaciones de los pacientes giren alrededor de temas relacionados con la enfermedad. En el hospital de día, centro de rehabilitación, psicoterapia, talleres, familia etcétera, se habla de la enfermedad o bien la actividad presenta una relación directa con este monotema. Vincularmente, el individuo queda alienado en lo que respecta a la inserción en una "cotidianeidad normalizada", a la vez que se produce un subinvestimiento del mundo de las cosas y de los objetos de la cultura.

De ahí la importancia de que, sobre todo en determinados casos, el Acompañante incluso adopte una predisposición a no enfocar lo psicológico, por lo menos no más allá de lo que se hace en la vida cotidiana. Bien es cierto que a veces los pacientes necesitan y demandan hablar de lo psicológico. Asimismo, en determinadas situaciones conviene preguntar si no es el Acompañante el que lo necesita, con el agravante de que estos pacientes tienden a amoldarse a las necesidades y organización defensiva del otro.

En ocasiones, ocurre que el Acompañante Terapéutico advierte que los encuentros de dos o tres horas resultan demasiado largos. Ello puede deberse a que el eje central de las actividades son las "conversaciones acerca de temas psicológicos", de modo que una "sesión" de dos o tres horas en efecto puede resultar excesiva y ansiógena.

Cuando se hace necesario reorientar ese tipo de situación, es conveniente buscar mediadores o actividades mediadoras, ya se trate de ver una exposición, una película o la tele (comentando libremente lo que se está viendo), jugar algún juego con reglas, ir a tiendas, etc. El "material escénico" que se manifiesta interactivamente en estas situaciones es tan importante cuanto el "material" que el paciente pueda traer en una conversación acerca de sus relaciones familiares, etc. Incluso convendría reemplazar el término "material" por "acontecimientos", también en el sentido de que la "asociación libre" se procesa a modo de escenas.

A su vez, en situaciones puntuales y sobre todo cuando el flujo de la escena se interrumpe o su dirección resulta perjudicial, puede ser conveniente realizar señalamientos o alguna intervención interpretativa. Es posible bosquejar, por lo menos a modo de hipótesis y en términos generales, algunas indicaciones y contraindicaciones en este sentido.

En primera instancia, en ningún caso el Acompañante Terapéutico empleará lo interpretativo de forma sistemática. Ello iría en contra de los fundamentos de la Clínica de lo Cotidiano.

Lo interpretativo es un recurso táctico. Si resulta acertado decir que el analista de neuróticos interpreta tácticamente para seguir interpretando dentro de una estrategia analítica, diría que el Acompañante, sí "interpreta", lo hace para seguir Acompañando.

Por otra parte, Etchegoyen (*ibídem*, 382-388) diferencia entre cuatro tipos de interpretación, a saber: la *histórica* (construcción o reconstrucción; ver Laplanche e Pontalis, 1967, 141s) y la *actual*. Dentro de esta última categoría, diferencia entre interpretación *transferencial* y *extratransferencial*.

Partiendo de las anécdotas clínicas analizadas en apartados anteriores, en lo que respecta a la formulación de lo interpretativo diría que:

1. De ser necesario, el Acompañante emplea fundamentalmente (aunque no exclusivamente) intervenciones interpretativas actuales y extratransferenciales.

2. Respecto a lo transferencial, en gran medida (aunque no exclusivamente) se interviene desde una perspectiva vivencial y escénica, o sea: mediante actitudes y acciones que, por supuesto, pueden ir acompañadas de verbalizaciones. Sin embargo, aquí lo transferencial no aparece enunciado en la verbalización, y lo interpretativo se manifiesta y produce sus efectos (de sostén, desmarque, resignificación de vínculos etc.) sobre todo, desde los niveles interactivos o escénicos.

Si lo interpretativo se caracteriza por la no explicitación semántica de los fenómenos transferenciales, ello se debe a que dicha explicitación puede despotenciar la zona de juego, así como los procesos estructurantes naturales que tienen lugar en el contexto de la construcción y desarrollo escénicos de la transferencia. Al hablar del tratamiento de las patologías graves, Winnicott comenta: "Solo en los últimos años me fue posible esperar y seguir esperando la evolución natural de la transferencia que proviene de la creciente confianza del paciente en la técnica y marco psicoanalíticos, y evitar la ruptura de este proceso natural con interpretaciones". (Winnicott, 1971b, 117)

Partiendo de que en la Clínica de lo Cotidiano la construcción y desarrollo del vínculo es más importante que su elaboración semántica, resulta que, además, hay cierto grado de incompatibilidad entre crear vínculo y a la vez hablar de este vínculo que se está construyendo (cf. Fiorini, 1993, 125).

Diversos autores apuntan a que los fundamentos más primarios y potentes del vínculo se procesan en un nivel representacional no verbal, preverbal y paraverbal (ver Fiorini, 1993; Searles, 1966; Stern, 1985; Winnicott, 1965, 223-233). De ahí que "a veces el acto de decir ataca al orden preverbal, por la distancia que la representación de palabra induce frente a las representaciones de estados de cosas" (Fiorini, 1993, 125).

Estas investigaciones proponen desplazar el foco de la (conceptualización acerca de la) labor terapéutica, del enfoque estrictamente interpretativo hacia el enfoque empático, interactivo, intersubjetivo, etcétera, en la medida misma en que la intervención, pensada desde este enfoque, opera desde niveles más cercanos a los que conforman los fundamentos primarios de todo vínculo[61].

Sugiero, además, que en lo interpretativo conviene tener cautela con la explicitación verbal de la transferencia también debido a que, en mayor o menor medida, algunos pacientes tienden a vivirlo de forma persecutoria (reintroyección de lo depositado) o como rechazo (cf. Rosenfeld, 1987, 30).

Por otra parte, no se trata de plantear estas contraindicaciones en términos absolutos. Quisiera por lo menos dejar abierta la pregunta acerca de si, en determinados casos y situaciones, la interpretación transferencial puede resultar beneficiosa para el paciente. En la actualidad no dispongo de suficiente material para discutir esta cuestión de una forma suficientemente rigurosa.

Asimismo, algunos planteamientos de Fiorini acerca de la diferencia entre psicoanálisis y psicoterapia (focal, breve, de apoyo) brindan algunas referencias

---

[61] Gran parte de la controversia parece deberse al *modo de conceptualizar acerca de aquello que se hace.* Searles comenta que "en los ejemplos de Rosenfeld y Bion resulta imposible saber hasta qué punto lo que ayuda al paciente es el contenido verbal esclarecedoramente adecuado de la interpretación, y hasta qué punto la eficacia surge, más bien, de los sentimientos de confianza, firmeza y comprensión que se transmiten en el tono con que pronuncia esas palabras un terapeuta que siente que cuenta con una base teórica sólida para formular los fenómenos clínicos en que se encuentra." (Searles, 1966, 258). Winnicott (1987a, 127) incluso va más lejos, y en una carta a Rosenfeld le dice que, a la hora de conceptualizar acerca del psicoanálisis de psicóticos, explicita solo el material estrictamente analítico y omite todo lo que hizo en lo referente al manejo.

para investigaciones futuras. Entre otras cosas, dice que no conviene "denunciar" la transferencia idealizadora, dado que ello podría perjudicar el desarrollo espontáneo de un tipo de relación que puede tener un valor estratégico. Por otra parte, dice que no se trata de "afirmar que exista una estricta incompatibilidad entre apoyo y explicitación de la transferencia, pero subrayamos recaudos a tomar" (Fiorini, s.a., 53). Y concluye que "mientras en psicoanálisis el análisis de la transferencia constituye el eje de la estrategia terapéutica, en otras psicoterapias dicha explicitación es siempre solo *un recurso táctico dentro de otra estrategia* que justamente no consiste en producir cambios mediante la regresión y la elaboración del vínculo transferencial". (*ibídem.*, 57s)

Entre otras cosas, estas interpretaciones tácticas pueden cumplir "una importante *función de 'despeje' o neutralización de obstáculos transferenciales* que traben el funcionamiento de la relación de trabajo" (*ibídem*, 58).

Más allá de esta discusión acerca del valor táctico de las interpretaciones transferenciales, cabría preguntar en qué medida lo planteado por Fiorini puede llevarse a cabo mediante acciones interpretativas concretas, verbales y pasivas. Considero que este enfoque tiene la ventaja de que posibilita operar desde la teoría de la transferencia, pero sin la necesidad de explicitar lo transferencial.

CAPÍTULO 7

FUNCIÓN DE INTERDICCIÓN

CAPÍTULO 7

FUNCIÓN DE INTERDICCIÓN

La *función de interdicción* es una modalidad específica de acción interpretativa. Consiste en una serie de intervenciones escénicas que modulan o acotan la desmesura de las funciones materna y paterna, así como las actuaciones y demandas anárquicas y compulsivas del paciente. Se trata de escenificar el *sujeto de la pulsión* en situaciones en que se observa la manifestación de *pulsiones sin sujeto* (anarquía, compulsión, desmesura, sintomatología disruptiva, auto y heterodestructiva, etc.).

La función de interdicción toma como referencia los flujos y contraflujos de las "riadas" pulsionales, con sus expectativas, demandas y embestidas a veces desmesuradas o anárquicas. Tales intervenciones consisten en construir (a modo de representación escénica) unos "diques" que modulen, canalicen y (re)orienten la desmesura y anarquía de tales riadas.

7.1 INTERDICCIÓN Y FRUSTRACIÓN

Hemos visto (5.2.2 *supra*) que algunas personas con psicosis viven una *existencia fantasmática*. La angustia de los fantasmas es no poder acceder a los avatares de lo pulsional y del deseo, debido a que no acceden a una corporeidad que posibilite crear una relación de oposición[62].

Además de la corporeidad (integración psicosomática), lo pulsional necesita oposición para direccionarse. Sin nada desde donde "empujar" (corporeidad) y a lo que "empujar" (interdicción), lo pulsional se convierte en un caos que resbala en sí mismo. Este resbalar en sí mismo genera tensiones que implosionan y explosionan, y se manifiestan bajo la forma de conductas disociadas, disruptivas, compulsivas, auto y heterodestructivas, que son la manifestación de pulsiones sin sujeto.

---

[62] Esta frase hace referencia a las películas "Cielo sobre Berlín" (1988) y "Tan lejos, tan cerca" (1993) de Wim Wenders, en las cuales los protagonistas son ángeles incorpóreos que experimentan la angustia generalizada de no sufrir ni disfrutar.

Ante la ausencia de referencia opositora o interdicción, el sujeto tendrá que "soportar el peso del cielo sin suelo que le sostenga" (María Zambrano).

En términos clínicos, la interdicción es un recurso escénico fundamental en lo que respecta a instituir, interactivamente, el sujeto de la pulsión.

La interdicción es un proceso estructuralmente distinto de la frustración. Mientras esta última produce la ira hacia el objeto frustrante, en la interdicción el individuo "le da la bienvenida" a la aparición de la terceidad legisladora y apaciguante.

Suele decirse que el psicótico odia la realidad por no tolerar la frustración (ver Bion, 1967; Rosenfeld, 1987). Sin embargo, sobre todo en los casos graves de psicosis, la noción de frustración no tiene cabida o no es lo primordial; de modo que aquellas conductas auto y heterodestructivas, que podrían interpretarse como derivadas de la rabia reactiva ante la frustración, deben entenderse más bien como la manifestación de pulsiones sin sujeto, que buscan a "gritos" algo que les sujete, es decir: la interdicción.

Para profundizar en esta diferencia entre interdicción y frustración, podría tomarse como punto de partida "El malestar en la cultura". En él Freud (1930) establece una clara relación de contraposición entre lo pulsional y la cultura. En la medida en que la noción de felicidad aparece fuertemente teñida por la idea de *satisfacción pulsional*, la cultura se percibe fundamentalmente como aquello que se contrapone al "animalito pulsional" (el Ello), a la vez que "la misma cultura se edifica sobre la renuncia de lo pulsional" (*ibídem*, 96).

Se establece una estrecha relación de cercanía entre cultura, frustración, represión, Superyo, culpa y desdicha. De ahí que, como señala Strachey (en *ibídem*, 60), en un primer momento Freud había elegido el título "La infelicidad en la cultura".

A su vez, Freud establece una serie de relaciones entre cultura y neurosis. La cultura, con sus exigencias éticas, prohibiciones, normas (vehiculizados desde muy temprano por los cuidados maternos y paternos), aparece bajo la forma de *autoridad externa* que impone la renuncia de lo pulsional y la represión de sus representantes.

En primera instancia, esta renuncia deriva de la angustia frente a la autoridad externa, es decir, angustia ante la amenaza de castigo y pérdida de amor (cf. *ibídem*, 123ss). Luego, todo ello será introyectado y escenificado en el mundo intrapsíquico del sujeto (Superyo).

En definitiva, Freud se centra en la relación conflictiva entre el "animalito pulsional" (inclinación individual) y la cultura (colectivo), así como en la "agresión vengativa" (*ibídem*, 125) derivada de la frustración. El concepto de cultura aparece fuertemente teñido por la noción de padre edípico y la correspondiente angustia ante la amenaza de castración; una cultura paterna que impone el principio de realidad y se interpone en contra del goce pleno e irrestricto al que aspira el "animalito pulsional".

Según el punto de vista aquí adoptado, esta concepción de cultura resulta provechosa sobre todo a la hora de pensar acerca de las relaciones entre *individuos estructuralmente neuróticos*. Sin embargo, si el neurótico enferma al encontrarse demasiado sometido a exigencias culturales y superyoicas, podría decirse que muchos psicóticos enferman más bien por haberles faltado aquella función de interdicción que el neurótico experimenta como siendo el motivo de su malestar. Si el neurótico padece por exceso de represión, la agonía psicótica tiene que ver con su carencia o precariedad, y ello en la medida en que la ley cultural del orden humano suele estar precariamente instituida en el contexto familiar.

En el desarrollo normal, en la subjetividad del niño(a), la figura paterna se convierte en este "maldito desgraciado" (agresión vengativa) que le deniega la satisfacción plena e irrestricta, debido a que se interpone como un tercero en la relación simbiótico-fusional con la figura materna. Por otra parte, aquí se produce una paradoja, debido a que el "maldito desgraciado" que se interpone es, a la vez, el representante de la interdicción que posibilitó la estructuración del sujeto de la pulsión, sin lo cual no hay ni satisfacción ni frustración pulsional. Tampoco hay deseo, sino tan solo una atracción hipnótica hacia un espacio materno terrorífico, como aquella producida por el canto de la sirena (cf. Ogden, 1989, 127-135).

Lo más terrible que a uno le puede pasar es que no haya un "maldito desgraciado" en su camino, porque el que se interpone es a la vez el que abre el paso y da la "bendición".

Si lo planteado por Freud es válido en el caso de individuos neuróticos, respecto a la psicosis habría que contradecirle diciendo que el malestar del psicótico y sus progenitores no tiene tanto que ver con la frustración de sus demandas pulsionales, sino más bien con el menoscabo de la función de interdicción. Aquello que en Freud aparece como cultura neurotizante, proveedora de represión, desdicha y malestar, en el tratamiento de la psicosis puede concebirse como instrumento de intervención.

7.2 LO PULSIONAL Y LA DESMESURA DE LAS FUNCIONES

Hemos visto (cap. 2) cómo la disociación y anulación entre las funciones materna y paterna imponen la "ley sin ley" de la organización defensiva, a la cual el bebé tendrá que *amoldarse*. Ahora conviene matizar algunos aspectos interactivos de estos procesos desde el punto de vista pulsional.

En varias ocasiones he observado un tipo de actitud, sobre todo en madres de psicóticos, que podría denominarse el "síndrome de la mujer insatisfecha". Debido a que, como mínimo, tales madres suelen presentar una estructura de tipo fronterizo, carecen de la suficiente integración *yoica* para acceder a la satisfacción y frustración pulsional.

De ahí que sería más acertado decir que la figura materna oscila vertiginosamente entre las experiencias de plenitud narcisista ("satisfacción") y amenaza de aniquilación ("frustración"); de modo que su hijo será colocado en el lugar de objeto capaz de proporcionarle aquella plenitud y evitar esta amenaza.

Este tipo de figura materna tiende a "satisfacer" compulsiva e indiscriminadamente las demandas pulsionales de su hijo, a la vez que hace caso omiso de sus necesidades *yoicas*.

Aquí la "satisfacción" es una *seducción* (cf. Winnicott, 1971b, 133), y ello en el sentido más aniquilador del término.

Este "atender a las demandas de forma indiscriminada" suele manifestarse bajo diversas formas de "mimos" exacerbados, en los cuales la madre constantemente está imaginando qué necesita su hijo en cada momento, qué querrá hacer, pensar y, en algunos casos, sobre todo comer. Esta "imaginería materna" tiende a convertirse en demanda en el hijo, aunque así lo sea solo desde el punto de vista de la madre, quien atiende a esta demanda "real-imaginada", por ejemplo, atiborrando de comida a su supuestamente insaciable hijo.

En el "sujeto" así sujetado o sometido, no tiene cabida hablar de satisfacción y frustración pulsional, dado que no hay un sostén *yoico* que viabilice el desarrollo de un eje organizador y personal de lo pulsional. En ello consiste el menoscabo del *sujeto de la pulsión*.

Una de las consecuencias, es que la "criatura" no puede existir como fenómeno autónomo y separado, dado que las experiencias de satisfacción y frustración son fundamentales en el proceso de discriminación e integración (ver 1.4 *supra*). En la patología, otra consecuencia será la manifestación anárquica, compulsiva y disociada de lo pulsional (ver anécdotas clínicas a continuación).

La figura materna suele albergar intensos sentimientos de culpa respecto a la enfermedad de su hijo. Desde ahí despliega un sin fin de intentos fallidos de reparación, lo cual tiende a fomentar y cronificar aún más los vínculos anteriormente descritos.

Tales intentos de reparación resultan fallidos debido a que intenta reparar la falta de apoyo *yoico* atendiendo de forma indiscriminada a lo pulsional. Sería algo así como alimentar a un niño poniéndole la comida en boca de otro. Como cabe suponer, el primer niño (necesidad *yoica*) no sacia su hambre y sigue demandando alimento (psíquico), de modo que al otro (pulsional) se le da más y más comida. Uno de los niños se muere por inanición, mientras el otro, por exceso de comida. La madre de una persona con esquizofrenia lo ilustra en los siguientes términos:

> Madre: (Dirigiéndose a su hijo) ¡Yo sé que yo soy loca, pero tú has desencadenado mi locura! (Llora) ¡Tú no me destruirás; ahora seré yo la que voy a tratarme, y con el dinero de tu tratamiento! Tú eres el más sano de esta casa. Sabes, Leonel, yo solo no le ingreso porque no puedo sentir un mínimo de culpa; porque si llego a sentir ese mínimo de culpa yo me mato. Pedro ha dicho que destroza la casa para que mi marido y yo no podamos estar bien; pero ahora él tendrá que irse a la habitación de la asistenta. Yo sé que me he equivocado: fue demasiado mimo. ¿Tú sabes qué es una persona que te suple totalmente, todo el tiempo? (SIC).

La imposibilidad de reparar la situación parece deberse a que la madre sigue intentando suplir totalmente a su hijo. Sereno (1996) también acompañó a este paciente, y cuenta su primer encuentro con él y los padres. Según el padre, Pedro no está loco: "es un narciso-cómodo" (*ibídem*, 113) que teme perder sus mayordomías. "Narciso-cómodo" y "mayordomías" tiene que ver con la "satisfacción" indiscriminada de lo pulsional. En este caso, también se puede observar el menoscabo de la función paterna, de aquellas actitudes que modulan y acotan no solo las demandas pulsionales del paciente, sino también las embestidas y demandas de la madre hacia su hijo, así como su hambre de saciarle plenamente.

Pedro rompe la casa (pulsiones sin sujeto), quizá demandando la intervención de este aspecto paterno que vendría a *"romper"* (interdicción) esa relación dual basada en la "satisfacción" indiscriminada. De estar presente ese aspecto paterno, podría decirse que hay un verdadero "encuadre" sobre el cual Pedro pudiera volcar sus impulsos destructivos estructurantes (cf. Winnicott, 1957, 188s; 1989a, 282s). De no ser así, la alternativa es romper la casa.

7.3 INTERDICCIÓN DE LA DESMESURA DE LAS FUNCIONES: INTERDICCIÓN PRIMARIA

En su acepción más primitiva, el término "interdicción" hace referencia a que: 1) lo materno modula la desmesura de lo paterno y, 2) viceversa, lo paterno modula la desmesura de lo materno. Partiendo de que la desmesura apunta hacia los excesos de la dualidad patológica, la interdicción debe representarse con el número tres, en el sentido de introducir una terceidad que media, modula y legisla.

A su vez, desde el punto de vista del paciente, la interdicción primaria debe representarse con el número cero. Como hemos visto, el cero representa una presencia ausente; en este caso, en el sentido de que la interdicción no recae sobre el paciente sino sobre sus progenitores, cuidadores... Acompañante. El paciente se beneficia indirectamente del efecto apaciguante de la interdicción.

En cierta ocasión, una Acompañante trajo a la supervisión grupal el caso de un paciente que erotizaba demasiado la relación. A raíz de un comentario de la Acompañante, salió a la luz que esta acudía a los encuentros en minifalda, lo cual, a todas luces y con las hermosas piernas que tenía, no contribuía para nada a que el paciente se "tranquilizara". A través de comentarios y señalamientos, el grupo de supervisión ejerció la función de interdicción primaria, que en este caso recayó sobre la Acompañante.

A continuación, analizaré una anécdota clínica para ilustrar y matizar algunos aspectos de la interdicción primaria en el contexto familiar.

7.3.1 Anécdota clínica: el buzón, el psicótico, su familia y el cartero

En un apartado sobre "La acción interpretativa como una fase temprana de la interpretación", Ogden (1994) cita como ejemplo la acción de no aceptar unos poemas que le ofreció el paciente. Esta intervención "representaba una etapa temprana de interpretación que comunicaba los elementos esenciales de lo que a la larga sería ofrecido como un conjunto de interpretaciones simbolizadas verbalmente" (ibídem, 511).

Este tipo de intervención (no aceptar los poemas, etc.) es habitual en psicoanálisis (y aprovecho para señalar que, desde la Clínica de lo Cotidiano, haríamos bien si partimos del principio de que el Acompañante acepta e incluso hace regalos, a no ser que algo en el vínculo recomiende no hacerlo). Por otra parte, he observado una serie de procesos clínicos que, sin contradecir a Ogden, apuntan más bien hacia el sentido contrario, o sea, que a raíz de una intervención escénica, determinadas intervenciones verbales *anteriores* adquieren una significación efectiva para el paciente y la familia. Es decir, "comprenden" retrospectivamente una serie de cuestiones de las que se venía hablando y que aparentemente todos comprendían, pero que no producían ningún cambio efectivo en la dinámica vincular.

No se trata de decir que el paciente y la familia nunca habían entendido nada de lo hablado, ni tampoco que su actitud pertinente en tales conversaciones eran artilugios defensivos destinados al engaño y la manipulación. Sería más acertado decir que comprenden lo que se está hablando, pero dicha comprensión queda disociada y, por lo tanto, no contribuye a resignificar los vínculos patológicos.

Emplearé la imagen del buzón para pensar acerca de esta cuestión. El buzón es algo que pertenece a la casa, pero suele estar fuera de ella. Es un espacio intermedio entre exterior e interior; espacio que media entre ambos y no está ni dentro ni fuera (o dentro del edificio y fuera de la casa). Para que la mediación entre exterior e interior sea efectiva, uno tiene que abrir el buzón, llevarse las cartas y leerlas.

Sin embargo, suele pasar que el acompañado y su familia no tienen la llave del buzón, de modo que su contenido queda disociado e inaccesible. En tales situaciones, al cartero le corresponde no solo poner las cartas en el buzón (intervención verbal), sino también abrirlo (intervención escénica) y eventualmente leerles las cartas (escenificación verbal).

A continuación analizaré una anécdota clínica que ilustra lo planteado, así como su relación con la interdicción de la desmesura materna.

La madre de un paciente solía llamarme frecuentemente por teléfono, generalmente para darme instrucciones acerca de cómo administrar la vida de su hijo y mi trabajo con él. La gran mayoría de las veces se trataba de situaciones que el paciente ya podía administrar por sí solo, siempre que alguien de la familia no se le adelantara.

Sobre todo, la madre funcionaba bajo el supuesto de que su hijo no podía administrar su vida sin su "ayuda", que consistía en sobrestimularle. De forma análoga, daba por sentado que yo no sería capaz de administrar mi trabajo sin la intervención de ella; de modo que me sobrestimulaba, entre otras cosas, con sus constantes llamadas (recuérdese que uno de los aspectos de la "transferencia familiar" consiste en que los familiares tratan al Acompañante como si este fuese el paciente, a la vez que demandan que el Acompañante actúe según los patrones de la desmesura de la función materna y el menoscabo de la función paterna; ver 4.2.1s *supra*).

Contratransferencialmente sentía mi espacio siendo invadido, y ello "sintonizaba" con lo que había estado observando "desde fuera", a saber: el hecho de que el espacio del paciente constantemente sufría la intrusión de la desmesura materna.

Es importante reconocer que este tipo de situación suele producir enfado en el Acompañante, debido a que este enfado, junto con la comprensión de lo que ocurre y su manejo desde el encuadre terapéutico, son el fundamento de la intervención.

En cierta ocasión, en una conversación con la madre, le prohibí tajantemente que volviera a hacerme este tipo de llamada (literalmente le dije: "te prohíbo volver a hacerme este tipo de llamada"). Esta prohibición a llamar operó a modo de interdicción, como prohibición a ser demasiado intrusiva en lo que se refería a los asuntos de su hijo, incluido su Acompañamiento.

La prohibición a llamar es una acción interpretativa verbal, que en este contexto ejerció la función de interdicción primaria.

A raíz de ello, la madre manifestó una mayor tranquilidad y capacidad de contención en lo que se refería a los asuntos de su hijo. También sucedió que *dejó de actuar como "terapeuta" omnipotente, y adoptó la actitud de una madre preocupada, angustiada e impotente*. Diría que, a partir de este punto, pasó a llamarme para pedir ayuda, y no tanto para "ayudarme".

En las conversaciones, esta madre (que estaba en análisis) manifestaba una capacidad satisfactoria para comprender su actitud. Sin embargo, dicha comprensión quedaba disociada en el buzón y no se hacía efectiva; de modo que el cartero abre el buzón y lee: "aquí dice que te está terminantemente prohibido hacer este tipo de llamada". A raíz de la escenificación de esta acción verbal, la madre pudo significar afectiva y efectivamente aquella comprensión que había quedado disociada en el buzón.

Ni siquiera hizo falta explicarle los motivos de mi actitud, dado que dicha explicación ya estaba impresa en las cartas (conversaciones anteriores) que ahora podían ser leídas retrospectivamente.

Al igual que la acción interpretativa, la interdicción puede manifestarse a través de acciones concretas, verbales y pasivas.

En lo que respecta a la interdicción pasiva, en cierta ocasión mi acompañado tenía que llevarse las llaves de su casa, dado que no habría nadie cuando regresáramos. Con un gesto nervioso e imperativo, la madre impuso que yo me hiciese cargo de las llaves. Como en situaciones anteriores ya habíamos hablado de ello, me limité a adoptar una actitud totalmente pasiva; de modo que durante unos tensos segundos se congeló la escena de la madre ofreciéndome las llaves sin que yo las cogiera. No hubo más remedio que dárselas a su hijo.

Desde luego, no sería equivocado decir que todo Acompañante tiene que ser un poco "mal educado", pero lo hace para "educar", es decir: resignificar escénicamente modos patológicos y crónificantes de relación.

7.4 CRITERIOS PARA LA ADMINISTRACIÓN DE LA INTERDICCIÓN: DEMANDA Y ESCUCHA

Las intervenciones anteriormente descritas resultaron significativas en función del vínculo significativo y de confianza con el paciente y familiares. Antes de poder intervenir de esta forma (abrir el buzón, prohibir verbalmente o mediante la interdicción pasiva), puede que durante algún tiempo al Acompañante le corresponda soportar, tolerar y sostener la tensión de la situación sin poder hacer mucho, o nada, al respecto.

Este "tiempo de espera" depende en parte de la experiencia del Acompañante, pero también de procesos relacionados con la paradoja de la actuación contratransferencial. Primero, el Acompañante tiene que convertirse en alguien significativo en esta escena familiar, para luego desmarcarse. La interdicción es un recurso escénico en este sentido.

Fuera del contexto de este proceso, no corresponde hablar de función de interdicción, sino más bien de una actuación contratransferencial potencialmente perjudicial. En otros términos: si el Acompañante ejerciera la interdicción antes de haberse convertido en objeto significativo, posiblemente la madre hubiese experienciado la prohibición como una situación de abandono, o bien como una función paterna intrusiva.

Lo que contiene las angustias implicadas en la desmesura materna, es la presencia de un objeto significativo que ejerce la función de interdicción. En esta, el Acompañante se desmarca de la dualidad patógena, a la vez que se interpone entre la desmesura materna y su objeto (el paciente).

Resulta difícil establecer, desde la teoría, en qué momento es posible y conveniente ejercer la interdicción. En determinado momento de determinado caso, puede que sea conveniente ser estricto en algunos aspectos y más tolerante en otros. Personalmente, empiezo a salir de dudas cuando la actitud del paciente o la familia me resulta demasiado ansiógena o bien me produce demasiadas molestias y enfado.

Los sentimientos contratransferenciales son fundamentales en lo que respecta a la escucha en el trabajo con psicóticos y sus familiares. La sensación de estar siendo invadido, así como el hartazgo y enfado ante la actitud intrusiva de la madre, me impulsaron a ejercer la interdicción. De esta forma, el odio profesional del Acompañante puede contribuir a la evolución del paciente y la familia, en el sentido de que imprime un "basta ya" al torbellino hipnótico y ansiógeno de la desmesura materna.

Se puede ejercer la interdicción *desde* el odio y *con* ternura; aunque a veces, como antes apuntaba, cuando "los sentidos están adormecidos, hay que hablarles con un lenguaje de rayos y truenos" (Nietzsche, 1890, 110).

La clínica se va construyendo a base de tanteo y error; todo ello enmarcado y sostenido por la teoría, el análisis del vínculo y la respuesta del paciente y la familia ante determinada intervención.

En lo que a esto último se refiere, podría pensarse que la prohibición a llamar por teléfono (así como el no coger las llaves) resultó frustrante para la madre; de modo que cabría esperar que reaccionara con "rabia".

Sin embargo, una serie de detalles apuntaban a que la madre le dio la bienvenida a esta intervención. En términos generales se la veía más contenida; además, disminuyeron las protestas de la madre, quien constantemente se quejaba de que yo era *demasiado pasivo con su hijo*. Podría pensarse que *la madre protestaba, no por mi pasividad hacia el hijo, sino debido a que hasta entonces no había adoptado una clara actitud de interdicción hacia ella*.

En esta "protesta sin sujeto", la demanda está disociada de la necesidad psíquica; de modo que, por más que uno intentara atender su demanda, la madre seguiría protestando, dado que necesitaba lo contrario de lo que demandaba. Demandaba que "empujase" a su hijo, pero necesitaba que la ayudara a "frenarse".

Por otra parte, es muy importante reconocer en ello un movimiento potencialmente positivo dado que, al volcar sus demandas en el Acompañante, de alguna forma la figura materna está solicitando la intervención de un intermediario, es decir: la intervención de la función paterna.

Además de los sentimientos contratransferenciales, otra directriz consiste en que las actitudes y demandas compulsivas y anárquicas suelen indicar la necesidad de interdicción.

Por ejemplo: en un caso favorable, puede que el paciente proponga pasar la tarde viendo la tele y comiendo patatas fritas, y que ello tenga que ver con la necesidad de tener experiencias placenteras sobre la base del sostén que el Acompañante le brinda.

Por otra parte, puede que en los encuentros el paciente solo quiera ver la tele y comer patatas fritas a grandes cantidades (demanda compulsiva). Si ello se mantiene por mucho tiempo, puede tratarse de una situación en que lo pulsional y la necesidad psíquica estén disociados, de modo que el primero usurpa a la segunda. Según mí experiencia, en tales casos "ver la tele y comer patatas fritas" resulta más bien aburrido o angustiante; de modo que desde su "escucha", al Acompañante le corresponde tener en cuenta que la demanda del paciente puede estar indicando la necesidad de interdicción.

En el caso de pacientes más regresivos, la anécdota anteriormente descrita podría plantearse en los siguientes términos: el paciente propone ver la tele y comer patatas fritas, y se presenta no con una, sino con siete bolsas de patatas (demanda anárquica, pulsiones sin sujeto). De las siete bolsas, cinco ya están abiertas, y con el alboroto dos se han caído al suelo. A continuación, coge una de las bolsas y propone ir a comprar madera para construir una estantería para la cocina, pero a mitad de camino quiere detenerse en el mercado para comprar la comida que "habitará" la estantería. Quizá merezca la pena intentar que lo de la estantería se convierta en un proyecto a corto o medio plazo, pero en primera instancia conviene adoptar una actitud estricta de interdicción.

Cuando la necesidad de interdicción no es atendida, en algunos casos se producen conductas disruptivas, auto y heterodestructivas. Podría pensarse que tales conductas son "gritos de la necesidad", modos disruptivos de demandar la interdicción. Y qué alivio puede producirse cuando, por fin, por lo menos la policía "escucha" tales "gritos"[63].

Un paciente ingresado podía fumarse un cartón de tabaco al día, de modo que se encargó a los enfermeros limitarle la cantidad de tabaco. Como no podía dejar de ser, el paciente pedía cigarrillos de forma compulsiva, y resulta que una de las enfermeras siempre se los concedía, para no "frustrarle". Si la enfermera hubiese escuchado que la demanda compulsiva apuntaba hacia la necesidad de interdicción, quizá el paciente no le hubiese tirado una silla encima ("grito" de la necesidad), que fue lo que ocurrió. Ello parece indicar que el paciente no estaba muy "satisfecho" con las concesiones que le hacía esta enfermera.

---

[63] Estos "gritos" no tienen necesariamente una intencionalidad dirigida hacia determinada persona, al igual que no hay intencionalidad cuando el neonato berrea y patalea. Simplemente, la necesidad "grita" (descarga motriz).

Parece ser que una de las dificultades que los Acompañantes encuentran a la hora de ejercer la interdicción, tiene que ver con la fantasía de que ello producirá frustración e ira en el paciente. Sin embargo, las anécdotas descritas ilustran cómo en muchos casos lo que ocurre es justo lo contrario: bien administrada, la interdicción produce efectos apaciguantes, mientras las conductas disruptivas derivan más bien de la ausencia de interdicción.

7.5 FRONTERA GENERACIONAL Y SEXUALIDAD

Otro fundamento para pensar acerca de la función de interdicción, tiene que ver con la *frontera generacional instituida por la situación edípica*, es decir, la frontera que diferencia entre padres e hijos y legisla los intercambios afectivos y sexuales entre ellos (ver Green, en AAVV, 1970, 74, 147; Ogden, 1989, 135).

En los términos de este apartado, la frontera generacional es aquella instancia mediadora que discrimina roles y modula la erotización entre padres e hijos.

El establecimiento de esta frontera generacional suele ser deficitaria en la familia de muchas personas con psicosis. Puede haber una relación extremadamente erotizada con uno de los progenitores (o ambos), o bien la distribución de funciones y roles no se corresponde con los personajes. Así, hay casos en que el padre se relaciona con el hijo como si fuesen hermanos, llama "mami" a su esposa y/o ésta llama "papi" a su marido. A su vez, un paciente solía decir que "mi madre y mi abuela (materna) son exactamente lo mismo" (SIC) etc. Ello tiene que ver con la indiscriminación de roles y funciones cuando no hay una frontera generacional que los organice. A modo de ilustración, citaré un pasaje de una conversación que tuve con la madre de una persona con esquizofrenia:

> *Madre: Yo no creo que Paola no pueda ser curada. Yo fui curada de mi enfermedad.*
>
> *AT: ¿Qué enfermedad?*
>
> *Madre: Yo era psicótica. Siempre que pasaba algo malo, quería matarme.*
>
> *AT: ¿Qué quieres decir con "psicótica"?*
>
> *Madre: Yo tenía la obsesión de matar a las personas. Hace poco que empecé a sentir afecto por las personas.*

Madre: Creo que he matado a Paola muchas veces. Ella tenía una relación muy buena con el padre, pero yo sentía envidia y competíamos; éramos como dos hermanas. [...] Yo he hecho análisis varias veces, pero siempre que llegaba en el Edipo, me escapaba del análisis. De hecho, deseaba a mi madre.

(Al comienzo de la conversación, la madre contó que, sobre todo últimamente, Paola había intentado violarla en algunas ocasiones. En una de estas ocasiones, tuve que acudir a la casa un domingo, dado que la madre se había encerrado en la habitación y no se atrevía a salir).

Madre: Yo tengo poderes paranormales, y creo que cuando Paola tuvo el accidente de moto y fue violada, de cierta forma yo lo he provocado (llora). (SIC)

En este pasaje se puede observar algo de lo anteriormente expuesto, a saber: una madre que "desea" a su propia madre, "se escapa" del Edipo y se relaciona con la hija "como dos hermanas" que compiten por la "figura paterna". Pero no se trata de una figura paterna que representa e instituye la ley de los derechos: el derecho sexual de la madre en relación con su esposo, y el derecho de la niña a establecer con él una "relación objetal edípica transicional" (Ogden, 1989, 125), lo cual le brinda "promesas de un gran derecho, derecho completo de mujer cuando sea adulta, si sabe crecer aceptando la Ley del Orden humano" (Green, en AAVV, 1970, 74s; cf. Ogden, 1989, 125-136).

Resulta evidente que esta madre no podía ubicar a Paola al otro lado de la frontera generacional; de modo que no interviene para reclamar sus derechos sexuales sobre su esposo y poner a su hija en el lugar de niña sexualmente inmadura, sino para repetir la exclusión de toda terceidad, o sea: la de su propio padre "no deseado" y la del padre de Paola.

Aquí también se puede ver cómo la madre se ubica en el lugar del bebé omnipotente, capaz de violar y dañar (accidente de moto) a Paola a través de "poderes paranormales". En este contexto, estos "poderes paranormales" apuntan hacia la omnipresencia y omnipotencia de pulsiones (sexuales, destructivas) sin sujeto ni fronteras.

En un caso favorable, la investidura narcisista y sexual de los progenitores es fundamental para la narcisización y constitución del aparato psíquico del lactante (vid. Terrazas, 1990, 101-169). A su vez, al hablar de la psicosis, Terrazas se refiere a la "problemática de la seducción, en la que solo se tiene en cuenta el lado apaciguante de los cuidados maternos y se dejan en el olvido la excesiva sexualización, insostenible e incomprensible para el sujeto infantil, o sea, el lado traumatizante de la seducción materna". (Terrazas, 1990, 146)

Por otra parte, y partiendo de los planteamientos de Winnicott, Ogden (1989, 135s) habla de la "madre objetal externa sexualmente excitante", que sobrestimula al bebé produciéndole una excitación que traspasa el umbral de sus capacidades defensivas y de significación. Entre otras cosas, ello tiene que ver con el menoscabo, en la figura materna, de una frontera generacional que legisla "la prohibición protectora del tercero fálico" (ibídem; vid. pp. 122-134).

La contrapartida puede ser el bloqueo defensivo de la participación afectiva por parte de la figura materna, de modo que ésta puede oscilar entre una erotización intrusiva y la ausencia de toda participación afectiva, incluido cierto grado de erotización necesario para el desarrollo normal. Aquí corresponde hablar de una madre, o progenitores, excesivamente (de) sexualizados.

En lo que al psicótico se refiere, puede que se relacione con los progenitores en los mismos términos, poniéndoles en el lugar de objeto de sus pulsiones sin sujeto. Ello aparece reflejado en los constantes "intentos de violación" de Paola hacia su madre. En cierta ocasión, Paola iba llorando y gritando por la calle:

Paola: ¡Ah; si yo pudiera pasar por ese agujero!.

AT: ¿Qué agujero?

Paola: El agujero del placer. (SIC)

A continuación, empezó a golpearse la cara y tuve que contenerla físicamente (interdicción corporal). Unos meses más tarde, durante un encuentro en su casa, salió desnuda del cuarto de baño y se tiró sobre mí, intentando besarme a la fuerza. Tras quitármela literalmente de encima, me fui de la habitación ordenando que se vistiera.

En esta anécdota parece haber una relación de simultaneidad entre la imposibilidad de "pasar por el agujero del placer", y las embestidas de Paola hacia su madre y Acompañante, quizá en un intento desesperado de pasar por aquél "agujero". Ello apunta a que, en la transferencia, Paola asumía el lugar de madre excesivamente (de) sexualizada, ubicando al Acompañante en el lugar del objeto que podría "satisfacer" la demanda de sus pulsiones sin sujeto.

7.5.1 Interdicción de la erotización ansiógena: interdicción secundaria

Braga (en AAVV, 1997, 105ss) cuenta la anécdota de un paciente (al que llama Chico) que con frecuencia iba a cines pornográficos para masturbarse. En los Acompañamientos, cuando iban al cine, se sentaba unas dos filas delante del Acompañante y se masturbaba. Tras estas experiencias, el paciente se mostraba más angustiado y adoptaba una actitud agresiva e "imbeciloide" (risas desconexas, hablar alto etc.), llegando incluso a pegar a la madre en una ocasión (estos son los "gritos" de la necesidad demandando la interdicción). En algunas ocasiones, el padre le acompañó al cine, produciédose las mismas situaciones.

El Acompañante cuenta que, en una ocasión, *rechazó tajantemente la propuesta de ir al cine porno*, y "para mi sorpresa, Chico lo aceptó sin apenas protestar" (*ibídem*, 105; trad. LDM).

Al igual que en la situación en que prohibí las llamadas telefónicas compulsivas de la madre de mi acompañado, podría pensarse que Chico no protestó debido a que con la interdicción de la actividad masturbatoria compulsiva, el Acompañante no le estaba frustrando, sino atendiendo la necesidad de una intervención paterna apaciguante y reguladora de la erogeneidad.

De hecho, el Acompañante relata que, a partir de esta intervención, en los encuentros el paciente pudo interesarse por otras actividades que no fueran la masturbación[64]; estuvo más tranquilo y su "locura imbeciloide" disminuyó considerablemente. Ya no era necesario "gritar".

Podría pensarse que la oscuridad del cine, con grandes penes y vaginas en la pantalla, el bulto indiscriminado de otros espectadores, remite a un espacio extremadamente erotizado y terrorífico.

Por otra parte, Braga comenta que "muchas veces, nos quedamos o vamos a lugares en que el paciente suele quedarse o ir, hasta comprender, a veces con un alto coste de angustia, lo mortífero que aquel lugar intensifica. (Braga, en AAVV, 1997, 104s; trad. LDM)

Este comentario tiene que ver con la paradoja de la actuación contratransferencial, y con la importancia de que, antes de ejercer la interdicción, primero

---

[64] Desde el punto de vista del desarrollo, la "interdicción contribuye a que el niño supere el placer de órgano en favor de intercambios afectivos con el otro y el mundo" (Safra, 1995, 123, trad. LDM).

el Acompañante debe ocupar un lugar significativo; "entrar" en lo mortífero del paciente para luego Acompañarle hacia la "salida". Desde esta perspectiva, sería más acertado hablar de proceso de interdicción, que en términos secuenciales aproximados pasa por los siguientes momentos:

1. El menoscabo de la función paterna, y del sujeto de la pulsión, aparece bajo la forma de demandas y conductas compulsivas y disruptivas en el paciente.

2. El paciente "invita" (demanda) al Acompañante a participar en algún aspecto de su dinámica (ir al cine porno).

3. El Acompañante acepta la "invitación" (paradoja de la actuación contratransferencial).

4. Ello contribuye al establecimiento de una situación transferencial significativa, en la medida misma en que el paciente puede identificar, en la actitud del Acompañante, aspectos de la actitud de sus figuras parentales.

5. Por otra parte, al no ser atendida la necesidad de interdicción de las demandas compulsivas, éstas empiezan a "gritar" (actitud "imbeciloide", agresiva).

6. El Acompañante escucha los "gritos demandantes" del paciente y se percata de que se ha establecido una situación vincular mortífera que produce angustia (escucha desde la contratransferencia), así como la necesidad de salir de este lugar terrorífico.

7. El Acompañante ejerce la interdicción y observa una evidente disminución de la sintomatología estereotipada y disruptiva.

8. Sin apenas protestar (no hay frustración), el paciente da la bienvenida a la interdicción.

9. De esta forma, el Acompañante contribuyó a (re)significar escénicamente la función apaciguante y estructurante de la interdicción paterna.

En definitiva, esta descripción secuencial aproximada resume lo más importante de lo que se ha expuesto en este capítulo.

CAPÍTULO 8

FUNCIÓN ESPECULAR

CAPÍTULO 8

FUNCIÓN ESPECULAR

La noción de especularidad se basa en que la actitud del otro significativo constituye y valora narcisísticamente el sí-mismo del sujeto, en función de las imágenes con que el otro lo representa.

En la relación terapéutica, tales imágenes se manifiestan en la actitud del terapeuta hacia el paciente, en el tono de voz y construcciones semánticas que emplea, en la forma de organizar y administrar el encuadre de tratamiento o la tarea rehabilitadora, así como en las construcciones discursivas empleadas en la elaboración de diagnósticos (formales e informales) y concepciones teóricas acerca de la psicosis y la enfermedad mental.

Desde estos ámbitos diversos, la especularidad apunta hacia la cuestión acerca de qué ve el terapeuta cuando se relaciona con el paciente, y cómo se ve el paciente en este espejo que es el otro.

En términos primarios, las imágenes especulares se tramitan a modo de pares dicotómicos, es decir, a modo de ideales y sus respectivos desechos representacionales (listo-tonto, bonito-feo, capaz-incapaz, adulto-infatiloide).

La estructuración, subjetivización y narcisización psiconeurótica se fundamentan en gran medida en los ideales (socioculturales, institucionales, familiares), a la vez que el neurótico tiende a percibir y relacionarse con el psicótico desde los desechos representacionales de estos ideales. Ello configura (por lo menos como punto de partida) una mirada alienante hacia las personas con psicosis. A su vez, sobre todo en los casos más graves de psicosis, observamos un considerable menoscabo en la capacidad para desmarcarse de esta especularidad alienante.

Por tanto, la subjetividad y narcisización del psicótico se basa, en cierta medida, en procesos en los que tiende a encarnar y actuar los desechos representacionales ajenos.

Si bien en primera instancia la especularidad alienante se tramita en el ámbito familiar, en mayor o menor medida tiende a reproducirse en los contextos de tratamiento y rehabilitación.

8.1 LA NOCIÓN DE ESPECULARIDAD

El ojo que ves no es

ojo porque tú lo veas;

es ojo porque te ve. (Machado)

Winnicott introduce su artículo sobre el "Papel de espejo de la madre y la familia en el desarrollo del niño" [1967] diciendo que: "No cabe duda de que el trabajo de Jacques Lacan, "Le Stade du Miroir" (1949), influyó sobre mí. Lacan se refiere al uso del espejo en el desarrollo del yo de cada individuo. Pero no piensa en él en términos del rostro de la madre, como yo deseo hacerlo aquí". (Winnicott, 1971b, 147)

Inicialmente, Winnicott basa sus planteamientos en aquellas experiencias en que el bebé mira el rostro de la madre, de modo que esta "lo mira y *lo que ella parece se relaciona con lo que ve en él*" (*ibídem*, 148); de tal modo que el bebé puede "verse a sí mismo" en el rostro de la madre, como si este fuese un espejo.

A su vez, Winnicott dice que "los niños ciegos necesitan reflejarse a sí mismos por medio de otros sentidos que no sean el de la vista" (*ibídem*, 149).

Esta noción de especularidad no necesariamente visual abre el camino hacia una conceptualización en términos de especularidad visual (mirada, expresiones faciales, gestualidad), auditiva (ritmo, intensidad, tono de voz), representacional (palabra-imagen) y semántica (imágenes dibujadas y reflejadas a través del discurso). En un caso favorable, estas modalidades de especularidad contribuyen a la constitución y valoración narcisista del sí-mismo.

Tras decir que la residencia del sí-mismo es el cuerpo, Winnicott destaca que al comienzo el sí-mismo del bebé puede residir en el cuerpo de la madre. En términos de especularidad visual dice: "Esencialmente, el self [sí mismo] se reconoce a sí mismo en los ojos y la expresión del rostro de la madre" (Winnicott, 1989a, 323), en la medida misma en que la madre empatiza con los estados afectivos del bebé y refleja lo que ve (siente) en él[65].

---

[65] Diversas situaciones experimentales demuestran que "los infantes prefieren mirar rostros, y no otros diversos patrones visuales" (Stern, 1985, 60).

LEONEL DOZZA DE MENDONÇA

Suele decirse que "los ojos son el espejo del alma". Sin embargo, partiendo de lo planteado, habría que preguntar: ¿los ojos de quién son el espejo de qué alma? Popularmente se entiende que los ojos de uno reflejan su "alma" (subjetividad, afectos), pero cabe tener en cuenta esta versión más primitiva en que la mirada de otro constituye el sí-mismo de uno reflejándolo.

Este modo primitivo de comunicación especular no sucumbe a las estructuraciones posteriores del psiquismo; de modo que también sería acertado decir que uno mira la mirada ajena no solo para ver al otro, sino para "verse visto por el otro" y sentir que existe: "Cuando miro se me ve y, por lo tanto, existo" (Winnicott, 1971b, 151). En el desarrollo, aquello que vendrá a ser un "yo existo" empieza siendo un existir simple desde la mirada ajena.

Lo mismo podría decirse respecto a la especularidad auditiva; por ejemplo, en una situación en la que el bebé balbucea y la madre le contesta reflejando su balbuceo, posibilitando así que el bebé "se reconozca" en este balbucear ajeno.

Pero el bebé no "reconoce" necesariamente el balbucear en sí. También es posible reflejar el balbuceo a través de respuestas visuales, táctiles, etc. Se ha demostrado experimentalmente que los bebés tramitan sus experiencias interpersonales a través de una "percepción amodal" (Stern, 1985, 72-81); es decir, que captan fundamentalmente la intensidad, ritmo y forma de los estímulos, y solo posteriormente diferencian los canales sensoriales específicos (visión, audición, etc.; cf. Maldavsky, 1992, 160). Desde un lenguaje adulto, diríamos que el bebé puede escuchar un color, ver u oler un sonido etcétera.

De ahí que la madre puede "reflejar" el balbuceo del bebé a través de movimientos con las manos que siguen su ritmo e intensidad. También puede "reflejar" a través de sonidos ("pa pa pa pa") el estado de excitación del bebé cuando este mueve los brazos de forma rítmica. Lo que al bebé le posibilita "reconocerse", constituir un sentido del sí-mismo, es el hecho de que el ritmo y la intensidad del sonido emitido por el otro entonan (sintonizan) con el ritmo e intensidad de sus movimientos, independientemente del hecho de que el otro responda con estímulos visuales, auditivos o táctiles[66].

---

[66] En la vida adulta esta unidad o fusión de los sentidos, derivada de la percepción amodal, se manifiesta en diversas formas de expresión artística; y también será uno de los fundamentos de la metáfora (Stern, 1985, 191-199). A su vez, el lenguaje verbal tiende a privilegiar el sentido de la vista; por ejemplo, cuando decimos "mira que música bonita", "mira a ver lo que me estás diciendo"; pero no solemos decir "escucha que cuadro bonito". Esto último es más común en la metáfora poética.

Stern hace incluso un comentario terminológico importante, en el sentido de que el término "reflejar" (reflejo especular) destaca los aspectos visuales de la interacción y apunta hacia la idea de "imitar" al bebé. Sin embargo, "la imitación verdadera no permite a los miembros de la pareja tomar como referente al estado interior" (ibídem, 177).

Si en un momento de entusiasmo el bebé alza los brazos y pone una mueca, y la madre se limita a imitarlo, habrá una mayor tendencia a que el bebé experimente tan solo la posibilidad de compartir conductas externas. Por otra parte, si la madre emplea canales sensoriales distintos a los empleados por el infante, el acento recae sobre el estado afectivo que se está compartiendo y que está "por detrás" de la conducta externa. Por ejemplo, puede pronunciar un "¡ooohhh!" y aplaudir de modo que estos estímulos entonen con el ritmo, intensidad y forma de la expresión de entusiasmo del bebé. Esto último es más facilitador en lo que se refiere a la constitución de un sentido del sí-mismo y el acceso a la intersubjetividad, a lo que vendrá a ser el sentimiento de que es posible compartir estados afectivos internos.

Estos modos primitivos de comunicación se van constituyendo también desde un sinfín de especularidades representacionales; pero, antes de considerar el universo representacional del bebé, corresponde tener en cuenta el de los progenitores.

Desde una lectura lacaniana de la "Introducción del narcisismo" (Freud, 1914), Terrazas (1990) señala cómo la imagen de sí mismo tiene su fundamento en el universo representacional de otro, y la constitución del aparato psíquico está atravesada por una situación en que "el narcisismo del niño es el narcisismo de los padres" (ibídem, 143). El espejo se constituye aquí desde el amplio abanico de lo que pueda considerarse precario, satisfactorio o excesivo en la narcisización de los progenitores.

Todo ello configura una situación de identificación y narcisismo primario, cuya sentencia será que "el hombre nace cautivo de las imágenes de sus progenitores" (Green, en AAVV, 1970, 22). Desde su primer aliento, el bebé será investido con representaciones gestadas antes mismo de que fuese gestado él; nace siendo (en la subjetividad de sus progenitores) lo que no es, y su venir a ser estará atravesado por esta condición desde la cual, en el mejor de los casos, tendrá cabida cierta dosis de no ser lo que ha nacido siendo.

Desde su universo representacional y relacional, los progenitores atribuyen significados a las manifestaciones del bebé y realizan "entonamientos selectivos" y "desentonamientos" (Stern, 1985, 184s, 221, 258s). Es decir, califican las manifestaciones del bebé como "pertinentes" o "impertinentes", y responden según este código de valoración. "Los entonamientos son también uno de los principales vehículos de la influencia de las fantasías de los padres sobre sus infantes. [...] Mediante el empleo selectivo del entonamiento, la responsividad intersubjetiva de los padres actúa como patrón para dar forma y crear experiencias intrapsíquicas correspondientes en el niño. De este modo los deseos, miedos, prohibiciones y fantasías de los padres bosquejan las experiencias psíquicas del niño". (Stern, 1985, 252s)

Un padre puede considerar impertinente que su bebé (pre-simbólica y pre-verbal) golpee a su muñeca, de modo que consciente o inconscientemente tiende a desentonar con esta manifestación de agresividad. Por ejemplo, puede pronunciar un "nooohhh" cuya intensidad va decreciendo y desentona con el estado de excitación creciente del bebé, haciendo que se detenga.

Los entonamientos selectivos y desentonamientos pueden producir efectos positivos (interdicción, insertar al bebé en los valores y normas culturales) y negativos (una excesiva represión, bloqueo de impulsos agresivos estructurantes). Pero aquí importa destacar que desde el comienzo el universo representacional de los progenitores, atravesado por los valores socioculturales, va organizando un "patrón intergeneracional" (*ibídem*, 253) que actúa en la constitución y valoración del sí-mismo.

En la medida en que los procesos de maduración se actualizan a nivel afectivo y cognitivo, dentro de sus posibilidades el bebé empieza a clasificar, en función de aquél patrón intergeneracional y cultural, lo que está bien y lo que está mal, lo bello y lo feo, el sentirse mirado como alguien listo o tonto; en donde "sentirse mirado como" equivale a verse a sí mismo como listo o tonto, lo cual empuja, a su vez, a *encarnar* aquello que el otro le refleja. El otro sigue siendo el espejo, pero *ahora se trata de un espejo que también califica*.

En este ámbito de las valoraciones especulares, el bebé o niño buscará en el otro los signos (positivo o negativo) de la valoración de sí mismo; signos que percibe sobre todo en las señales visuales y auditivas emitidas por el otro significativo.

Incluso en la adultez las modalidades posteriores de la especularidad, y entre ellas la semántica, nunca serán tan fundamentales y potentes cuanto la especularidad visual y auditiva (no-verbal, pre-verbal y para-verbal). Estas últimas son fundantes y, como bien atestigua el dicho popular, "no es tanto lo que dice, sino el tonillo con que lo dice". Uno puede decirle a la niña: "qué fea eres", y hacer que se sienta guapa.

Por lo tanto, desde una lectura global, hay por lo menos dos niveles de especularidad: uno más primitivo, pre-simbólico, no-verbal, pre-verbal y para-verbal, tramitado fundamentalmente desde los perfiles de entonación. Ante este espejo, la cuestión que se impone al bebé es ser o no ser, existir o no, constituir o no un sentido del sí-mismo. En un segundo momento también entra en juego la valoración narcisista del sí-mismo, así como la intercomunicación a través de espejamientos verbales (palabra-imagen, palabra que nombra el estado afectivo, palabra que califica) y semánticos.

En términos generales, la noción de especularidad aquí adoptada se basa en que, al igual que la figura materna, el terapeuta refleja al paciente lo que "ve" (la forma cómo representa al paciente). La cuestión sería: ¿Qué "ve" el terapeuta cuando se relaciona con el paciente?; y ¿qué "ve" y cómo se "ve" el paciente?[67]

Ambas cuestiones se entrelazan debido a que el terapeuta responde (entona, refleja) en función de lo que "ve", de modo que tales respuestas actitudinales dibujan una serie de rostros con los que se identifica el paciente; constituyen la superficie del espejo en que se mira.

Como veremos a continuación, aquello que el terapeuta "ve", lo "ve" en función de su estructura (por lo general) psiconeurótica, de las idiosincrasias de su subjetividad y organización defensiva, y también en función de los atravesamientos socioculturales e institucionales que sostienen, y en las que se sostienen, tales idiosincrasias.

Todos estos factores van a constituir un conjunto de posibilidades e imposibilidades terapéuticas. Empezaré analizando la vertiente de imposibilidades que apunta hacia una serie de especularidades defensivas y alienantes (en gran medida inevitables), para luego adentrarme en las dimensiones posibilitadoras.

---

[67] Aunque el trámite de la especularidad se da desde diversas formas de estímulos visuales, auditivos, semánticos, etcétera, empleo los términos "ver" y "mirada" debido a que, como soñaba, el lenguaje verbal tiende a privilegiar las descripciones en términos visuales. Asimismo, cabe no perder "de vista" que mucho de lo especular se tramita, por ejemplo, en aquellas situaciones en que el terapeuta le habla al paciente como si éste fuese un niño. Se trata de algo especular en el sentido de que, desde su universo representacional que se manifiesta a través del tono de la voz, construcciones semánticas, etcétera, el terapeuta está reflejando al paciente "imágenes" (en este caso infantilizadas) de sí mismo.

8.2 ESPECULARIDADES DEFENSIVAS Y ALIENANTES

En los niveles primitivos de comunicación, resulta fundamental que la figura materna haga una regresión comunicacional para empatizar y entonar con los estados primitivos del bebé (cf. Maldavsky, 1992, 159). Para hacer esta regresión comunicacional, debe de contar con una integración *yoica* satisfactoria y una organización defensiva flexible. De lo contrario, la regresión comunicacional se vive como amenaza de caos y desintegración, y entonces solo puede reflejar caos y desintegración; por ejemplo, refleja la sensación de que el bebé se va a morir, de que su cara está sangrando o su cuerpo despedazándose.

La alternativa consiste en organizar unas defensas excesivamente rígidas, en cuyo caso la figura materna no refleja nada, refleja nada, un vacío infinito o "agujero negro". Aquí el bebé mira y no se ve, balbucea y no se escucha. En definitiva, no tiene mundo y padece lo que quizá sea la soledad más desierta, dado que "los estados emocionales que nunca son objeto de entonamiento se experimentará a solas, aislados del contexto interpersonal de la experiencia compartible" (Stern, 1985, 188; ver también pp. 170s, 248ss).

En términos visuales, habría que hablar de una figura materna cuyo rostro solo puede reflejar "la rigidez de sus propias defensas" (Winnicott, 1971b, 148), lo cual genera en el bebé una predisposición al empobrecimiento en todo lo referente al "descubrimiento del significado en el mundo de las cosas vistas" (*ibídem*, 149), y consecuentemente un menoscabo del sentido del sí-mismo, debido a que este se constituye desde los entonamientos interpersonales especulares.

Lo planteado posibilita pensar acerca de situaciones clínicas en las que corresponde destacar algunas vicisitudes de la organización defensiva de los profesionales y del contexto institucional.

Es común observar cómo en algunas instituciones los pacientes se pasan el día con "la mirada perdida", mientras en otras instituciones (generalmente menos "tradicionales") esto no ocurre. De hecho, hay casos en que incluso a corto plazo observamos la disminución o incluso desaparición de este tipo de "sintomatología", con tan solo cambiar al paciente de contexto institucional o intersubjetivo.

Podría pensarse que esta "mirada perdida" deriva del no ser ni sentirse mirado de una forma significativa, en la medida misma en que aquella regresión comunicacional necesaria genera ansiedades que rigidifican las defensas de los profesionales.

De forma análoga a lo que ocurre cuando la figura materna no puede hacer la regresión necesaria para empatizar y reflejar (o entonar con) el sí-mismo del bebé, tales pacientes sufren un empobrecimiento en todo lo relativo a la significancia en el mundo de las cosas vistas, lo cual deriva de la insignificancia en la mirada de los profesionales (el prototipo o estereotipo sería la imagen del psiquiatra que no le mira al paciente durante las consultas). En tales contextos intersubjetivos, el psicótico mira y no se ve. Al no verse reflejado no tiene hacia dónde mirar, y su mirada se pierde.

Lo mismo podría decirse respecto a la "palabra perdida", en aquellos casos de pacientes que hablan (muchas veces a gritos) con nadie o con un interlocutor disipado en un espacio sin límites. Algunos dirán que el paciente "habla con sus objetos internos"; pero quizá sería más acertado decir que, al actuar de esta forma, está manifestando el fracaso de la necesidad gritante de compartir sus estados afectivos a través de representaciones verbales. En la medida en que este otro, el profesional, solo puede reflejar la rigidez de sus propias defensas, la palabra del paciente se pierde al faltarle interlocutor.

El síntoma "del paciente" debe entenderse aquí como la resultante de una situación intersubjetiva en la que, a modo de defensa (ya sea a nivel individual y/o a modo de patrón institucional y cultural), los profesionales desestiman las verbalizaciones del paciente ("está loco", la noción de delirio-mentira-disparate).

"En el grupo social del hospital el esquizofásico es esquizofásico principalmente con el psiquiatra, en tanto es capaz de emplear un lenguaje casi directo y casi normal con un paciente internado y psicótico". (Pichón-Riviere, 1979, 117)

Muchas veces se pierde de vista esta noción de "síntoma intersubjetivo o vincular" y tan solo se tiene en cuenta la idea de que la mirada, o palabra, perdida de los pacientes se debe a la pérdida de contacto, de interés y del sentido de lo real en la psicosis. Aquí, el discurso o las teorías acerca del defecto intrapsíquico en el paciente funcionan a modo de defensa.

Por tanto, el contexto intersubjetivo (familiar, de tratamiento) puede fomentar la nadificación del sí-mismo del sujeto; nadificación que constituirá el subsuelo de la alienación psicótica en los casos de patología.

8.2.1 Alienación encarnada

En términos primarios, las imágenes especulares se tramitan a modo de pares dicotómicos; es decir, a modo de ideales y sus respectivos desechos representacionales (listo-tonto, bonito-feo, capaz-incapaz, adulto-infatiloide).

Por tanto, los desechos representacionales son la imagen especular invertida del ideal de sí mismo; representaciones de la negatividad que tienden a ser reprimidas, negadas, disociadas y proyectadas. Más allá de los extremos patógenos, he aquí algunos desechos representacionales "universales": niño (en el sentido de infatiloide), tonto, torpe, minusválido, envidioso, mala persona, asexuado y/o pervertido sexual, agresivo, animal etc.

Tales desechos representacionales caracterizan en mayor o menor medida la identidad de muchas personas con psicosis; pero ello no deriva de la psicosis en sí, sino fundamentalmente del atravesamiento entre la estructura psicótica y el contexto intersubjetivo (familiar, sociocultural, de tratamiento) en que el sujeto está inserto.

En el desarrollo emocional, en una situación patógena, la figura materna ubica al bebé en el lugar del doble especular, imagen invertida o negativo del ideal de sí misma, y se relaciona con él en función de estas imágenes dibujadas desde sus desechos representacionales.

Mejor dicho: en la medida en que esta dualidad especular no está mediatizada por un eje organizador (función paterna), suele haber una oscilación en la que una y otra vez el bebé será colocado en el lugar de la encarnación real del ideal, para luego ser vertiginosamente investido y embestido con la imagen invertida de dicho ideal (desecho representacional). Esto último parece producirse sobre todo cuando la realidad de su existencia no satisface el ideal de los progenitores[68].

Estos patrones vinculares bloquean los procesos identificatorios. Por una parte, la identificación con el ideal impone exigencias suprahumanas del orden de lo mítico, y por lo tanto, no brinda referencias humanas y humanizantes con las que identificarse. En la eclosión de la psicosis, en muchos casos asistimos el desmoronamiento de estos procesos identificatorios fallidos.

---

[68] Incluso tras la catástrofe del derrumbe psicótico, y con los déficits y estereotipias generados a lo largo de años de cronificación, es común observar que sobre todo algunas madres siguen sosteniendo una imagen de su hijo psicótico como si este fuese una especie de genio, gurú o gran filósofo (ideal), a la vez que le atribuye todos los defectos y atrocidades humanamente posibles (desechos).

Si el individuo logra sobrevivir mínimamente bien a aquellas exigencias impuestas desde los ideales, puede que nos encontremos ante alguien con un considerable nivel de genialidad y singularidad creativa, aunque por lo general, ello conlleve un alto coste afectivo en cuanto a angustias, pequeños o no tan pequeños derrumbes, defensas a modo de aislamiento psicosocial y un sistema de falso sí-mismo excesivamente rígido y limitante.

En muchos individuos psicóticos aquellas virtudes parecen estar "presentes" por lo menos potencialmente (cf. Racamier, 1980, 140), más allá de que en muchos casos la genialidad y singularidad estén "sumergidas" y tengamos que lidiar fundamentalmente con sus imágenes especulares invertidas, como son: la "tontería" psicótica y la estereotipia.

Desde aquí, una idea fundamental: en la medida en que el psicótico no puede identificarse con el ideal de otro, tiende a encarnar los desechos representacionales de este ideal.

En lo que se refiere a las diversas dimensiones (cultural, institucional, relacional) de la especularidad alienante que culmina en la alienación encarnada, recuérdese los planteamientos de Foucault (1964) acerca de la intrínseca asociación entre locura y animalidad en la Época Clásica (siglo XVII-XVIII). En la medida en que el ideal sociocultural (mediatizado por las instituciones) se basaba en la edificación de una razón pura, se produjo una disociación de todo lo relacionado con la sinrazón, incluida la *animalidad humana* (desecho representacional del ideal racionalista). Estos rostros de la animalidad disociada dibujaron la imagen de sí mismo que se reflejaba al loco, a la vez que delimitaron las formas de tratarlo. En la medida en que el loco no pudo desmarcarse de esa dualidad especular, acabó convirtiéndose en aquello que en el otro estaba disociado; encarnó la imagen especular invertida (animalesca) de aquellos ideales de la razón clásica.

De ahí que el auge de las manifestaciones animalescas de la locura parece corresponderse con el auge del racionalismo. A continuación, veremos que el auge de algunas manifestaciones "patéticas" de la psicosis parece corresponderse con algunos ideales de nuestra época.

No cabe duda de que todos los individuos estamos implicados, en calidad de sujeto y objeto, en situaciones en las que pueden producirse especularidades alienantes; de modo que resulta fundamental tener en cuenta el grado de (in)capacidad para desmarcarse.

8.3 DESMARQUE ESPECULAR[69]

Al igual que en la "simbiosis patógena", en su extremo la especularidad alienante tiene lugar en función de la interacción complementaria entre dos factores: por un lado, la precariedad de la condición psíquica del (futuro) psicótico, y por otro, los excesos de la organización defensiva del otro significativo. Estos excesos producen una serie de desechos que explotan aquella precariedad, que se aliena al no poder desmarcarse de esta dualidad sin mediación.

Aquí hay una especie de fascinación hipnótica hacia el otro, en el sentido de que el individuo sigue sus "órdenes" sin percatarse del mandato y el mandatario; al igual que, cuando nos movemos ante el espejo, nuestra imagen reflejada no se desmarca un solo milímetro de nuestros movimientos ("órdenes"): los sigue a rajatabla bajo la forma de imagen invertida.

Debido a la precariedad de su condición psíquica, sobre todo algunas personas con psicosis graves sufren un considerable menoscabo en la capacidad para desmarcarse de las diversas formas de especularidad alienante.

En términos generales, las posibilidades de desmarque dependen de la capacidad para establecer una relación de otredad consigo mismo y el otro (verse "desde fuera" en sus relaciones con el otro), así como para "odiar apropiadamente" y desde ahí "destruir" al objeto (fusionado, idealizado) de la dualidad especular, para así desmarcarse de aquella fascinación hipnótica.

El desmarque especular suele manifestarse en una serie de formas cotidianas de desmarcarse de los aspectos alienantes de la mirada ajena. No es poco frecuente escuchar a alguien diciendo: "oye; tú a mí no me hables como a los locos" (lo cual puede expresarse a través de la mirada, gestos, otras palabras etc.).

Por sí sola la frase revela que a los locos se les habla desde unos lugares alienantes, de modo que el desmarque podría traducirse a: "tú a mí no me hables como a los tontos". Aquí se puede observar al sujeto ubicándose virtualmente fuera de la dualidad especular y, desde su odio o enfado, "colocando al otro en su sitio" y devolviéndole sus desechos representacionales (en este caso, "tonto"). Sin este desmarque, suele ocurrir que uno se siente atontado y actúa como tal. De una forma más radical, el psicótico tiende a encarnar la tontería ajena.

---

[69] Como he indicado (en 4.2.1 *supra*), empleo el término "desmarque" en el sentido de que uno se sale de la "marca" de la demanda del otro o de algún tipo de "enganche" con el otro. En una analogía futbolística, se trataría de desmarcarse de la marca o presión que a uno le impide o anula.

Analizando estos procesos desde el otro lado del espejo, se plantea la hipótesis según la cual, sobre todo en su condición de neurótico, y sobre todo desde su vertiente más defensiva, el terapeuta tiende a percibir a la psicosis como siendo una alteridad defectuosa de sí mismo, es decir, del ideal de sí mismo que se sostiene en los valores culturales e institucionales en que está inserto (el terapeuta). El círculo vicioso se cierra cuando, al no desmarcarse, el psicótico encarna las imágenes invertidas o desechos de dichos ideales.

Asimismo, sostengo que más allá de las idiosincrasias y excesos de la organización defensiva de determinado terapeuta, el fundamento de esta trama especular alienante constituye parte de la estructura de lo que quizá sea la más torpe de las relaciones humanas, a saber: la relación entre neuróticos y psicóticos.

8.4 ESTRUCTURA ESPECULAR DE LA RELACIÓN ENTRE NEURÓTICOS Y PSICÓTICOS

El psicótico es el espejo en que nos vemos, y a la vez la radiografía en la que, por lo general, no nos reconocemos. (LDM)

Haciendo una lectura global de la especularidad alienante en el desarrollo emocional, resulta que, al reflejar la rigidez de sus defensas, la figura materna nadifica y ningunea el sí-mismo del (futuro) psicótico, y luego aliena esta nada reflejando los desechos representacionales del ideal de sí misma. Sobre todo, en su vertiente más enfermiza y alienada, el psicótico se convierte así en un no-ser rebosado por desechos representacionales.

Debido a que lo verdaderamente terrible es la angustia impensable de no ser, de no existir en modo alguno en la mirada ajena, involuntariamente el psicótico se ofrece al mundo bajo la condición suplicante de por lo menos ser la encarnación de los desechos ajenos; un ofrecimiento suplicante que el neurótico a duras penas apenas podrá no aceptar.

Resulta que los fundamentos en que se sostienen la estructuración, subjetivización y narcisización psiconeurótica, como pueden ser la represión, la negación, la proyección, el Ideal del Yo (engendrados desde los valores e ideales socioculturales trasmitidos en primera instancia por los progenitores), en fin, que todo ello configura una situación en que los desechos que al neurótico le sobran, encajan demasiado bien en los agujeros de la nada que el psicótico padece y desde los cuales se ofrece.

Pero cabe recordar que en principio tales "agujeros negros" del no-ser psicótico no tienen bordes ni rostros, de modo que en gran medida serán formateados por los desechos que al neurótico le sobran.

Más allá de lo que se procesa en el ámbito familiar, el psicótico se convierte así en "comodín" de la negatividad psiconeurótica[70].

En función del contexto de las cartas en juego (contexto intersubjetivo), este "comodín" de la negatividad adquiere su valor específico encarnando o actuando aquello que en el neurótico suele ser inconsciente, aquello que se hizo inconsciente por haber sido reprimido, y que ha sido reprimido (negado, desechado) por contraponerse a los valores e ideales socioculturales en que se sostienen la estructuración y subjetivización psiconeurótica[71].

Desde este modelo primitivo de relación o "regulación mutua" (Stern y otros, 1998), para el neurótico el psicótico se convierte imaginariamente en una representación materna primitiva al servicio de su organización defensiva. Desde una perspectiva distinta, aunque acorde con lo planteado, al hablar de la "fase de simbiosis total" en el ámbito de la psicoterapia psicoanalítica con esquizofrénicos, Searles dice que: "El terapeuta responde con intensidad como si el paciente fuera

---

[70] Varios autores (Carrasco y Suárez, 1983; Suárez, 1982; 1989; Bauleo, 1992; Dozza, 1999b; Merchán, 1999; Salvarezza, 1999) destacan también la cuestión de la alienación (infantilización, tontificación) en ancianos, y sobre todo en aquellos que han sido institucionalizados. Parece ser que desde un lugar cercano y a la vez distinto al del psicótico, el anciano también tiende a ofrecerse al mundo bajo la condición suplicante de por lo menos ser la encarnación de los desechos ajenos. Aunque aquí no corresponde hablar de "agujero negro del no-ser", la vejez suele implicar la pérdida de funciones y roles a nivel familiar y social. Estos "agujeros" (pérdida de identidad psicosocial) fomentan aquella condición suplicante, a la vez que asistimos cómo los profesionales (sobre todo desde los perfiles de entonación) tienden a relacionarse con los viejos atribuyéndoles una serie de desechos socioculturales (infantiloide, tonto, incapacitado).

[71] Los profesionales y familiares suelen reconocer con qué facilidad muchos psicóticos encuentran el "talón de Aquiles" de uno. Estos "poderes telepáticos" parecen tener que ver con que el psicótico tiende a encarnar lo que es inconsciente en el otro, como si su existencia real fuese el sueño de otro. De ahí que suele observarse un alto grado de ansiedad sobre todo en profesionales que se proponen "escuchar" (en sentido amplio) al psicótico, dado que escucharle es escuchar lo inconsciente o desechado de uno mismo, y sobre todo en la medida en que uno mismo se ha convertido en objeto "psignificativo" para el paciente. Desde aquí podría pensarse también los planteamientos de Foucault (1964) acerca del modo de existencia y la palabra del loco como oráculo, mensajero de los dioses, de las verdades, del destino y las desgracias humanas. En los términos de este capítulo diría que el psicótico es mensajero de lo inconsciente y de la contracultura; un mensajero que encarna y actúa el mensaje.

una madre omnipotente, debido no solo a que la historia de prolongada relación simbiótica del paciente con la madre ha promovido en aquél acentuadas cualidades maternales, sino también porque el estado actual profundamente indiferenciado del yo del paciente da al terapeuta la sensación de potencialidades ilimitadas para su propia gratificación". (Searles, 1966, 185)

En las páginas siguientes, Searles nos reta a tener el valor de reconocer estos aspectos de la relación terapéutica, lo cual no significa que uno deba de actuarlos sin más. Lo que sí se puede decir, es que cuando describimos los aberrantes modos de vinculación llevados a cabo por la figura materna patógena, hasta cierto punto hacemos una descripción extremada de los modos en que los neuróticos en general se relacionan con los psicóticos.

Se trata fundamentalmente de "empanar el agujero negro" del no-ser psicótico con los desechos representacionales engendrados desde los ideales que estructuran la subjetividad y narcisización neurótica.

A lo largo de estos apartados hemos visto cómo una serie de factores socioculturales, institucionales y familiares (y, en definitiva, vinculares) pueden fomentar la alienación del psicótico. Si esto fuera todo, habría que hablar de una absoluta imposibilidad terapéutica; de modo que conviene contrarrestar esta dimensión imposibilitadora planteando algunas cuestiones relativas a la clínica especular; pero sin perder de vista que esta dimensión posibilitadora pasa por el análisis y desmontaje de aquella dimensión imposibilitadora.

8.5 DESMONTAJE DEL DISCURSO

> ¿Por qué debo subrayar que yo no soy así?
> ¡Porque yo soy así! (Ferenczi, 1913, 229)

Al hablar del efecto alienante del lenguaje verbal, Stern dice que, en el desarrollo emocional, las adquisiciones simbólica y verbal generan escisiones entre "la experiencia interpersonal vivida y la representada verbalmente" (Stern, 1985, 200), entre lo que se significa desde los perfiles de entonación y las significaciones semánticas[72].

---

[72] En su libro Stern también habla de los efectos estructurantes del lenguaje verbal, a través del cual "los niños solidifican su comunidad con el progenitor y más tarde con los otros miembros de su cultura lingüística, cuando descubren que su conocimiento experiencial personal forma parte de una experiencia más global del conocimiento, y que ellos están unificados con otros en una base cultural común." (ibídem, 211).

"Los hablantes necesitan una forma negable de comunicación. Les resulta ventajoso expresar hostilidad, cuestionar la competencia de otros, o expresar amistosidad o afecto de un modo que pueda negarse si se los tiene por explícitamente responsables de lo expresado. Si no existiera ese canal negable de la comunicación, y los perfiles de entonación fueran tan bien reconocidos y explícitos que las personas resultaran responsables de sus entonaciones, se desarrollaría sin duda alguna algún otro modo de comunicación negable". (Labov y Fanshel, 1977, citado por Stern, 1985, 220)

En la relación terapéutica, la alienación especular tiende a manifestarse desde los perfiles de entonación, que suele ser lo negable. A su vez, nos hacemos responsables de las significaciones verbales que tienden a escindirse de la experiencia interpersonal vivida y a convertirse en la "versión oficial" (Stern, 1985, 216).

"Suele ocurrir que el mensaje no verbal es lo que se significa, y el mensaje verbal es lo que se 'registra'. Nos hacemos oficialmente responsables del mensaje 'registrado'" (ibídem, 220).

Desde lo planteado, deriva una de las vertientes de la clínica especular que veremos a continuación, a saber: si bien tendemos a negar, o a no hacernos responsables de determinadas significaciones alienantes generadas desde los perfiles de entonación, resulta que tales significaciones tienden a aparecer encarnadas en el paciente bajo la forma de lo que denomino "síntoma intersubjetivo o vincular", es decir, aquél en que el paciente encarna los desechos ajenos. Del lado del terapeuta, uno de los recursos defensivos que toma al lenguaje verbal como aliado consiste en negar los perfiles de entonación y diagnosticar tan solo síntomas y déficits intrapsíquicos en el paciente.

Este efecto alienante del lenguaje verbal no es aleatorio; está intrínsecamente atravesado por las pertenencias institucionales del terapeuta (referencias teórico-ideológicas, escuelas, asociaciones, "cultura" del equipo o institución, compromisos corporativos).

Por ejemplo; al hablar del psicoanálisis de pacientes psicóticos, Rosenfeld dice que "En su rabia envidiosa estos pacientes tratan de destruir y estropear las interpretaciones del analista ridiculizándolas o privándolas de su significado" (Rosenfeld, 1987, 203).

Lo planteado a lo largo de este capítulo impone formular una "hipótesis especular" acerca de este *discurso clínico*. En su libro, el mismo Rosenfeld ilustra ampliamente cómo el *ideal institucional* del grupo kleiniano consistió en analizar a pacientes psicóticos mediante la técnica psicoanalítica clásica, y fundamentalmente con el empleo de interpretaciones[73]; de modo que aquello que se contrapone a este ideal tiende a ser percibido como desecho (paciente "envidioso", "destructivo", "burlesco", "incapaz" de aceptar las interpretaciones).

Aquí, la "hipótesis especular" sería: el paciente no ridiculiza las interpretaciones debido a su rabia envidiosa; lo que hace es reflejar lo "ridículo" que le resulta un terapeuta que intenta tratarle con la técnica psicoanalítica clásica como si fuese un neurótico.

Además, (en el apartado 9.3. *infra*) veremos que algunas verbalizaciones burlescas del paciente tienen una raíz lúdica sana... sobre todo si el terapeuta las escucha desde esta perspectiva.

Aún en términos hipotéticos, habría que cuestionar en qué medida aquello que Rosenfeld diagnostica como "rabia envidiosa" o tendencia a "destruir y estropear las interpretaciones", apunta más bien a los impulsos del paciente a desmarcarse atacando aquellos aspectos del encuadre y la técnica en donde el terapeuta tiene institucionalizada su organización defensiva, compromisos corporativos e ideales. Con ello el paciente no estaría estropeando las interpretaciones ni privándolas de su significado, sino precisamente revelando la significación de La Interpretación en el contexto intersubjetivo (dual, institucional).

A raíz de ello, puede que sea el terapeuta el que se enfurezca ("rabia envidiosa") ante el desmoronamiento de su ideal llevado a cabo por el paciente.

El paso siguiente consiste en cuestionar si el terapeuta reconoce, o no, estas aportaciones del paciente.

El gran "enemigo" de este reconocimiento son las resistencias del terapeuta (en gran medida atravesadas por sus compromisos corporativos), y no tanto las resistencias y déficits que defensivamente solemos atribuir al paciente.

En el terapeuta se traba una batalla entre este reconocimiento en la relación terapéutica, y su necesidad (legítima) de ser reconocido en los ámbitos profesional, académico y de las asociaciones; sin lo cual, entre otras cosas, no le van a derivar

---

[73] "Segal, Bion y Rosenfeld afirmaron que no hacía falta ningún cambio en la actitud del analista sino solo cambios menores en la técnica [...]. También confiaron casi exclusivamente en las interpretaciones para tratar la grave perturbación de lenguaje y pensamiento del paciente esquizofrénico [...]. El desarrollo del tratamiento de la psicosis durante los últimos cincuenta años sugiere que ahora está justificada la esperanza de Freud de que quizás llegue a ser posible cierta aproximación al tratamiento de la psicosis" (Rosenfeld, 1987, 383s).

LEONEL DOZZA DE MENDONÇA

pacientes, ni invitar a dar conferencias, publicar artículos etcétera (cf. Baremblitt, en AAVV, 1991, 82s)[74].

No se trata de demandar, desde imperativos éticos, que el terapeuta renuncie a la gratificación narcisista que puede obtener desde los ámbitos institucional y corporativo (esto sería como intentar torear al toro cogiéndole de los cuernos). Lo importante es tener en cuenta que nuestra tarea de cara al paciente puede y suele entrar en conflicto directo con nuestros compromisos corporativos y pertenencias institucionales, en la medida misma en que la existencia encarnada del paciente puede representar, en mayor o menor medida, una constante amenaza hacia los ideales y discursos que sostienen, y en que se sostienen, tales compromisos y pertenencias.

Uno tiene posibilidades muy limitadas de desmontar su propio discurso; siempre necesitará de la aportación de otro (supervisor, compañeros de equipo, analista, lectores) que lo haga. Ante todo, hay que tener en cuenta a este otro que el psicótico encarna. "Entonces, ¿cuál es el único lugar desde donde podemos cuestionar el nuestro? Es el lugar del objeto del cual nos ocupamos [...]. El problema consiste justamente en poder pensar ese objeto -objeto en sentido epistemológico- como un lenguaje desprovisto de todas esas incidencias de poder que nuestro saber contiene". (Baremblitt, en AAVV, 1991, 80; trad. LDM)

En el apartado 9.3.1 analizaré una situación en la que Baremblitt desmontó mi discurso.

8.6 PROCESAMIENTOS DE LA CLÍNICA ESPECULAR

En términos esquemáticos, la clínica de la función especular pasa por tres procesamientos, a saber: 1) el diagnóstico especular, 2) la ética del reconocimiento y 3) la validación intersubjetiva de las aportaciones del paciente.

1) Diagnóstico especular

El diagnóstico especular consiste en diagnosticar *síntomas intersubjetivos o vinculares*. Además de lo anteriormente planteado acerca del análisis y desmontaje

---

[74] Se sabe que Winnicott, que tenía un antidiscurso en relación con discurso oficial de la Sociedad Británica, durante muchos años no ha sido invitado a participar en los programas de formación. A su vez, en un apartado titulado "La Psicopolítica" Bauleo recuerda que Ferenczi, quien propuso fundar la Asociación Internacional y fue uno de sus primeros presidentes, "estuvo casi excluido u olvidado en las 'citaciones`, casi desaparecido en los programas de formación" (Bauleo, 1987, 44).

del *discurso*, en la *clínica* el procesamiento del diagnóstico especular se basa en que: debido a que el psicótico tiende a encarnar aquello que en el otro está reprimido, negado y desechado, a partir de determinadas manifestaciones patológicas y alienadas de la psicosis es posible inferir las defensas que operan en los métodos y discursos de tratamiento, ya sea en la relación dual, grupal (equipo) o institucional.

2) Ética del reconocimiento

> *"Mi vecino soñó una vez que el diablo lo ha llevado al campo para desenterrar oro. Pero no halla nada; entonces el diablo dice: 'Está ahí, solo que ahora no puedes desenterrarlo; pero márcate el lugar para poder reconocerlo tú solo`. Cuando el otro rogó que pusieran en el lugar algún signo, el diablo dijo: 'Pues caga ahí; de esa manera ningún hombre sospechará que hay oro escondido, y tú podrás reconocerlo con exactitud`. Lo hizo así el hombre, despertó enseguida y sintió que se había hecho un gran montón en la cama".* (Freud y Oppenheim, 1958[1911], 190)

La ética del reconocimiento consiste en reconocer que, al alienar al psicótico en la trama especular, y al alienar en el psicótico nuestros desechos representacionales, a la vez alienamos en él algo valioso de nosotros mismos, que es algo potencialmente valioso que el psicótico tiene si somos capaces de conducirnos con él por este camino del reconocimiento.

Al igual que en el psiquismo infantil, así como en lo inconsciente, tiene que haber aquí el reconocimiento de la relación de atravesamiento entre excremento (desecho) y oro (ideal), de que lo desechado puede ser algo valioso, de que este ser psicóticamente desfigurado, improductivo y perdedor en nuestra cultura triunfalista, en cierta medida encarna a modo de catástrofe y patetismo una denuncia de unas cuantas cuestiones engendradas desde los modos neuróticos de subjetivización y producción, incluidos los métodos y teorías de tratamiento y rehabilitación.

En el ámbito artístico, esta relación de atravesamiento entre lo desechado y lo valioso se manifiesta sobre todo en determinadas vertientes del arte contemporáneo. Parte del método del artista consiste en navegar sin rumbo por calles y desguaces, buscando en las basuras del mundo un sin fin de desechos para hacer su arte y expresar su ser. Para este artista, los desechos del mundo son sus tesoros. Mejor dicho: construye sus tesoros con los desechos del mundo. Puede reconocer, sin tener que pensárselo, que a él le hace falta aquello que en el mundo sobra[75].

Esta idea de recoger, reaprovechar y resignificar lo desechado también aparece en el creciente interés por el reciclaje de papel, vidrio, plástico y otras basuras, sobre todo en países industrializados. Que se sepa, los procesos de reciclaje no resultan rentables, y los productos reciclados suelen ser más caros.

Más allá de la creciente concienciación ecológica gestada en el seno de la globalización, parece ser que tales prácticas reciclatorias, así como la compra de productos reciclados, se inscriben como manifestación de una sensibilidad contemporánea que tiende a reaprovechar sus desechos.

Como veremos a continuación, el arte de reciclar y resignificar los desechos que nos sobran y que el psicótico encarna, es uno de los ejes fundamentales de la clínica especular.

Antes, tan solo señalar que más allá de la metáfora, en los Acompañamientos no es poco frecuente que Acompañante y acompañado naveguen literalmente por calles y desguaces… a veces buscando algo… otras veces sacando provecho de la casualidad de haberlo encontrado.

3) Validación intersubjetiva

El tercer procesamiento de la clínica especular es la validación intersubjetiva de las aportaciones del paciente, incluso cuando tales aportaciones se manifiestan bajo la forma de patología, estereotipia y síntoma (desechos encarnados, síntomas intersubjetivos). En este sentido, Searles parece haber sido un terapeuta y autor altamente capacitado:

"Una mujer paranoide me enfureció durante muchos meses, y también al personal de la sala y a las otras pacientes, con una actitud arrogante que parecía expresar que se consideraba dueña de todo el edificio, como si fuera la única persona en él cuyas necesidades debían tenerse en cuenta. Esta conducta desapareció solo cuando pude percibir la similitud desagradablemente estrecha entre su tendencia a abrir o cerrar las ventanas de la sala común según sus deseos, o

---

[75] Quizá también sea válido pensar que los tesoros de una cultura tienden a gestarse en el seno de aquellos sectores culturalmente desechados. Así, en la cultura gitana de España se ha gestado el flamenco; en la cultura negra de Estados Unidos se ha gestado el *Jazz*, el *Blues*, el *Hip-hop*. Paradójicamente, estas manifestaciones artísticas de los sectores desechados luego se convierten en emblema y motivo de orgullo nacional.

encender y apagar el televisor sin tener en cuenta a los demás, y el hecho de que yo entraba tranquilamente en su habitación a pesar de sus persistentes y ruidosas protestas, por lo común cerraba las ventanas, que ella prefería tener abiertas; llevaba mi tumbona y me dejaba caer: en síntesis, me comportaba como si fuera el dueño de su habitación". (Searles, 1966, 123s)

Aquí se puede ver cómo "arrogante" era el desecho representacional del terapeuta, y posiblemente del personal, que la paciente encarnaba y actuaba.

Se supone (ideal) que un profesional de la Salud Mental es una persona madura, capaz de reconocer al otro y respetar su espacio. Al otro lado del espejo vemos a una paciente arrogante y muy poco respetuosa.

En un primer momento, Searles se enfurecía y acusaba a la paciente de no tener en cuenta al otro, para luego reconocer que el síntoma "de la paciente" resultó ser un "síntoma intersubjetivo e interpretativo" bastante preciso. Para que ello resultara terapéutico, el terapeuta tuvo que validar intersubjetivamente esta aportación de la paciente[76].

La validación intersubjetiva de las aportaciones del paciente no tiene que pasar necesariamente por la explicitación verbal de lo reconocido, aunque puede y a veces debe de pasar por ello. Lo fundamental es el cambio en la actitud mental y conductual del terapeuta, a raíz de lo cual el síntoma intersubjetivo "del paciente" tiende a desaparecer, tal como ocurrió con la paciente de Searles.

Es en este sentido que relaciono la clínica especular con el arte contemporáneo y el reciclaje. En la anécdota se puede observar cómo Searles recogió sus desechos, que la paciente encarnaba, y los recicló convirtiéndoles en algo valioso. Pero no algo valioso solo para la paciente, sino también algo terapéuticamente valioso para el terapeuta, en la medida misma en que pudo reciclar esta parte desechada de sí mismo y emplearla de forma constructiva.

De ahí que, sobre todo el trabajo con psicóticos puede ser un intento, por parte del terapeuta, "de llevar la tarea de su propio análisis más allá de lo que podría llevarla su propio analista" (Winnicott, 1958, 269). Quizá Winnicott estaba di-

---

[76] Es común que los familiares del psicótico se quejen de que este es intrusivo y muy poco respetuoso, a la vez que suele resultar evidente un intrusismo familiar generalizado que recae principalmente sobre el psicótico. En primera instancia Searles actuó según este patrón vincular, lo cual hace pensar en la estrecha relación de cercanía entre la clínica especular y la paradoja de la actuación contratransferencial. Tanto en una cuanto en la otra, lo fundamental es que en un segundo momento el terapeuta se desmarque.

ciendo que al menos potencialmente el psicótico puede resultar más "analítico" que un psicoanalista. Este planteamiento es, sin duda, válido si se considera válida la idea de que el psicótico tiende a encarnar lo que en el otro es inconsciente.

Algo irónicamente diría que, mientras el terapeuta opera fundamentalmente desde el manejo de la transferencia, el psicótico lo hace (aunque sea sin proponérselo) desde la "interpretación" minuciosa y sistemática de la "contra-transferencia". Toda terapia relativamente exitosa hace suponer que ha resultado terapéutica para el terapeuta.

En la relación terapéutica, el "saber" lo trae el paciente bajo la forma de "saber encarnado" (oráculo, síntoma). Pero éste es un "saber que no se sabe" y que se aliena si no es reconocido y validado intersubjetivamente. De la validación intersubjetiva dependerá el que este "saber-síntoma" esté más cerca de ser excremento u oro, desecho o tesoro.

8.7 ADVERTENCIAS Y REPAROS

Hasta aquí, la clínica especular no apunta necesariamente a formas de intervención, sino más bien a formas de ser y estar con el paciente, teniendo en cuenta qué lugares ocupa en nuestra "mirada" y cómo esta "mirada" se manifiesta en nuestros discursos, actitudes, formas de concebir la tarea y el encuadre, etc.

De ahí que estos planteamientos pueden resultar especialmente interesantes a la hora de pensar acerca del Acompañamiento Terapéutico y la Clínica del Cotidiano; a la hora de pensar que, más allá de las intervenciones puntuales, estas manifestaciones de la "mirada" conforman el contexto vincular intersubjetivo de la relación terapéutica, y pueden cobrar significaciones inmensas en el simple hecho de charlar con el paciente en una cafetería.

Por otra parte, es importante que todo lo expuesto acerca de las tramas alienantes urdidas por los neuróticos, no sea entendido como reproche o condena de la neurosis y del terapeuta con sus compromisos corporativos (aunque sin duda nos merecemos alguna que otra reprimenda en este sentido), de la misma forma que no debe entenderse como condena todo lo dicho acerca de las implicaciones entre patología y contexto familiar. Simplemente, "así son las cosas", y no puede haber un auténtico proceso terapéutico si no es sobre la base del cuestionamiento constructivo de todas las partes implicadas.

En el apartado acerca de la paradoja de la actuación contratransferencial hemos visto que la imagen de un terapeuta idealmente sano, maduro y técnicamente capacitado puede fomentar aún más los sentimientos persecutorios del paciente y la familia, en la medida misma en que la actitud de este supuesto terapeuta se distanciaría demasiado de los patrones vinculares en la familia del psicótico.

Si en aquel contexto hemos visto que la evolución del paciente tiene lugar *gracias a, y a pesar de*, la actuación contratransferencial, lo mismo vale para la especularidad alienante.

Desde los ámbitos teórico, cultural, institucional, de las asociaciones (psicoanalíticas o no) y de los compromisos corporativos, en mayor o menor medida hay una demanda que apunta hacia la imagen de un terapeuta ideal. "Tenemos un lugar socialmente definido y se supone que sabemos acerca de aquello con que trabajamos. Esto nos inviste con un poder al que no podemos rehusar, y esto lo tenemos que asumir" (Baremblitt, en AAVV, 1991, 80; trad. LDM).

No cabe duda de que tales demandas e investiduras pueden producir efectos positivos que contribuyen a organizar la actitud profesional y ética del terapeuta, además de estimularle a que se forme (en el sentido amplio del término). Pero cabe no perder de vista que los ideales siempre vienen acompañados por sus desechos, y la cuestión que se plantea es qué hacer con estos desechos para que contribuyan a la relación terapéutica.

He intentado proponer un modelo conceptual y metodológico para abordar esta cuestión, no para pretender eliminarla.

En efecto, el análisis personal del terapeuta no le "vacuna" contra la tendencia a la alienación especular; más bien, le brinda mayores posibilidades en lo referente a la ética del reconocimiento y la validación intersubjetiva

Para concluir, diría que la validez de lo planteado en este capítulo puede ser más, o menos, relativa. Según mi punto de vista, se trata de una validez invariablemente inequívoca. Pero no inequívoca en su condición de hecho siempre observable, sino inequívoca como referencia conceptual válida a la hora cuestionar las vicisitudes del vínculo terapéutico.

Si he planteado estas cuestiones en términos algo radicales, ha sido para aclarar al máximo la referencia conceptual. De todas formas, cuando pienso en las aberrantes y patéticas imágenes que el loco encarna (desde la historia de la locura de Foucault hasta nuestros días), no termino de decidir si he sido radical para hacerme entender, o si me he quedado corto por temer ser radical.

CAPÍTULO 9

JUEGO Y HUMOR

CAPÍTULO 9

JUEGO Y HUMOR

El juego y el humor pueden facilitar una serie de procesos terapéuticos a diferentes niveles. Partiendo de los planteamientos de Winnicott acerca del juego, y de "El chiste y su relación con lo inconsciente" (Freud, 1905), veremos que:

A. El juego y sus derivados (entre ellos el humor) facilitan el establecimiento de modos primitivos de comunicación y relación con la realidad externa compartida. Este efecto facilitador se debe a que el juego desestima en cierta medida las exigencias de la razón crítica y de la lógica convencional y lineal.

B. Por otra parte, el juego y el humor pueden emplearse en el manejo de la sintomatología y de la transferencia. En algunos casos, contribuyen a que terapeuta y paciente se desmarquen de los aspectos alienantes de la especularidad y establezcan modos estructurantes y narcisizantes de relación.

C. Desde otro ámbito de análisis, el juego y el humor pueden contribuir a la administración de las reacciones contratransferenciales, y más específicamente a que el odio del Acompañante resulte terapéutico para el paciente.

9.1 JUEGO, HUMOR Y ESPECULARIDAD

La psicoterapia se realiza en la superposición de las dos zonas de juego: la del paciente y la del terapeuta. Si este último no sabe jugar, no está capacitado para la tarea. [...] El motivo de que el juego sea tan esencial consiste en que en él el paciente se muestra creador. (Winnicott, 1971b, 80)

En esta investigación no podría faltar una referencia a algo tan necesario, tanto para el terapeuta como para el paciente, como el juego y el humor. Emplearé el término "juego" para referirme a las incursiones de la pareja Acompañante-acompañado en el campo de la transicionalidad, lo cual supone cierto grado de ruptura con la lógica, el discurso y la conducta convencional y lineal. Todo ello suele estar teñido por cierta dosis de irresponsabilidad sana y transgresión constructiva.

El humor es una extensión del juego (ver 1.6 *supra*). Ambos tienen en común el proporcionar al individuo ganancia de placer y evitación de displacer. También facilitan el establecimiento de modos primitivos de comunicación, así como la comunicación estructurante de contenidos reprimidos, disociados y no accesibles a la verbalización en términos convencionales.

En un artículo titulado "¿Por qué juegan los niños?", Winnicott (1957, 154ss) dice que juegan para expresar agresividad, controlar la ansiedad, adquirir experiencia, establecer contactos sociales, integrarse y comunicarse. En el tratamiento y cuidado de personas con psicosis, y en general, el juego y el humor pueden facilitar tales procesos, tanto en el terapeuta como en el paciente. "Lo natural es el juego, y el fenómeno altamente refinado del siglo XX es el psicoanálisis" (Winnicott, 1971b, 65).

Más allá del juego clínico que se desarrolla bajo la mirada interpretativa del terapeuta, importa destacar "que el juego es por sí mismo una terapia" (*ibídem*, 75), y desde ahí concluir que "puede efectuarse una psicoterapia de tipo profundo sin necesidad de una labor de interpretación" (*ibídem*); afirmación que, en la práctica realidad de una terapia, resulta cuestionable, pero interesante y válida si no se la toma en términos absolutos.

En su calidad de fenómeno transicional, el juego y sus derivados tienen lugar en el espacio intermedio entre lo subjetivo y lo objetivo, la omnipotencia de los procesos intrapsíquicos y la realidad externa compartida, principio de placer y realidad, el sueño y la vigilia, la fantasía y los hechos. Posibilita una serie de transiciones y transacciones entre estos pares dicotómicos: "sin necesidad de alucinaciones, [el juego] emite una muestra de capacidad potencial para soñar y vive con ella en un marco elegido de fragmentos de la realidad exterior" (*ibídem*, 76).

Más allá de los efectos terapéuticos que el juego pueda producir en el paciente, veremos que la incapacidad del terapeuta para jugar puede y suele culminar en una serie de formas de especularidad alienante; mientras su capacidad para el juego suele contribuir a la especularidad estructurante y al proceso de significación.

Igual de importante es la advertencia de que los bordes de estos espacios intermedios de juego son tenues y resbaladizos. Si uno se propone jugar y a que el paciente juegue, también cabe tener en cuenta que el juego "puede llegar a ser aterrador" (*ibídem*, 75), razón por la cual muchas veces se detiene o culmina de forma desfavorable, incluso catastrófica. En el extremo, más de una vez los juegos de rol han culminado en asesinato, y los adultos constantemente están vigilando los juegos infantiles, por si acaso. En la vida cotidiana no es poco frecuente que de las bromas se pase a los gritos y puñetazos.

A primera vista, puede parecer inadecuado que el terapeuta adopte una actitud juguetona ante una serie de manifestaciones de la sintomatología, derrumbe y sufrimiento psicóticos. En este sentido, recuérdese que los humoristas suelen emplear sus tragedias existenciales y taras físicas en sus producciones humorísticas, de modo que "el humor puede concebirse como la más elevada de las operaciones defensivas. Desdeña sustraer de la atención consciente el contenido de representación enlazado con el afecto penoso" (Freud, 1905, 221). Y culmina este proceso desplazando la investidura hacia algo accesorio y en cierta medida insignificante.

A modo de ejemplo, Freud cita la anécdota del reo que, mientras se le conducía para ser ejecutado, un lunes por la mañana, dice: "¡Vaya forma de empezar la semana!" (ibídem, 216). Aquí el placer humorístico deriva de un gasto de afecto penoso ahorrado, en parte debido a que el desplazamiento hacia algo accesorio (el día de la semana) se apoya en el proceso primario y transgrede la lógica formal, desestimando así el afecto penoso.

En lo que se refiere al sujeto productor del humor, ese desplazamiento produce una "exaltación de su yo" (ibídem, 221), derivada de que el reo puede posicionarse en una relación de superioridad y relativa indiferencia en lo que a sus penas respecta (la angustia por ser ejecutado). Es como si en este interjuego de la otredad de sí mismo, uno se sintiera demasiado superior como para sufrir las penas que sufre. "Es evidente que lo grandioso reside en el triunfo del narcisismo, en la inatacabilidad del yo triunfalmente aseverada" (Freud, 1927b, 158).

En el oyente de la producción humorística, entre otras cosas el placer humorístico deriva del "reconocimiento" (no consciente) de la eficacia de tales procesos defensivos, de modo que "el gasto de compasión, que ya estaba pronto en nosotros, se vuelve inaplicable y lo reímos" (Freud, 1905, 217s). Al ver que el reo logra desestimar su sufrimiento, nos ahorramos el gasto de compasión y nos reímos.

Este doble planteamiento acerca del sujeto productor y el oyente brinda un punto de partida para pensar acerca del humor en la Clínica de lo Cotidiano. En otro lugar dije que "el humor es el instrumento que posibilita transformar los dramas y tragedias -nuestros y de los pacientes- en terreno de juego" (Dozza, 1994b, 24).

Los próximos apartados se basan en la hipótesis según la cual el juego y el humor pueden llegar a ser un instrumento fundamental para la economía contratransferencial del terapeuta, y a la vez en el manejo de la sintomatología (intersubjetiva) y la transferencia, incluido todo lo relativo a la especularidad y el proceso de (re)significación.

> *Reírse de todo es propio de tontos, pero no reírse de nada lo es de estúpidos.* (Erasmo de Rotterdam, 1466-1536)

> *Acaso sé yo por qué el hombre es el único que ríe. Solo él sufre tan profundamente que ha tenido que inventar la risa.* (Nietzsche)

En "El chiste y su relación con lo inconsciente", Freud (1905) se refiere al humor como siendo "una de las operaciones psíquicas más elevadas" (*ibidem*, 216). La capacidad para el chiste, la comicidad y el humor, deriva de los juegos infantiles, y más específicamente del "*juego* con palabras y pensamientos" (*ibidem*, 123), que tiene su fundamento en los modos primitivos del funcionamiento psíquico[77].

Al hablar del efecto de la comicidad, entre otras cosas Freud (*ibidem*, 212ss) señala que lo cómico resulta de la comparación entre el Yo adulto y el infantil; de modo que la risa deriva, entre otras cosas, del percatamiento del excesivo gasto de energía del Yo infantil. Por ejemplo: uno puede percatarse de que se saca la lengua mientras escribe; es decir, que actúa como un Yo infantil que gasta demasiada energía y resulta cómico al Yo adulto. La energía sobrante que se ahorra el Yo adulto queda disponible y se descarga a través de la risa. Esta diferencia de gasto se halla:

"a. por una comparación entre el otro y el yo, o

b. por una comparación dentro del otro toda ella, o

c. por una comparación dentro del yo toda ella". (Freud, 1905, 213)

---

[77] A pesar de que Freud (*ibidem, passim*) establece algunas diferenciaciones terminológicas, para facilitar la exposición emplearé de forma indiscriminada los términos "chiste", "cómico" y "humor", considerando a modo de diferenciación que el juego no implica necesariamente la producción de situaciones chistosas, cómicas o humorísticas. Freud destaca las funciones defensivas implicadas en el humor, a la vez que deriva el placer humorístico fundamentalmente de "*un gasto de afecto ahorrado*" (*ibidem*, 216). Dice que todo ahorro de gasto resulta placentero. A su vez, Winnicott privilegia una descripción de los aspectos comunicacionales y creativos (transicionales) implicados en el juego y el humor (cf. Winnicott, 1971b, 79ss). Teniendo en cuenta que estas dos formas de abordaje se complementan, emplearé las argumentaciones de ambos autores según lo demande los temas y anécdotas discutidos.

Por lo tanto, tales mecanismos de la comicidad solo son posibles en un sujeto capaz de establecer una relación de otredad consigo mismo y el otro, lo cual posibilitaría la comparación de gasto de energía entre el otro y el yo (a), en el otro (b) o dentro del Yo toda ella (c).

Aquí podría plantearse una posible objeción: en la medida en que el psicótico sufre un considerable menoscabo en la estructuración de una relación de otredad consigo mismo, estaría contraindicado el empleo del humor como forma de intervención.

Además, Freud (*ibídem*, 36, 81, 199) señala que el *doble sentido* es uno de los elementos fundamentales para la técnica del chiste y su efecto en el oyente, lo cual hace suponer un sujeto mediador entre el sentido abstracto y el literal (doble sentido). Con lo cual, por lo menos como punto de partida teórico, el psicótico supuestamente carecería de la estructuración psíquica necesaria para sacar provecho de la participación en situaciones humorísticas.

Sin embargo, sabemos (o considero) que esto no es así. Muchos psicóticos tienen capacidad para el humor, mientras otros no; y (aunque por caminos diferentes) lo mismo vale para los neuróticos. Habría que hablar de una (in)capacidad intersubjetiva para el humor.

De todas formas, resulta interesante observar que, cuanto menor es la capacidad del psicótico para construir y entender chistes, o participar en situaciones humorísticas, mayor suele ser el efecto cómico que produce en los demás.

Una serie de ocurrencias y conductas del psicótico suelen resultar graciosas a las personas en general. En un ámbito más específico, y sobre todo en las reuniones informales entre profesionales que trabajan con psicóticos, la risa suele estar garantizada.

El psicótico, sobre todo en la medida en que no accede a participar intersubjetivamente en situaciones humorísticas y reírse de ellas, se encuentra atrapado en una relación sin mediación con la risa ajena; de modo que puede llegar a convertirse en un "chiste sin sujeto" o "chiste ambulante". Más que participar en el chiste, lo constituye y encarna.

Para ser relativamente fiel a la diferenciación establecida por Freud (*ibídem, passim*), diría que el psicótico puede resultar chistoso en la medida en que encarna y actúa aquello que en el neurótico está reprimido; deviene cómico en función de la comparación del gasto de energía (entre el Yo "adulto" del neurótico y el Yo "infantil" del psicótico), y resulta humorístico en la medida en que el Yo del neurótico se posiciona en una relación de superioridad, en el sentido de no reconocerse en los padecimientos, defectos y condición psíquica del psicótico (al igual que el reo que desestimó sus penas posicionándose en una relación de superioridad).

No resulta difícil dilucidar algunos de los elementos que establecen esta comicidad de lo psicótico. De hecho, el mismo Freud (que apenas menciona la psicosis en su trabajo) brinda algunas sugerencias al analizar la economía de la risa. Dirá, por ejemplo, que los "modos de pensar de lo inconsciente parecen -si bien no siempre- cómicos a la crítica" (*ibídem*, 194); y eso en la misma medida en que el revelador lenguaje de los sueños puede resultar gracioso (por ejemplo, cuando en una reunión informal alguien cuenta un sueño).

También resulta cómica la ingenuidad, es decir: todas aquellas manifestaciones conductuales en que se observa en el otro un ahorro de gasto debido a la falta de inhibición interna o represión (lo cual ocurre en cierta medida en la psicosis). Si en una reunión un niño se saca el pene y dice a su madre que quiere hacer pis, puede que los adultos se rían. Si esto mismo lo hace un adulto, o un niño ya mayor, posiblemente esto ya no tenga gracia. Para que tenga gracia "tenemos que estar seguros de que en la persona productora [de lo cómico] falta la inhibición interna" (*ibídem*, 177, corch. LDM).

También suele resultar graciosa toda expresión caricaturesca de las emociones, los movimientos expresivos desmesurados o su contrapartida (por ejemplo, en el caso del catatónico). En definitiva, pueden resultar cómicas (aunque no necesariamente) todas aquellas expresiones y manifestaciones más directamente derivadas de los mecanismos que gobiernan el psiquismo infantil (primitivo) e inconsciente.

Si no hay que confundir lo infantil con lo psicótico, diría que serán los modos *primitivos* de funcionamiento psíquico en la psicosis (proceso primario, escisión, menoscabo de la represión) los que van a ponerla en una relación sin mediación con la risa ajena. De ahí que los sueños, el delirio y la "ensalada de palabras" pueden resultar graciosos.

La gracia de la "ensalada de palabras" parece deberse a que dicha "ensalada" representa para el neurótico una ruptura con las exigencias de la lógica formal y lineal (ahorro de gasto), algo que le remite al placer del lenguaje infantil que privilegia la homofonía y la "representación acústica de la palabra" (*ibídem*, 115). A su vez, el delirio remite al neurótico al placer de la libre fabulación en la infancia. Desde luego, esto es lo que el neurótico se representa para sí, pero no hay que dar por sentado que al psicótico le resulte placentero.

Por otra parte, Freud (*ibídem*, 163) comenta que algunos de sus pacientes neuróticos se ríen cuando la interpretación es una traducción fiel de lo inconsciente, es decir, que la risa atestigua la validez ("verdad") de lo comunicado, en el cual el paciente se reconoce. Se trata, por lo tanto, de una risa que valida lo escuchado en la medida en que el sujeto se reconoce en ello. "Todos [los autores] parecen admitir que el redescubrimiento de lo consabido, el ´reconocimiento`, es placentero" (*ibidem*, 116).

Ahora bien, hemos visto que el psicótico tiende a encarnar y actuar aquello que en el otro es inconsciente, de modo que la risa ante las manifestaciones del psicótico vendría atestiguar (al igual que lo hacían los pacientes de Freud) la validez o "verdad"[78] de tales manifestaciones, es decir, que aunque inconscientemente, el neurótico se reconoce en ellas.

Sin embargo, en un nivel secundario y desde la razón crítica, el neurótico tiende a desestimar esto en lo que se reconoce poniéndole un signo de negatividad (disparate, etc.) y riéndose de la "tontería psicótica"[79].

Esta risa ante la "tontería psicótica" suele dibujar en el espejo la imagen que el psicótico encarna. En términos pictóricos, se trata de imágenes tipo bufón, bobo de la corte, payaso (en sentido peyorativo), niño gracioso o tonto etc.

Si lo planteado es mínimamente válido, resulta ser una descripción aproximada de una de las formas en que el humor puede convertirse en algo alienante; es decir, una de las vertientes del nexo alienante entre la risa y lo psicótico.

---

[78] Esta "verdad" que el psicótico encarna no es necesariamente una "verdad" de *contenido semántico*. El menoscabo de la represión en la psicosis puede producir una serie de manifestaciones que revelan aquellos *modos primitivos de funcionamiento psíquico* que en el neurótico están atravesados por el principio de realidad y el proceso secundario, así como por la represión, los valores socioculturales, la moral, la lógica formal y lineal etc. No se trata de decir, por ejemplo, que en su "ensalada de palabras" el psicótico dice "verdades semánticas" acerca de la existencia humana o un otro específico, sino que dicha "ensalada" remite al neurótico a la ganancia de placer derivada del juego de palabras (homofonía, representación acústica) en la infancia.

[79] Al hablar del chiste, Freud comenta que el trabajo del sueño usa la absurdidad y el disparate para "figurar una crítica acerba y una contradicción despreciativa" (*ibídem*, 168), lo cual conduce a un rebajamiento peyorativo del contenido del sueño. De hecho, en situaciones cotidianas vemos cómo las personas suelen contar sus sueños como si se tratara de un chiste o disparate. Sin ese rebajamiento peyorativo, posiblemente casi nadie contaría sus sueños a los demás (por ejemplo, en una reunión entre amigos).

Desde el humor es posible establecer relaciones alienantes y estructurantes. Puede resultar alienante en la misma medida en que ciertas personas resultan desagradables al emplear su "gracia burlesca" para depositar en el otro sus desechos representacionales. Aquí entrarían en escena estos chistes y bromas "de mal gusto" que tienden a ridiculizar, disminuir, someter, menospreciar etc.

Desde luego, siempre cabe tener en cuenta la escucha del sujeto objeto de la broma. Algunas personas tienen gran capacidad para ahorrarse energía basándose en su don para tomarse las cosas con humor; y, sin duda, "algo como una grandeza de alma se oculta tras esa *blague* {humorada}" (*ibídem*, 217).

Por otra parte, si se puede decir que algunas formas de humor resultan alienantes (ya sea con neuróticos o psicóticos), cabe esperar que estos procesos que alienan contengan los fundamentos para pensar acerca del establecimiento de formas estructurantes de comunicación basadas en el humor.

La directriz para discutir este planteamiento clínico sería: la escenificación de formas juguetonas y humorísticas de intervención deriva, en primera instancia, de la posibilidad de desmontar el nexo alienante entre la risa y lo psicótico. No se trata de no reírse de lo psicótico y con el psicótico, dado que esto sería un intento fallido de contraponerse a los fundamentos de la risa y reprimirla. De lo que se trata es de operar, desde el juego y el humor, la validación intersubjetiva de los modos de funcionamiento psíquico en la psicosis, recontextualizar aquellos nexos sin mediación con la risa y resignificar el contexto intersubjetivo en que se produce (ver próximos apartados).

Con tales intervenciones, o actitudes juguetonas, se pretende promover alteraciones en el contexto intersubjetivo (interpersonal); de modo que, aun cuando la estructura psíquica del paciente no se altere, es posible observar alteraciones positivas en sus manifestaciones psicodinámicas.

Conviene empezar esta discusión analizando el juego (en la relación terapéutica) en "estado puro" (juego no humorístico), para luego adentrar en aquellas situaciones de juego más directamente relacionadas con el humor y las tendencias pulsionales[80].

Asimismo, conviene advertir que en la escenificación de situaciones humorísticas no se trata de esperar, necesariamente, que el paciente se ría. Es decir, se

---

[80] Según Freud: "El chiste, que en su origen estuvo exento de tendencia [pulsional] y empezó como un juego, se relaciona *secundariamente* con tendencias a las que a la larga no puede sustraérseles nada de lo que es formado en la vida anímica" (*ibídem*, 127, corch. LDM).

considerará humorística toda intervención en que se emplee mecanismos de comunicación similares a los empleados en el humor. Aun cuando el paciente no se ría en tales circunstancias, puede obtener ganancia de placer, evitación de displacer y/o algún beneficio afectivo derivado del efecto de (re)significación. Si el paciente puede reírse, y nosotros también, mejor todavía.

La "risa intersubjetiva" es la contrapartida de aquella risa alienante en la que, por lo general, solo uno se ríe del otro pero no con el otro.

9.3 JUEGO DE PALABRAS

Sobre todo en mí experiencia con esquizofrénicos graves, me he percatado de que tales pacientes suelen disfrutar ante la posibilidad de establecer una comunicación verbal que desestima la lógica formal y lineal, y se basa en la rima, ritmo, etc. En tales experiencias comunicacionales, lo fundamental de la tarea terapéutica es el mantenimiento de un estado afectivo y conductual caracterizado por una disposición juguetona, a la vez que todo intento de establecer un sentido formal estropea o entorpece dicha disposición y el juego comunicacional.

Freud comenta que sobre todo los niños y algunos pacientes privilegian la "representación acústica de la palabra sobre el significado de esta" (*ibídem*, 115). También el placer derivado de algunas formas de poesía puede derivar de esta fuente (cf. Stern, 1985, 192).

En el mejor de los casos, este privilegio por la representación acústica y el mismo sinsentido constituyen un espacio de juego en el cual el sujeto puede descansar de la tensión (gasto de energía) que supone el sostener la linealidad de pensamiento y las exigencias formales de la razón crítica (cf. Freud, 1905, 120ss). Este "lugar de descanso" es el espacio transicional.

Aunque no refiriéndose a pacientes psicóticos, en un apartado titulado "La búsqueda de la persona" Winnicott dice que: "En el relajamiento correspondiente a la confianza y a la acepción de la seguridad profesional del marco terapéutico (sea este analítico, psicoterapéutico, de labor social, arquitectónico, etcétera) hay cabida para la idea de secuencias de pensamiento no relacionadas entre sí, que el analista hará bien en aceptar como tales, sin suponer la existencia de un hilo significante de unión entre ellas [...] El terapeuta que no puede captar esa comunicación se dedica a un inútil intento de encontrar alguna organización en lo carente de sentido, como consecuencia de lo cual el paciente abandona esa zona, dada la imposibilidad de comunicar lo insensato" (Winnicott, 1971b, 81s).

Diría que la aceptación del sinsentido (por parte del terapeuta) instituye un contexto intersubjetivo que significa el "sentido" posible de aquello que en esencia no tiene sentido. Este "sentido minimalista" deriva de la posibilidad de *compartir* el sinsentido, dado que los "encuentros intersubjetivos son metas primordiales en los seres humanos" (Stern y otros, 1998, 11).

Durante los primeros meses de Acompañamiento, un paciente esquizofrénico grave (Pedro) se mostró muy negativista y siempre me echaba de su casa. Los encuentros, que en principio estaban previstos que durasen tres horas, por lo general no llegaban a la segunda hora. En uno de estos encuentros, como de costumbre Pedro soltó de la nada una palabra sin sentido, ante lo cual contesté en los mismos términos. Con los ojos desencajados, y quizá algo sorprendido, Pedro me miró y siguió el juego.

Sin que ninguno de los dos lo verbalizara, en pocos minutos establecimos las *reglas del juego*, que básicamente consistían en decir cualquier cosa sin tardar, es decir, sin pensárselo. Este juego pudo haber durado media hora o más, y sentía un movimiento de inercia que tendía a perpetuarlo. El aspecto temporal del encuadre (final del encuentro) contribuyó a acotar esta tendencia.

Con tan solo estos datos, conviene preguntar qué sentido terapéutico puede tener este tipo de situación. Resulta difícil cualquier afirmación en términos de resultados terapéuticos a medio y largo plazo. A nivel más inmediato, decir que Pedro daba claras señales de estar disfrutando, y mantuvo un contacto comunicacional positivo durante todo el encuentro. Por primera vez en varios meses no me echó, y el encuentro duró las tres horas previstas.

Al hablar de la psicoterapia con esquizofrénicos, Searles se refiere a la capacidad del terapeuta para "participar cada vez más con el paciente en juegos de palabras, verbalizaciones caóticas y sin sentido y el libre vuelo de la fantasía, de los que ambos disfrutan. [...] y es este tipo de interacción lúdica y libre, que históricamente puede rastrearse hasta los comienzos de la relación verbal en la vida del niño pequeño, el que sirve de base para el desarrollo gradual en el paciente de límites *yoicos* firmes [...]. Con sorpresa, el terapeuta comprende que hay un tipo de caos y de confusión que no es destructivo ni provoca ansiedad, sino placer, esto es, el caos juguetón". (Searles, 1966, 155)

Todo apunta a que el hecho de que la comunicación resulte placentera para el paciente (y Acompañante), reviste una importancia crucial. De forma análoga, el desarrollo comunicacional del niño pasa invariablemente por el juego de palabras y la libre fabulación, y resulta evidente que los adultos no solo lo permiten, sino que lo disfrutan. Con ello los adultos en general, y los terapeutas de psicóticos en particular, pueden permitirse volverse "sanamente locos", es decir, hacer incursiones interpersonales en el ámbito del sinsentido, cuyo sentido consiste en compartirlo a través del juego. Todo ello se da sobre la base de unos modos de comunicación socialmente aceptados y validados en función del rol (de adulto, padres, terapeuta).

A su vez, el juego con Pedro pudo haber contribuido a encuadrar y significar intersubjetivamente su "ensalada de palabras". Como he indicado, este encuadre (las "reglas del juego") se basa fundamentalmente en la idea de que la aceptación del sinsentido instituye un contexto intersubjetivo que significa el sentido posible de aquello que en esencia no tiene sentido.

Aquello que en un primer momento era verbalización caótica, desintegrada y ansiógena, se convirtió (significación) en un juego compartido de palabras que resultó placentero y ansiolítico. Se trata de un efecto de significación verbal sin significado semántico.

9.3.1 Desmontaje del discurso y herida narcisista

Siguiendo con la anécdota anteriormente descrita, podría pensarse que, cuando Pedro me echaba (a veces físicamente), esta actitud era una reacción ante mi resistencia a permitir aquellos niveles primitivos de comunicación relacionados con el juego. En este sentido, corresponde citar lo que ocurrió tras nuestro juego de palabras, tal como lo he descrito en otro lugar: "Cuando me fui del apartamento de Pedro (y ese día él no me echó), sentía mucho dolor por el cuerpo, sobre todo en el pecho, en donde parecía que una masa sólida se iba expandiendo. Estas sensaciones permanecieron durante semanas, y el hecho es que sentía una angustia intensa; a punto de tener que llamar a Pedro el viernes (el juego de palabras había sido el martes) inventando una excusa y diciendo que no podría ir a verle este día […]. A la semana siguiente, más o menos recuperado, fui al apartamento de Pedro y percibí que ya no había canal de comunicación. De modo que él me dijo: 'tu entraste dentro de mí, pero después saliste'". (Dozza, en AAVV, 1991, 73; trad. LDM)

Esta descripción ilustra cómo el juego puede llegar a ser aterrador, en este caso, para el Acompañante (cf. Cauchick, 1999, 113-119).

La pérdida, en un segundo momento, del espacio de juego comunicacional, derivó fundamentalmente del menoscabo de la capacidad del Acompañante para jugar desmontando la lógica formal y las cadenas asociativas.

En una línea de reflexión similar, al hablar de la comunicación con esquizofrénicos, Searles (1966) señala cómo determinadas verbalizaciones caóticas y burlescas del paciente pueden derivar de la intención sádica de atacar y enloquecer al terapeuta. Por otra parte, añade que dichas verbalizaciones burlescas y caóticas "tienen en la raíz una cualidad lúdica sana" (*ibidem*, 155).

Sostengo que el que sea algo sano o patológico, lúdico o sádico, depende en gran medida de la organización defensiva y respuesta del terapeuta. En la medida en que el terapeuta es capaz de sostenerse en la zona de juego, tiende a percibir tales verbalizaciones burlescas y caóticas como poseyendo una cualidad lúdica sana, y las percibirá como algo sádico, enloquecedor y patológico en la medida en que la incursión en tales ámbitos comunicacionales le resulte confusional y persecutoria (que fue lo que a mí me pasó).

Así, cuando relaté aquella anécdota en el "I Encuentro de Acompañantes Terapéuticos de São Paulo" (1989), dije que "no podía aceptar y soportar el juego psicótico que Pedro me proponía, cual sea: el de que nuestros cuerpos se fusionasen dejándome indiscriminado en su locura" (en AAVV, 1991, 73). En la actualidad, no estoy de acuerdo con este "diagnóstico situacional", de modo que conviene aplicar aquí el "diagnóstico especular", es decir, aquél en que se diagnostica las vicisitudes (en este caso discursiva) de las defensas del terapeuta.

En este sentido, en aquel "Encuentro de Acompañantes" con gran acierto Gregorio Baremblitt comentó esta anécdota diciendo que: "Un momento trascendental de este encuentro, de esa 'terapia`, fue a mi juicio cuando el paciente propuso a uno de los compañeros un juego. Un juego de decir cosas sin nexo que el compañero experimentó, no por casualidad, como un juego corporal y no apenas verbal. En ese momento, se sintió muy angustiado y, como en un momento de máxima psicosis, una propuesta de indiscriminación, un peligro de captura especular, alienación narcisista y simbiosis. Interesante, porque aquello que el llamado paciente propuso es lo que los llamados analistas suelen proponer a sus pacientes en la primera sesión: la asociación libre. En este momento el paciente no estaba proponiendo ninguna indiscriminación. Lo que proponía era un momento cartesiano - Descartes escribió el método. Este paciente está diciendo: 'Este es el momento del método; expongo el método para construirnos el mundo, un mundo único e irrepetible, en una producción imprevisible que consiste en aceptar el *non-sense*. Deconstruir el mundo de los sentidos, para poder, libremente, asociar todo lo que no tiene sentido`. Una propuesta de esta naturaleza es la propuesta más deshonesta que un terapeuta puede recibir desde su condición de especialista, profesional. La angustia del peligro de desmoronamiento, del derrumbe de lo instituido, para la producción de un mundo nuevo. Creo que esto es una propuesta de invención radical. A cada vez, el objeto, la relación de encuentro (no de desencuentro), el palabrerío para referirse a esto, tiene que ser inventado, y de ahí que se ha reiterado en la cuestión de la poesía". (Baremblitt, en AAVV, 1991, 83s; trad. LDM)

Con suma facilidad, las frases disparatadas de Pedro solían producir la risa. Sin embargo, tras el desmontaje llevado a cabo por Baremblitt, si acaso, lo gracioso resultó ser el desenmascaramiento de la trama que urdí con fines defensivos: una trama discursiva que sentencia el defecto intrapsíquico del paciente para así encubrir el propio.

Como hemos visto, un gasto excesivo de energía (en este caso, para fines defensivos por mí parte) puede resultar cómico. Además, Freud (1905) dice que el desenmascaramiento es uno de los recursos para la producción de lo cómico, y que este desenmascaramiento cómico se dirige por lo general "a personas y objetos que reclaman autoridad y respeto y son *sublimes* en algún sentido" (*ibídem*, 190). En este contexto, la supuesta "autoridad, respeto y sublimidad" del terapeuta deriva fundamentalmente del reconocimiento sociocultural de su rol profesional, así como de todos los ideales en él depositados.

Si lo planteado pudiera tener alguna validez general, diría que el desmontaje de aquellos nexos alienantes entre la risa y lo psicótico supone un golpe a modo de herida narcisista en el terapeuta, en la medida misma en que tales desmontajes llevan consigo cierto grado de desenmascaramiento de su organización defensiva, compromisos corporativos y status sociocultural. Fundamentalmente, desde estos lugares he dicho que "Pedro propuso un juego patológico", cuando debí decir que "no he sabido o podido jugar".

A su vez, resulta que Pedro se salió de este desmontaje con aires de Don Quijote, que según Freud "es originariamente una figura puramente cómica, un niño grande a quien le han sorbido el seso las fantasías de sus libros de caballería. Es sabido que al comienzo fue solo eso para el autor, y que la criatura fue creciendo poco a poco más allá de los primeros propósitos de su creador. Pero después de que el autor provee a esa ridícula persona de la sabiduría más profunda y los propósitos más nobles, y lo convierte en campeón simbólico de un idealismo que cree en la realización de sus metas, que toma en serio sus deberes y al pie de la letra sus promesas, esa persona cesa de producir efecto cómico". (Freud, 1905, 219)

Parece haber una estrecha relación de correspondencia entre la capacidad del terapeuta para tolerar aquellas heridas narcisistas, derivadas de tales desmontajes y desenmascaramientos, y las posibilidades de estructurar una mirada narcisizante ("cervantina") hacia el paciente. En donde falla lo primero, sucumbe lo segundo; en donde el terapeuta no puede sostener el juego, el paciente recibe especularmente el signo de la negatividad y lo patológico. Y a la inversa: en donde el terapeuta puede jugar, se abren mayores posibilidades de estructurar una mirada narcisizante y validar el modo de ser psicótico.

9.4 JUEGO DE ACCIONES Y TRAYECTO POÉTICO

Si en el apartado anterior hemos visto algunas cuestiones relativas al juego de palabras y la libre fabulación, ahora corresponde hablar de *juego de acciones y escenificación de tales fabulaciones*, priorizando aquellas ocurrencias que tienen lugar en el contexto comunitario.

Un ejemplo de juego de acciones aparece reflejado en la anécdota en que Paola y yo, como de costumbre, nos habíamos perdido por la ciudad de Madrid y buscábamos el camino de vuelta a casa. En determinado momento, justo al doblar una esquina, había una flecha dibujada en la pared, indicando hacia la dirección contraria a la que caminábamos. Sin vacilar, Paola apuntó hacia la flecha y dijo: "No, es en aquella dirección", y se puso a caminar según indicaba la flecha; ante lo cual dije: "Sí", sin plantearme si el cambio de dirección tenía algún sentido lógico en términos espaciales y respecto al aspecto formal de la tarea (encontrar el camino de vuelta). Lo cierto es que enseguida encontramos referencias (calles, lugares) que posibilitaron *estructurar un camino*.

Analizando lo ocurrido, resulta que, en un primer momento, había una situación de sinsentido y caos, de estar perdidos en la ciudad y sin referencias espaciales. Luego, con gran ingenio Paola significó este sinsentido empleando un elemento de la realidad externa (la flecha) y confiriendo un sentido "sin sentido" tanto a la flecha como al caos. El sentido derivó de la dirección indicada por la flecha, y el sin sentido de que, según la lógica formal, no tiene sentido orientarse por tales señales.

Lo fundamental ha sido la construcción juguetona de este sentido de orientación, y no tanto el sentido de la orientación (es decir, que el sentido que indicaba la flecha fuese, o no, el más "correcto").

Si uno no puede aceptar esta situación de juego, posiblemente pensará: "esta esquizofrénica siente que la realidad externa está organizada según sus necesidades y la omnipotencia de sus procesos psíquicos; de modo que debo ayudarla a ver que no hay ninguna relación entre nuestra situación (estar perdidos) y la flecha con la que nos encontramos por casualidad".

Desde este enfoque, uno hubiese podido actuar, por ejemplo, esforzándose por enseñar a la paciente a pedir información, usar un mapa de la ciudad, etcétera.

Si bien una actitud pedagógica puede ser favorable en determinadas situaciones y casos, en la anécdota descrita hubiese podido estropear la producción de aquel "trayecto poético", así como la capacidad de ingenio juguetón y creativo de la paciente, con el cual ella siempre se las arreglaba para llegar a los lugares o simplemente no llegar, cuando se trataba tan solo de perderse por Madrid.

Se trata de un trayecto poético en el sentido de que, al igual que en algunas formas de poesía y en el juego de palabras, el trayecto no se desarrolla siguiendo la lógica formal y lineal. Esto hace recordar el caminar errático de Don Quijote (Cervantes, 1605), y aquello de que:

> Caminante, son tus huellas
> el camino, y nada más;
> caminante, no hay camino,
> se hace camino al andar. (Machado)

Con Paola, la aceptación de este caos juguetón siempre estuvo sostenida por el encuadre, de modo que, al final del encuentro, teníamos que haber llegado a su casa. Además, cuando observaba que el caminar caótico resultaba angustiante, trataba de acotar el camino. Si uno se propone ser una bandera que se deja llevar por los vientos del azar, hay que asegurarse de estar atado al mástil (encuadre).

Ya en lo referente a la escenificación de fabulaciones, para aprovechar el hilo de argumentaciones citaré una anécdota clínica del Acompañamiento Terapéutico de Pedro (paciente con una esquizofrenia grave). Claudia Aguiar cuenta que: "Estaba cerca de su cumpleaños y Pedro quería regalarse unas gafas. Decía que quería ver mejor. Mientras me contaba el tipo de gafas que necesitaba para ver mejor, empecé a percatarme de que no las encontraríamos en una óptica común. Salimos de su barrio y desembocamos en el centro de la ciudad [São Paulo]. Pedro me cogió de la mano y me condujo por el camino, diciendo que corría el riesgo de perderse. Caminando de forma acelerada salimos en la calle Santa Ifigenia. En esta calle, fuimos parando de tienda en tienda. Entonces, él quería comprar brocas, destornilladores, madera y esas cosas. Le dije que no tenía dinero para comprar todo lo que quería. Pedro desiste y retoma la idea de las gafas. Empieza entonces a rememorar el pasado, refiriéndose a unas gafas que tenía cuando vivía en otra ciudad, antes de su primer brote. El ambiente era nostálgico y se lo dije. Pedro siguió hablando, ahora de drogas, ácido, pinchadas y muerte.

Ahora bien; entramos en una tienda en que se vendía material, cosas y ropas adecuadas para quienes trabajan con productos agrotóxicos. Y fue ahí en donde compró sus gafas. El vendedor, Pedro y yo, nos implicamos en la experimentación de varias gafas, hasta tal punto que el vendedor pidió el espejo personal de maquillaje de la cajera, para que Pedro pudiese probar las gafas. Compró unas de lentes blancas, diferenciándolas de las antiguas que usaba y tenían lentes oscuras, 'en donde el otro no podía ver mis ojos`, dice". (Aguiar; en Mendonça, Aguiar y Sereno, 1991, 71; trad. LDM)

Pedro quería regalarse unas gafas por su cumpleaños, y resultó que la compra y, sobre todo, la *producción* del regalo pasó por una construcción significante del paso del tiempo, de la situación anterior al primer brote, de las gafas oscuras y las drogas[81].

Como si de una construcción onírica o chistosa se tratara, en términos de representación verbal resulta que "gafas oscuras" y "drogas" (relacionadas con muerte) pasan por un proceso de re-significación y condensación, convirtiéndose en "gafas agro tóxicas" con lentes claras, para ver mejor.

Sin embargo, en la anécdota descrita la construcción de "gafas agro tóxicas" no se produce desde las representaciones verbales, sino más bien en el contexto de una serie de escenificaciones que culminan en la concreción de aquellas gafas.

En un individuo neurótico, el material de esta anécdota se acerca a lo que hubiese podido ser el material manifiesto de un sueño; de modo que uno se despertaría extrañado por la absurdidad de tales imágenes, preguntándose acerca del significado de aquellas gafas agro tóxicas. En términos analíticos, se cuestionaría acerca de las vicisitudes de los desplazamientos, condensaciones y restos diurnos desde los cuales el trabajo del sueño habría construido aquellas imágenes.

---

[81] Al hablar de la recuperación mnémica de situaciones que no tienen tanto que ver con la represión, Stern cita a Proust: "[...] El pasado está oculto en algún lugar fuera del reino del intelecto, más allá de su alcance, en algún objeto material (en la sensación que ese objeto material nos dará) que nosotros no sospechamos. Y en cuanto al objeto, depende de la suerte que tropecemos o no con él antes de nuestra muerte... Pero, cuando nada subsiste de un pasado distante, cuando las personas ya están muertas, cuando las cosas ya están rotas y esparcidas, sin embargo, solos, más frágiles, pero con más vitalidad, más insustanciales, más persistentes, más fieles, el olor y el gusto de las cosas siguen posados un largo tiempo, como almas, listos para hacernos recordar, aguardando y esperando su momento, en medio de las ruinas de todos los restos; y portan sin vacilar, en la minúscula y casi impalpable gota de su esencia, la vasta estructura del recuerdo" (Proust, citado por Stern, 1985, 316s).

A su vez, lo que se observa en la anécdota es la escenificación concreta de un sueño, pero un "sueño" sostenido por la acción e interacción con elementos de la realidad externa compartida.

Salvando las diferencias, diría que aquello que en el neurótico se construye desde "dentro" (trabajo del sueño), sobre todo en el psicótico grave hay que construirlo hacia afuera (cf. Racamier, 1980). Es como jugar a escenificar el sueño que el paciente no puede soñar.

Tales escenificaciones también son trayectos poéticos que desestiman la lógica formal y convencional.

En resumen, estas anécdotas ilustran algunas formas de construcción significante, posibles gracias al establecimiento y sostenimiento de un espacio de juego. Todo ello supone la capacidad, por parte del Acompañante, de participar en la construcción de situaciones escénicas que implican cierto grado de irresponsabilidad sana, transgresión y deconstrucción constructiva. Para que ello no se convierta en un juego aterrador y ansiógeno, debe de estar atravesado por diversas formas de encuadramiento e interdicción (decirle a Pedro que no tenía dinero para comprarlo todo, acotar el camino con Paola, etc.), así como por el empleo de fragmentos, objetos, personas y situaciones de la realidad externa compartida.

9.5 JUGANDO CON EL SÍNTOMA

Hay situaciones en que la actitud juguetona del Acompañante Terapéutico puede contribuir a cambiar el contexto intersubjetivo, y consecuentemente producir un efecto resignificante sobre determinados síntomas intersubjetivos.

Metafóricamente, diría que algunos aspectos de la existencia humana (y sobre todo aquellos que se manifiestan de forma más radical en la patología psicótica) se desarrollan en un laberinto sin salida, es decir, del cual es imposible salir caminando por las encrucijadas del laberinto. Sin embargo, los laberintos no suelen tener techo. Bajo esta condición, la única salida de un laberinto sin salida es saliendo hacia arriba, lo cual posibilita desmarcarse de la imposibilidad impuesta en el plano de la horizontalidad.

Esta metáfora indica que el juego (y en su caso el humor) es un recurso fundamental que posibilita dar este salto cualitativo: desmarcarse de la imposibilidad impuesta en el plano de la horizontalidad y establecer la dimensión posibilitadora de la verticalidad, o de todos los grados de transversalidad que posibiliten salir hacia arriba. A esta posibilidad de salida o desmarque la denominaré *escape transversal*.

El laberinto sin salida son estos enganches con las manifestaciones estereotipadas y crónicas de la patología; es la captura alienante que imposibilita el desmarque, ya sea del Acompañante, paciente o familia. El escape transversal es el desmarque y el juego, un recurso posibilitador en este sentido.

Paola (una paciente con una esquizofrenia grave) siempre pasaba de todo. Cuando yo le sugería o proponía algo, hacía algún comentario o pregunta, su reacción más frecuente era decir simple y llanamente: "paso". En cierta ocasión estábamos en su casa y Paola pidió fuego para encenderse un cigarrillo, ante lo cual le dije: "paso" (imitando su forma de decirlo).

Paola: (Sonriendo) Anda, dame fuego.

Acompañante: No, paso.

(Insistió un par de veces más, pero seguí pasando)

Paola: (Ensayando levantarse) Entonces voy a por el fuego en la cocina.

Acompañante: Bueno, vale; toma el fuego.

(Paola vuelve a sentarse)

Acompañante: Pensándolo mejor, paso. (Reímos) (SIC)

Este juego se extendió durante unos minutos y adquirió una forma cíclica. Cuando Paola ensayaba con levantarse para ir a por fuego, ya lo hacía a modo de representación teatral, esperando que yo cediera y me dispusiera a darle fuego. Sin embargo, tan pronto se sentaba recibía su merecido y esperado "paso", y la escena volvía a iniciarse con ella pidiendo fuego (al final le encendí el cigarrillo). Todo ello acompañado por risas y sonrisas.

Aquella situación laberíntica sin salida (dado que su "paso" la cerraba de entrada), que solía resultar extremadamente molesta y negativista, se convirtió en un juego compartido y placentero para ambos, mejorando en términos generales el flujo comunicacional. A partir de este día, aun cuando Paola volvía a su "paso", la experiencia compartida por ambos era diferente: su "paso" dejaba de tener aquella densidad laberíntica imposibilitadora y rechazante.

Parece ser que el recurso de la imitación, el haber imitado a Paola diciendo "paso", fue lo que produjo la risa y posibilitó aquel escape transversal. Respecto a la imitación, Freud dice: "Habiéndonos enseñado la experiencia que todo ser vivo es un otro y requiere de nuestro entendimiento un cierto gasto, nos desilusionamos si a consecuencia de una total concordancia o una imitación engañosa no nos hace falta ningún nuevo gasto. Ahora bien, nos desilusionamos en el sentido del aligeramiento, y el gasto de expectativa devenido superfluo se descarga mediante la risa". (Freud, 1905, 198)

En la anécdota, además de la risa derivada de esta "comicidad de expectativa" (no reaccioné cómo Paola esperaba), cabe añadir que la imitación llevada a cabo concuerda con un rasgo de conducta suyo (decir "paso") y, como hemos visto, el reconocimiento (en este caso de sí misma) resulta de por sí placentero y gracioso. Cuando Freud dice que "todo ser vivo es un otro" (*ibídem*), ese otro es el Acompañante, que en su calidad de imitador requiere un mínimo gasto de entendimiento por parte de Paola.

A la vez, en la medida en que el Acompañante escenificó la actitud de Paola, esta pudo reconocerse en dicha escenificación y establecer una otredad de sí misma, es decir, verse desde fuera u observarse desde una otredad de sí misma, pero en el sentido de que se ve a sí misma reflejada en el otro que la imita.

Cuando el individuo puede establecer una otredad intrapsíquica de sí mismo, tiene la capacidad de reírse de sí mismo y así desmarcarse, por lo menos hasta cierto punto, de sus automatismos, estereotipias, gastos excesivos etc. Esto "mismo" parece ocurrirle a Paola, con la diferencia de que puede reírse de sí misma al verse reflejada en el Acompañante que le imita.

No se trata de decir que la risa es terapéutica por sí sola. Lo que hace la risa es informarnos de que se produjo un desmarque, con lo cual la energía sobrante quedó disponible para ser descargada mediante la risa. Desde esta perspectiva, la risa es un criterio bastante fiel de evaluación clínica, sobre todo en lo que se refiere al desmarque.

Por supuesto, hay que tener en cuenta el contexto en que se produce la risa. Paola solía reírse de forma desconexa y a carcajadas, a veces de los "chistes" sin pies ni cabeza que me contaba: aquí no hay desmarque, sino fundamentalmente un intento fallido de descarga motriz. Sin embargo, más allá de que en función de la gravedad de su esquizofrenia se considere que la paciente no tenía acceso a la intersubjetividad, en la anécdota nos reímos juntos de algo que podíamos compartir; es decir, se trató de una "risa intersubjetiva" (cf. Stern y otros, 1998, 10).

Si en este aspecto de la relación con Paola no había hasta entonces acceso al juego y el humor, esto se debía fundamentalmente a una incapacidad intersubjetiva interpersonal. Con lo cual, conviene considerar que estos procesos especulares implicados en la economía de la risa operan también en el Acompañante.

En aquella situación de juego compartido, resulta que la paciente dio una lección especular de lo más efectiva, cual sea: ante mi pasotismo (en la situación de juego) Paola respondió de forma juguetona; de modo que, mirándome en este espejo, me pregunté por qué había estado tanto tiempo enojándome y tomándome tan en serio el pasotismo de ella; en definitiva, por qué había estado gastando tanta energía enojándome con su (nuestro) "síntoma".

Al verse desde este lugar, en que la paciente ocupa el lugar de uno, el Acompañante puede reírse de sí mismo, es decir, por la comparación respecto al excesivo gasto de energía que había estado derrochando al enojarse y ponerse demasiado serio con el pasotismo de la paciente. Al no necesitar enojarse, el gasto ahorrado se descarga mediante la risa.

> Paola: (Con tono rechazante) Paso.
>
> Acompañante: (Imitándola) Yo también paso.
>
> Paola: (Con entusiasmo) ¿¡Pasas de uva!?
>
> Acompañante: Nooo; a paso lento.
>
> Paola: Puto. (Reímos) (SIC)

Y aquí se puede ver a la paciente tomando la iniciativa del escape transversal, jugando a desmontar la lógica formal y pasando de la cadena de representaciones "paso de ti" (rechazo) a "pasas de uva" (invitación a jugar).

9.6 CLÍNICA DEL ABSURDO

El humor y el volver cómico a alguien pueden estar al servicio de tendencias hostiles (cf. Freud, 1905, *passim*), lo cual puede fomentar manifestaciones hirientes y alienantes de humor. Asimismo, argumentaré en pro de la hipótesis según la cual incluso en situaciones en que el humor está al servicio de las tendencias hostiles del Acompañante, su empleo como intervención escénica puede contribuir a que el paciente se desmarque de las especularidades alienantes.

En primera instancia, recuérdese los planteamientos de Winnicott acerca de cómo los padres manifiestan, de forma adecuada y estructurante, su odio hacia el bebé a través de las canciones de cuna y el proceso de desilusión. En este contexto, una de las tareas de los progenitores consiste en odiar apropiadamente a su bebé, teniendo en cuenta su condición psíquica.

En términos muy generales, habría una primera etapa a la que podría denominarse "etapa de las canciones de cuna", que se corresponde aproximadamente con el proceso de ilusión. Aquí los progenitores deben encontrar unas "válvulas de escape" para el odio (tales como las canciones de cuna). Tales "válvulas de escape" están más bien al servicio de la economía psíquica de los padres, mientras el bebé se beneficia al no recibir los impactos del odio de modo que su organización psíquica no puede tramitar.

En una segunda etapa, a la que podría denominarse "etapa del juego compartido", desde el proceso de desilusión poco a poco los padres van introduciendo nuevas formas de manifestar el odio, y el juego compartido será un recurso fundamental en este sentido. Se trata de un odio estructurante debido a que impulsa el proceso de desilusión, que es el facilitador de la destrucción del objeto fusionado y la quiebra del objeto idealizado.

Salvando las diferencias, diría que, desde el juego y el humor como formas de intervención, es posible operar unos procesos análogos a los anteriormente descritos; unos procesos en que el odio profesional del terapeuta puede resultar estructurante para el paciente, en el sentido de contribuir a que emplee su odio para desmarcarse de la especularidad alienante.

De forma análoga a lo que ocurre en el desarrollo primitivo, tales manifestaciones del odio contribuyen tanto a la economía psíquica del terapeuta cuanto a la del paciente. Del lado del terapeuta, cabe destacar el trabajo de Winnicott (1958, 267-279) titulado "El odio en la contratransferencia". En él dice que, al "igual" que los padres, el terapeuta puede llegar a odiar al paciente psicótico, y ello debido al intenso grado de ansiedad (persecutoria, confusional) y frustración que le genera.

El análisis personal del terapeuta no elimina tales reacciones afectivas. En el mejor de los casos, posibilita administrarlas en beneficio del paciente.

Winnicott brinda algunas indicaciones para la expresión estructurante del odio; por ejemplo, al decir que el "odio es expresado por la existencia del final de la sesión" (*ibídem*, 270). Dice también que el odio "*que está justificado* en el marco existente debe ser separado y mantenido en reserva, disponible para una eventual interpretación" (*ibídem*, 269).

Si sustituimos "eventual interpretación" por "eventual intervención", se abre la hipótesis según la cual el juego y el humor pueden operar a modo de recursos mediadores en la expresión terapéutica del odio.

En cierta ocasión, el terapeuta de familia había recetado a Carlos unas gotas hechas con productos naturales, en un intento de sustituir o disminuir la medicación psiquiátrica. La forma de empleo de tales gotas consistía en administrarlas debajo de la lengua cada hora. Durante un encuentro en casa de Carlos, la asistenta (adiestrada por la madre) entró en la habilitación, cogió el frasco de las gotas y le dijo (como si hablase a un niño): "a ver, abre la boca y saca la lengua", y le administró las gotas. No supe qué hacer ni decir, y me quedé paralizado ante la escenificación de este tipo de situación que había llevado a Carlos a una dependencia e infantilismo crónicos.

Transcurrida una hora, la asistenta volvió a entrar en la habitación, repitiéndose la escena. Me sentí intensamente enojado e indignado[82].

Sin embargo, a la hora siguiente la asistenta se había marchado, y como no podía dejar de ser, Carlos pidió que yo le administrase las gotas. Ante mi negativa, empezó a protestar, argumentando que no sabía cómo usar el cuentagotas (abrir el frasco y ponerse las gotas):

Acompañante: Oye, dime una cosa: ¿Eres imbécil?

Carlos: ¿Por qué me estás diciendo esto?

Acompañante: Porque si me dices que no sabes ponerte unas gotas debajo de la lengua, y yo te creo, tendré que pensar que eres imbécil.

Carlos: No; es que no sé cómo se usa esto ¿Por qué no me ayudas? Es que no lo sé. (Cogió el frasco como si fuese un hombre prehistórico que tiene un ordenador de última generación en las manos) ¿Y ahora Leonel, cómo se hace?

Acompañante: No sé; mira a ver si hay un manual de instrucciones (hice como si buscara dicho manual).

Vacilando entre una sonrisa y poner cara de niño llorón, con actitud imbeciloide Carlos abrió el frasco y se puso las gotas, siempre preguntando, en cada etapa (abrir, llenar el cuentagotas, llevarlo a la boca y apretarlo), cómo se hacía. Ante lo cual, yo volvía a decirle que se buscara el manual de instrucciones. (SIC)

---

[82] A raíz de una situación experimental en la que una madre establecía una relación sobreestimuladora e intrusiva con su hija, Stern comenta que: "La mayor parte de los espectadores experimentados que observaron estas interacciones televisadas entre Molly y su madre describieron lo que estaban sintiendo como un nudo en el estómago, y fueron dándose cuenta de lo encolerizados que se encontraban. [...] quienes se identificaban con Molly se sentían impotentes y enfurecidos". (Stern, 1985, 241)

Después de este día, Carlos pasó a administrarse las gotas, rechazando incluso cuando en una ocasión la asistenta se dispuso a hacerlo.

En primera instancia, podría considerarse que el desmarque especular se produjo cuando pregunté a Carlos si era imbécil. Sin embargo, el desenlace decisivo de la escena parece haberse producido cuando propuse que buscase el manual de instrucciones.

Un "manual de instrucciones para cuentagotas" es algo chistoso, que remite a un gasto excesivo y superfluo de energía, y también a algo absurdo y disparatado. Pero esta escenificación chistosa conlleva un mensaje implícito y a la vez inequívoco. Si este mensaje fuera comunicado en términos directos, sin la mediación de la escenificación chistosa, su contenido sería: "eres un imbécil" (hostilidad). Sin embargo, en la anécdota fui yo el que hice el imbécil (escenificación), dado que solo a un imbécil se le ocurriría buscar un manual de instrucciones para cuentagotas.

Esta escenificación chistosa es una modalidad de *acción interpretativa*. Consiste en *escenificar* una situación empleando técnicas similares a las del chiste, lo cual difiere de *contar* un chiste. En la anécdota descrita, esta escenificación se basa en la imitación. Sin embargo, y a diferencia del empleo de la imitación discutido en apartados anteriores, aquí no se trata de imitar tal cual la conducta del paciente (por ejemplo, decir "paso" a Paola), sino de representar escénicamente el talante imbeciloide, absurdo, infantiloide, de tales conductas.

De ahí que la hipótesis clínica sería: al hacerme el imbécil reflejé la actitud imbeciloide de Carlos, contribuyendo así a que se desmarcara de la imbecilidad derivada de las especularidades alienantes en el contexto familiar.

Para seguir discutiendo lo planteado, merece la pena recordar un chiste citado por Freud: "Un hombre que debe partir de viaje confía su hija a un amigo con el pedido de que durante su ausencia vele por su virtud. Meses después regresa y la encuentra embarazada. Desde luego, se queja a su amigo. Este hace vanos esfuerzos para explicarse la desgracia. "Pero, ¿dónde ha dormido?" -pregunta al fin el padre.- "En el mismo dormitorio que mi hijo". - "¿Y cómo pudiste hacerla dormir en la misma habitación que tu hijo, después que tanto te encarecí su tutela?". - "Es que había un biombo entre ellos. Ahí estaba la cama de tu hija, ahí la cama de mi hijo, y entre las dos el biombo". -"¿Y si él dio la vuelta al biombo?". - "A menos que sea eso -responde el otro pensativamente-... Así sería posible". [...] La aparente tontería del amigo tampoco aquí es otra cosa que el espejamiento de la tontería del padre. [...] Por tanto, la técnica de los chistes disparatados que hemos citado hasta aquí consiste realmente en la presentación de algo tonto, disparatado [el manual de instrucciones para cuentagotas], cuyo sentido es la ilustración, la figuración, de alguna otra cosa tonta y disparatada". (Freud, 1905, 56; corch. LDM)

Resulta que la anécdota clínica descrita tiene la misma estructura relacional, especular, que el chiste citado por Freud, con la diferencia de que el padre se quedó atrapado en la situación, mientras a Carlos le sirvió para desmarcarse.

De hecho, la vida cotidiana está llena de situaciones en las que uno escenifica la absurdidad (tontería, etc.) para reflejar la absurdidad de la actitud del otro, y viceversa. Este sería el fundamento de la Clínica del Absurdo: escenificar la absurdidad para que el paciente se percate de ella y se desmarque. Según mi experiencia, para que ello funcione el terapeuta tiene que escenificar la absurdidad de modo que dicha escenificación sea *más absurda* que la manifestada por el paciente. Tiene que haber algo de caricaturesco.

Tales formas de espejamiento no tienen que resultar necesariamente graciosas; ni tampoco se trata de que el terapeuta esté buscando hacer reír al paciente.

Lo ocurrido en la anécdota no le hizo demasiada gracia a Carlos, y ello debido a que en la escenificación chistosa, él ocupaba un lugar análogo al del padre de la muchacha en el chiste citado por Freud. Y, como cabe suponer, al padre no le hizo ninguna gracia que el amigo le reflejara su tontería.

Por otra parte, a Carlos se le escapó alguna que otra sonrisa cuando le hablé del "manual de instrucciones". No sería equivocado decir que esta risa (el reírse de sí mismo) tiene lugar en el "lugar" (el Acompañante) en donde se genera la otredad de sí mismo, es decir, en ese lugar en que el paciente puede observarse a sí mismo en la actitud del otro, percatarse de la absurdidad de su conducta imbeciloide y reírse de ella al reconocerse en ella.

En términos esquemáticos y aproximados, en la anécdota clínica el desarrollo de esta estructura relacional podría describirse en los siguientes términos:

1. El paciente se encuentra aturdido, capturado en una especularidad alienante de la que no puede desmarcarse. En este aturdimiento hay algo así como un espejo empañado u opaco, de modo que no puede verse ni percatarse de lo ridículo y absurdo que resulta la escena de la asistenta administrándole las gotas; con lo cual:

2. Se comporta como un niño imbécil en la misma medida en que se le trata como tal (encarna y actúa el desecho representacional), a la vez que demanda que se le trate como tal[83].

3. El Acompañante se siente enojado e indignado ante esta situación, lo cual apunta a la idea del odio que impulsa a ejercer la interdicción de aquella dualidad alienante. Aquí se platea el problema de cómo presentar este odio de modo que resulte estructurante.

4. Si en un primer momento pregunté si el paciente era imbécil, a continuación lo afirmé (cuando propuse que buscase el manual de instrucciones); pero lo afirmé representándolo escénicamente, haciéndome el imbécil para que el paciente pudiese representarse a sí mismo en aquella especularidad alienante. En este caso, dicha escenificación se asemeja a la técnica del chiste que consiste en espejar la tontería ajena, de modo que Carlos se ríe de sí mismo al verse reflejado en esta escenificación.

5. La escenificación chistosa realiza un movimiento de ridiculizar al paciente o, más bien, desempaña el espejo y le posibilita ver lo ridículo de la situación. Ahora, cuando la asistenta viene a administrarle las gotas, Carlos le dice que "no hace falta", y lo dice tras mirarme con una sonrisa cortada y a la vez cómplice. La evolución clínica posibilita afirmar que poco a poco Carlos fue adquiriendo un creciente y necesario sentido del ridículo.

El humor ha sido un recurso ampliamente empleado en el Acompañamiento de Carlos, en gran medida en las situaciones relacionadas con la asistenta (o "asistenta-madre"). Esta última solía ser extremadamente activa y acelerada; siempre entraba en la habitación hablando compulsivamente, limpiando y arreglando. Así que la bauticé "el huracán", lo cual produjo intensas risas en Carlos. Este último no tardó en contárselo a la asistenta; de modo que, cuando ella entraba en la habitación, era recibida por nosotros con un "ahí viene el huracán", lo cual era motivo de risas para todos. A la vez, esto la frenaba un poco, hacía que le diera un poco de "corte", contribuía a que se viera en el espejo.

En cierta ocasión, entró muy acelerada y parlante, interrumpiendo una conversación entre Carlos y yo. Como todo indicaba que tenía intenciones de extenderse,

---

83 Recuérdese que: "Debido a que lo verdaderamente terrible es la angustia impensable de no ser, de no existir en modo alguno en la mirada ajena, involuntariamente el psicótico se ofrece al mundo bajo la condición suplicante de por lo menos ser la encarnación de los desechos representacionales ajenos" (8.2.1 *supra*). En la anécdota se puede ver a Carlos (que, aunque no era psicótico) "suplicando" que se le tratara como a un imbécil.

Carlos se tiró un pedo, con lo cual la asistenta se fue enojada y diciendo que él era un maleducado. Ante tal manifestación de enojo por parte de la asistenta, Carlos reaccionó con una carcajada, mientras yo, algo más discreto, solo me reí. Es decir, en la medida en que no hemos necesitado enojarnos por la actitud intrusiva de la asistenta (que en esta ocasión se fue enojada), el gasto de enojo e indignación se volvió superfluo en nosotros y quedó disponible para ser descargado mediante la risa.

Una perspectiva pedagogista quizá destacaría que está mal tirarse pedos delante de la gente, y desde luego, a mí tampoco me parecería bien que Carlos se andara con tales modales por todas partes (y de hecho nunca no hizo). De todas formas, lo primero es lo primero, y no estaría fuera de lugar decir que semejante hostilidad anal llevada a cabo por Carlos ha sido una forma un tanto peculiar y heterodoxa de escape transversal y desmarque.

Este "zarpazo aerofágico", con el cual Carlos "se quitó a la asistenta de encima" (desmarque), parece ser una manifestación de su capacidad para destruir al objeto de la dualidad especular alienante. En este sentido, este "zarpazo aerofágico" pudo haber derivado de los "zarpazos especulares" a través de los cuales he manifestado mí odio de una forma estructurante y no disruptiva, con lo cual Carlos pudo hacer lo propio en relación a la "asistenta-madre".

Hubo que esperar algún tiempo hasta que el soplido de su flato se convirtiera en aliento articulado bajo la forma de palabra.

En lo que a esta sección de apartados se refiere, no se trata de convertir el juego y el humor en una panacea, sino de investigar acerca de recursos actitudinales que pueden resultar terapéuticos en determinadas situaciones, en función de las características del caso, el momento de la relación terapéutica, el estado afectivo del paciente en este momento, el estilo personal y la capacidad del terapeuta para intervenir en estos términos.

No parece ser posible establecer a priori, desde la teoría y la técnica, en qué casos y situaciones conviene o no emplear tales recursos. Quizá hay mucho de tanteo y error, de acercamientos graduales acompañados por la observación de cómo el paciente reacciona.

Al igual que en casi todo lo relativo al método del Acompañamiento Terapéutico, las situaciones juguetonas y humorísticas ocurren desde el precario y a la vez potente ámbito de la improvisación, de lo inesperado y la espontaneidad. Así ha sido en las situaciones descritas. La teorización viene después, aunque no cabe duda de que un marco teórico bien fundamentado contribuye a que el terapeuta se permita realizar incursiones en estos ámbitos, y a "defenderse" (si hace falta) a la hora de contarlo al gremio.

A MODO DE CONCLUSIÓN

A MODO DE CONCLUSIÓN

En nuestra Introducción veíamos que el Acompañamiento Terapéutico es una práctica todavía "joven" y relativamente poco teorizada, en la que se opera desde un relativo pero considerable nivel de precariedad teórica.

Esta precariedad no se debe solo a aquella "juventud", sino en gran medida a la complejidad polifacética y difusa inherente a una práctica que tiene lugar en el contexto comunitario y domiciliario del paciente.

No sería equivocado decir que el Acompañamiento Terapéutico está regido por la "Teoría del Caos"[84], en el sentido de que se trata de una práctica "poco estructurada" en la cual las variables son menos controlables y predecibles en comparación con un Centro de Rehabilitación o la psicoterapia.

Sin embargo, tras el análisis descriptivo llevado a cabo en esta investigación, aquello que parecía ser una práctica "poco estructurada" constituye una clínica que parece asentarse más bien en "otra estructura"; una estructura más compleja, polifacética, polifónica, repleta de atravesamientos (inter)subjetivos y personajes, desde familiares del paciente a su perro, el camarero del bar, los vecinos y un infinito etc.

Esta complejidad teje una red, más bien maraña, que constituye el campo de intervención del Acompañante Terapéutico; campo en el cual tendrá que establecer y sostener un encuadre (para que la maraña sea red) y discriminar, en cada caso y situación, cuáles son sus objetos de intervención (más allá de que tenga claro que su paciente siempre será solo uno).

A esta "red", o a esta "otra estructura" polifacética, polifónica y compleja, la denomino Clínica de lo Cotidiano.

---

[84] "La teoría de las estructuras disipativas, conocida también como teoría del caos, tiene como principal representante al químico belga Ilya Prigogine, y plantea que el mundo no sigue estrictamente el modelo del reloj, previsible y determinado, sino que tiene aspectos caóticos. El observador no es quien crea la inestabilidad o la imprevisibilidad con su ignorancia: ellas existen de por sí, y un ejemplo típico es el clima. Los procesos de la realidad dependen de un enorme conjunto de circunstancias inciertas".

Esta noción de Clínica de lo Cotidiano atraviesa de una forma u otra los conceptos más específicos del Acompañamiento Terapéutico. A su vez, el intento de teorizar acerca de esta "otra estructura", que se resiste a dejarse nombrar por la terminología a la que estamos habituados, ha demandado una conceptualización en términos de paradoja y la elaboración de algunos conceptos más o menos específicos, tales como:

- Amistad profesional o transicional
- Método
- Encuadre ambulante y abierto
- Paradoja de la actuación contratransferencial
- Violencia necesaria
- Acción interpretativa: concreta, verbal y pasiva
- Función de Interdicción: primaria y secundaria
- Clínica del absurdo, etc.

Desde otra perspectiva, diría que el desplazamiento hacia lo comunitario, domiciliario y cotidiano, problematiza de una forma radical la práctica y toda la conceptualización acerca del rol, tarea, encuadre e intervención; de modo que la noción de Clínica de lo Cotidiano sería un intento de "dar cuenta" de esta problematización... ésta sería nuestra "teoría del caos".

Respecto al *rol*, queda claro que el Acompañante Terapéutico no es un psicoterapeuta o "psicoanalista ambulante" y que, en cambio, según el caso, incluso puede hablarse de ciertos niveles de Amistad Profesional o Transicional (sin asumir el rol de amigo). Se trata, como hemos visto, de un rol (a) simétrico, es decir, que puede presentar diferentes grados de simetría en el plano dinámico, pero que será siempre estructuralmente asimétrico.

A su vez, la *tarea* consiste en aminorar las manifestaciones vinculares y psicodinámicas enfermizas (sin la pretensión de alterar la estructura psicótica), y sobre todo aquellas que se manifiestan a modo de conductas y actitudes disruptivas y alienadas, así como lograr un nivel óptimo de integración comunitaria (mediante el establecimiento de vínculos significativos con lugares y personas), autonomía y desarrollo de factores protectores (alimentación, vivienda, realización de actividades deportivas, lúdicas, creativas, culturales etc.).

Para poder apoyar la consecución de la tarea desde su rol, el Acompañante Terapéutico tendrá que disponer un *encuadre* acorde con su ámbito de intervención, y que por lo tanto deberá ser un Encuadre Ambulante. Por otra parte, el encuadre pensado desde la Clínica de lo Cotidiano también es un Encuadre Abierto, lo cual implica que puede tener cabida la intervención en el ámbito de las relaciones familiares (sin que el Acompañamiento Terapéutico se convierta en una "terapia de familia a domicilio") y comunitarias del paciente. Además, este encuadre ambulante y abierto permite la inclusión y participación de terceros (a diferencia de la relación terapéutica "clásica" basada en la relación dual o en un encuadre grupal "cerrado"), siempre que ello contribuya a la consecución de la tarea. En resumen, el encuadre de la Clínica de lo Cotidiano es un Encuadre Ambulante y Abierto... lo cual no significa que deambule por todas partes ni que todo pueda "entrar".

Si en el psicoanálisis de neuróticos el analista se centra en cómo el psiquismo se despliega en la transferencia, el Acompañamiento Terapéutico viene a recordarnos que, más allá de toda transferencia que pueda haber en la relación dual, el psiquismo se despliega constantemente, desde su lógica, en todas las relaciones cotidianas del sujeto... con la diferencia de que, en Acompañamiento terapéutico ese despliegue cotidiano tiene lugar "dentro" de un encuadre abierto, lo cual le confiere a estas situaciones cotidianas su talante clínico.

De ahí que la Clínica de lo Cotidiano está obligada a no ser nunca una clínica exclusivamente de la relación dual. Y es por ello que, en coherencia, hay que hablar de un encuadre abierto aunque selectivo.

Respecto a la *intervención*, por un lado se trataría de llevar a cabo una puesta en escena lo más cotidiana posible, pero con un sentido clínico subyacente, ya sea a la hora de ejercer la Función de Interdicción, intervenir con Acciones Interpretativas (Concretas, Verbales o Pasivas) o favorecer el desmarque de la alienación especular, a veces mediante el empleo del Juego y el Humor, etc.

La máxima sería: el Acompañante Terapéutico es un terapeuta que se parece a una persona... en el sentido de que, en muchos aspectos, su conducta abierta se acerca en gran medida a una actitud cotidiana.

Por otra parte, en la noción de intervención pensada desde la Clínica de lo Cotidiano también se opera desde un "principio de no intervención", y ello en el sentido de que el quehacer del Acompañante Terapéutico consiste en acompañar al paciente en la realización de actividades y vivencia de experiencias cotidianas que producen efectos terapéuticos y rehabilitadores. Aquí la diferencia consiste en que no se trata de una intervención terapéutica sobre una "situación problema", sino de que lo terapéutico y rehabilitador, o la consecución de la tarea, deriva más bien de las situaciones cotidianas experienciadas.

Sobre todo, este "principio de no intervención" de la Clínica de lo Cotidiano impone un replanteamiento de la *noción de trabajo*, principalmente a la hora de validar aquellas situaciones en las que entran en juego la pasividad como forma de Acción Interpretativa, o bien la realización conjunta (y desde un lugar simétrico) de actividades cotidianas aparentemente triviales.

Es interesante observar cómo los familiares, el paciente, otros profesionales e incluso el mismo Acompañante, tienden a significar estas situaciones como "no trabajo", algo "no técnico", o "que no hace falta formación" y que incluso "lo podría hacer cualquiera desde el sentido común".

Por lo tanto, la conceptualización acerca de la Clínica de lo Cotidiano puede cumplir la importante función de validar teórica y metodológicamente estos aspectos del Acompañamiento Terapéutico que justifican decir que en él se opera desde "otra estructura".

Esta validación es importante también de cara a que el Acompañante Terapéutico pueda hacer frente a las posibles demandas e incluso quejas que puedan provenir del paciente, familiares u otros profesionales e instituciones.

De no existir la validación teórica y corporativa de esta "otra estructura", hay mayores posibilidades de que el Acompañante Terapéutico adopte los esquemas de referencia propios de otras prácticas, por lo general más validadas e instituidas ("psicoanalista ambulante", asistencialismo, pedagogismo, empleo de un "encuadre cerrado o dual").

En definitiva, lo que hay que decir tajantemente es que no cualquier persona ni cualquier profesional puede tomarse un café con un paciente con el mismo sentido, intencionalidad y efecto que un Acompañante Terapéutico entrenado.

Lo anteriormente expuesto permite trazar algunas líneas de reflexión para investigaciones futuras, a saber:

- Seguir desarrollando la Clínica de lo Cotidiano desde la problematización y especificidades de las nociones de rol, tarea, encuadre e intervención.

- Investigar acerca de la aplicación de la noción de Clínica de lo Cotidiano en otros ámbitos. Por ejemplo: en el "Centro de Día" y el "Equipo de Apoyo Social Comunitario" de Parla (dispositivos dirigidos por mí, gestionados por Fundación Manantial y concertados con la Consejería de Políticas Sociales y Familia de la Comunidad de Madrid) se está llevando a cabo un grupo (creado inicialmente por Rosa María Reyes) denominado "Espacio de Familias y Allegados" en el que se aplica algunos principios de la Clínica de lo Cotidiano. A los usuarios y familiares se les invita a tomar un café y compartir unos momentos distendidos, en donde una de las consignas consiste en que en este espacio no se habla de enfermedad y, desde luego, los profesionales nunca responden desde un lugar estrictamente clínico, aunque las diferentes acciones (incluido el lugar en que se sienta cada profesional) suelen tener una intencionalidad táctica. A su vez, se valora especialmente la experiencia grupal entre familiares y usuarios, el intercambio de experiencias de vida, las relaciones de amistad que se crean etc. Los resultados de este grupo son realmente espectaculares (ver Reyes y Arambilet, 2011). Por otra parte, también podría investigarse acerca de la aplicación de la Clínica de lo Cotidiano en recursos residenciales para personas con patologías graves, dado que el funcionamiento de tales recursos se da sobre situaciones cotidianas.

En definitiva, estas posibilidades apuntan a que la noción de Clínica de lo Cotidiano constituye una categoría más amplia que el Acompañamiento Terapéutico, y que, por lo tanto, podría aplicarse a otros dispositivos y en diferentes patologías y situaciones de la vida.

- En una línea similar a la anteriormente sugerida, se podría investigar sobre la aplicación de algunas herramientas de la Clínica de lo Cotidiano en la psicoterapia de pacientes con patologías graves; por ejemplo, el concepto de Acción Interpretativa, la Función de Interdicción, etc.

- Por lo general, se emplea el Acompañamiento Terapéutico como un dispositivo accesorio y complementario, por ejemplo, a la psicoterapia o el trabajo institucional. Sin embargo, por lo menos hipotéticamente, el Acompañamiento Terapéutico podría ser el eje del proceso terapéutico de determinados pacientes, como pueden ser aquellos que rechazan casi cualquier tipo de psicoterapia o tratamiento institucional, en cuyo caso el Acompañamiento Terapéutico puede estar indicado no solo como dispositivo para facilitar la vinculación a dichas terapias, sino a lo mejor como el dispositivo más indicado para determinados casos. Otro ejemplo serían los casos con primeros brotes, cuando se considere que no es conveniente el tratamiento en contextos institucionales a los que acuden pacientes con muchos años de cronicidad. Creo que esta modalidad de Acompañamiento Terapéutico tenderá a ser más frecuente en la medida en que contemos con más Acompañantes experimentados y con una formación sólida, capaces de manejar (con la ayuda de la supervisión etc.) los complejos e intensos vínculos que pueden desarrollarse en estos casos.

- Investigar acerca del impacto que el ejercicio del Acompañamiento Terapéutico puede provocar en el Acompañante. Además de la relación cuerpo a cuerpo con pacientes con patologías graves, hemos visto que la Clínica de lo Cotidiano se fundamenta en "otra estructura", lo cual de alguna forma rompe los esquemas de referencia previos del Acompañante y produce diferentes modalidades de ansiedad (por ejemplo, de tipo confusional) y posibles actuaciones a modo de defensa (asistencialismo, pedagogismo, especularidades defensivas).

- Teniendo en cuenta todo lo anterior, investigar acerca de cómo debería de ser un programa de formación en Acompañamiento Terapéutico; contenidos, metodologías, dispositivos de formación y apoyo continuos (trabajo en equipo, grupos de estudio, grupo operativo, supervisión) etc.

Y, para finalizar, otra posible línea de investigación deriva de la pregunta acerca de si el desmontaje de la trama especular alienante entre neuróticos y psicóticos podría incluso suponer cierto replanteamiento de la noción de psicosis, o por lo menos, de lo que en general se entiende acerca de qué es una persona con psicosis.

A fin de cuentas, la Historia de la Locura de Foucault nos ha enseñado que este concepto ha estado en constante transformación a lo largo de la historia; una transformación extremadamente vinculada a cómo en cada época se ha representado y tratado la locura. En este desarrollo histórico, sobre todo a partir de la segunda mitad del siglo XX, asistimos al desarrollo de una sensibilidad contemporánea que, aunque con sus contradicciones, trata de rescatar cierta positividad de la locura y de volver a hacer circular a los "locos" por los paisajes comunitarios.

Y bien, si tuviese que quedarme con una idea, me quedaría con esta: si antes señalaba la importancia de validar esa "otra estructura" que es la Clínica de lo Cotidiano, ahora nos encontramos ante la importancia de validar esa otra estructura que es la psicosis.

Sería importante investigar en qué medida gran parte de la negatividad de la psicosis deriva de la "psicosis en sí" o de la psicosis en su tiempo y contexto, en cuyo caso estaríamos hablando de una negatividad gestada desde una trama especular alienante que queremos pensar que puede desmontarse, o por lo menos transformarse, dado que ha venido transformándose a lo largo de la historia.

Desde aquí deriva otra posible línea de investigación, que es la que trata de discriminar entre psicosis y enfermedad mental, lo cual abre la posibilidad de desvincular la psicosis de este modo de negatividad y poder hablar de un modo de ser psicótico... Un modo de ser que en gran medida ha sido percibido y definido exclusivamente en función de sus manifestaciones patológicas.

Habría que hablar de una "clínica de la validación" que pasa por el desmontaje de estas formas de negatividad pura junto con la validación de lo diferente, lo cual también puede llevarse a cabo, por ejemplo, a través de acciones denominadas de "lucha contra el estigma social"; "lucha" en la que participamos, desde el "Centro de Día" de Parla, con el programa de radio "Que Locura de Radio" (protagonizado por los usuarios del centro, y que puede escucharse en **http://audio. urcm.net/-Que-Locura-de-Radio-**) y el Ropero Solidario "Ropa Guapa" (proyecto impulsado por Vanesa Lebrón que consiste en que los usuarios recogen y preparan ropa de segunda mano y luego realizan mercadillos cuyos beneficios se destinan totalmente a asociaciones necesitadas).

Si antes decía que la Clínica de lo Cotidiano está obligada a no ser nunca una clínica exclusivamente de la relación dual, ahora corresponde dar un paso más y decir que también debe operar desde la puesta en marcha de proyectos, movimientos, acciones de participación social ciudadana que fomenten la visibilidad en positivo de las personas con psicosis, así como la convivencia entre individuos neuróticos y psicóticos.

En definitiva, se abren demasiadas cuestiones y dudas, pero quisiera finalizar con una certeza: y es que las personas con psicosis están demostrando a pesar de, y gracias a, nosotros, y cada vez a más larga escala, que tienen muchas más capacidades que las que se creía hace no muchas décadas; que efectivamente no están estructuralmente condenadas al mito del "deterioro progresivo" ni al de la "cronicidad estancada", y todo apunta a que tampoco están invariablemente condenadas al mito de la "medicación siempre y para siempre" (ver May, 2005). Muchos psicóticos (que aunque sean relativamente pocos, son y serán cada vez más) están demostrando que, con más o menos apoyos, pueden vivir solos, sostener con dificultades un trabajo y cierta estabilidad emocional (como la mayoría de las personas), una relación (in)estable de pareja (como la mayoría de las personas), tener hijos etcétera.

Además, una de las últimas "corrientes" o "movimiento" en la actualidad consiste en lo que se ha dado llamar "Recuperación" (*Recovery*), y que podríamos ubicar sus "comienzos" en la segunda mitad del siglo XX, aunque es ahora, a comienzos del XXI, cuando viene ganando más fuerza en España. En este movimiento se valora mucho la importancia de "empoderar" a las personas con psicosis (es decir, fomentar y validar sus capacidades o potencialidades, devolverles el poder de decidir sobre sus vidas, narcisizarles etc.), lo cual supone, curiosamente, esa ruptura con la negatividad de la psicosis de la que hemos venido hablando.

En este contexto de "desnegativización" y empoderamiento, cada vez más personalidades famosas, personas con cargos importantes, artistas, ciudadanos "comunes" etcétera, empiezan a "salir del armario" y a "confesar" su condición de persona con psicosis o algún diagnóstico psiquiátrico.

Por otra parte, la Recuperación se basa en gran medida en el asociacionismo, pero ya no se trata de crear asociaciones de profesionales o familiares, sino de asociarse las personas con psicosis.

Se entiende que el relato de personas que han pasado por una enfermedad mental y se han recuperado puede ser de gran ayuda. Incluso hay la figura de "paciente experto" o "activista", quienes suelen dar charlas a otras personas con psicosis y profesionales. A modo de ilustración, en los últimos años, en el programa de formación de Fundación Manantial coordinado por Mónica Contreras (Madrid), algunos docentes son personas con diagnóstico psiquiátrico.

De hecho, lo curioso de la Recuperación es que no queda del todo claro si es un movimiento impulsado por los profesionales o más bien por los mismos pacientes-activistas. Quizá no por casualidad, un representante importante de la Recuperación es Rufus May, un psicólogo ingles… con diagnóstico de psicosis (ver May, 2005).

Y, sin embargo, pese a tales intenciones de "positivización", si repasamos el recorrido realizado en este libro, resulta que hemos definido la psicosis en términos de *falta* de completación en la constitución del aparato psíquico, la *no organización* de defensas adaptativas, los *fallos* en los procesos de ilusión-desilusión, lo cual deriva de unos cuidados maternos *no suficientemente buenos*, así como del *menoscabo* de la función paterna y la *desmesura* de la función materna… En definitiva, negatividad… y también una negatividad atribuida en gran medida al terapeuta… asistencialista, pedagogista, tendiente a establecer especularidades alienantes etc.

¿Se trata de una burda contradicción entre discurso y acción, o de la disociación entre las percepciones idealizada y denigrada de la psicosis?

Quisiera pensar que se trata de dos polos antagónicos y complementarios inevitables (el de la negatividad y la positividad, cercanía y distancia, enfoque empático y racionalista), que tenemos que tratar de integrar constantemente aun sabiendo que nunca jamás lo lograremos del todo; de modo que la alternativa consiste en disponer de unos modelos conceptuales que sostengan un cuestionamiento constante.

REFERENCIAS CONSULTADAS Y CITADAS

REFERENCIAS CONSULTADAS
Y CITADAS

AAVV,

1970   "Estructuralismo y psicoanálisis", Buenos Aires, Nueva Visión.

AAVV,

1984   I encontro de acompanhantes terapeuticos do Rio de Janeiro, (inédito), 12 págs.

AAVV,

2006   "Revista de Psicanálise: Ediçao especial temática – Acompanhamento Terapeutico", Sao Paulo, UNIMARCO

Abadi, Sonia,

1996   "Transiciones: el modelo terapéutico de D. W. Winnicott, Buenos Aires, LUMEN.

Alvarez, M. A. G.,

1996   Reflexiones en un final de etapa: la reforma psiquiátrica en Galicia en el año 1995; en "Revista de la Asociación Española de Neuropsiquiatría, 60", pp. 745-50.

Alvarez, O. G.,

1995   La presunción de incapacidad en la ley española y sus problemas prácticos; en "Revista de la Asociación Española de Neuropsiquiatría, 55", pp.727-34.

Anguera, M. T.,

1989   "Metodología de la observación en las ciencias humanas", Madrid, Cátedra.

1991   "Metodología observacional en la investigación psicológica", Vol. I, Barcelona, PPU.

Araújo, F.,

2006   "Um Passeio esquizo pelo acompanhamento terapéutico: dos especialismos à política da amizade", Rio de Janeiro, Niteroi.

Barreto, K. D.,

1997 "Andanças com Dom Quixote e Sancho Pança pelos campos da transicionalidade: relatos de um acompanhante Terapeutico", Tesina, PUC/São Paulo (Publicada bajo el título "Etica e técnica no acompanhamento terapéutico: andanças com Dom Quixote e Sancho Pança", São Paulo, Unimarco, 1998).

(s. a.) Acompanhamento Terapeutico: encontro com a loucura, São Paulo (inédito), 5 págs.

Basaglia F.,

1968 "La institución negada", Barcelona, Barral, 1970.

Bauleo, A.,

1988 "Notas de psicología y psiquiatría social", Madrid, Atuel.

1992 Efectos de la institucionalización en el individuo; en "Revista Española de Geriatría y Gerontología, 27", 49-51.

Bauleo, A; Duro, J. C y Vignale, R. (coord.)

1990 "La concepción operativa de grupo", Madrid, Asociación Española de Neurosiquiatría.

Berger, Eliane,

1993 Trilhos Urbanos, São Paulo, (inédito) 7 págs.

Bion, W. R.,

1961 "Experiencias en grupos", Barcelona, Paidós, 1990   (3.° reimp.).

1963 "Aprendiendo de la experiencia", México, Paidós, 1991.

1967 "Volviendo a pensar", Buenos Aires, Horme, 1990.

Bleger, J.,

1963 "Psicología de la conducta", México, Paidós, 1989 (3° reimp.).

1966 "Psicohigiene y psicología institucional", Buenos Aires, Paidós.

1967 "Simbiosis y ambigüedad", Buenos Aires, Paidós, 1984.

1971 "Temas de psicología", Buenos Aires, Nueva Visión.

1971a Criterios de diagnóstico; en "ÁREA 3 – Cuadernos de Temas Grupales e Institucionales, 7", 18-24, Madrid, Asociación para el Estudio de Temas Grupales, Psicosociales e Institucionales.

Bornaetxea, F. R. y Monreal, J. B.,

1993 Los acompañantes terapéuticos: una estructura para la rehabilitación, en "Primeras jornadas regionales de salud mental: de las estructuras intermedias a la rehabilitación", págs. 151-159, País Vasco, Asociación Castellano-Leonesa de Salud Mental.

Boyers, R. y Orril, R. (eds.),

1971 "Laing y la antipsiquiatría", Madrid, Alianza, 1978.

Breyton, Danielle y Moretin, Adriana,

1992 Uma quarta feira - Acompanhamento terapeutico, São Paulo, (inédito), 4 págs.

Bustos, Graciela y Frank, Laura

2011 "Acompañamiento Terapéutico: Innovaciones en la Clínica. Inscripción Institucional", Buenos Aires, Dunken.

Carneiro, H. S.,

1989 O contrato em acompanhamento, Rio de Janeiro, (inédito), 9 págs.

Catafesta, Ivonise F. M. (org.),

1996 "D. W. Winnicott na universidade de São Paulo" (Textos del Congreso O verdadeiro e o falso: A tradição independente na Psicanálise Contemporanea,1995), São Paulo, Instituto de Psicología da USP.

Cauchick, Maria Paula M.

1999 "Intervenções no acompanhamento terapeutico", Tesina: PUC-São Paulo.

Cervantes, M. S.

1605 "Don Quijote de la Mancha", Barcelona, Editorial Juventud.

Chamorro, E. R.,

1999 'A Blessing In Disguise` (Anotaciones al ´principio de abstinencia`); en "Intersubjetivo - Revista de Psicoterapia Psicoanalítica y Salud, 1", 79-88, Madrid, Quipú.

Chevez, A. M. (coord.)

2012 "Acompañamiento Terapéutico en España", Madrid, Grupo 5.

Cooper, D.

1967 "Psiquiatría y antipsiquiatría", Buenos Aires, Paidós, 1974.

Davis, Madeleine y Wallbridge, D.,

1981 "Límite y espacio: Introducción a la obra de D. W. Winnicott", Buenos Aires, Amorrortu, 1988.

Dozza, L. M.,

1994 Acompañamiento terapéutico de pacientes psicóticos: consideraciones históricas, ideológicas y prácticas; en "AREA 3 - Cuadernos de temas grupales e institucionales, 1", 33-44, Madrid, Asociación para el Estudio de Temas Grupales, Psicosociales e Institucionales (accesible por internet).

1994a Fundamentos winnicottianos y acompañamiento terapéutico. Texto base para una conferencia presentada en Instituto "A Casa", São Paulo http://leoneldozza.blogspot.com/2012/02/fundamentos-winnicottianos-y.html

1994b Función materna y función paterna en el acompañamiento terapéutico de pacientes psicóticos. Texto base para las conferencias presentadas en São Paulo, agosto, y Madrid, noviembre (inédito), 29 págs.

1999a   Lo social es un lugar que no existe: reflexiones desde el acompañamiento terapéutico de pacientes psicóticos; en "INFOCOP: suplemento informativo de Papeles del Psicólogo, 72", 51-54, España.

1999b   El viejo, el demente, el loco y el negro: de la   mirada patética a la mirada poética (comentario   al artículo de Merchán, E; 1999); en "AREA 3 - Cuadernos de Temas Grupales e Institucionales, 7", 14-17, Madrid, Asociación para el Estudio de Temas Grupales, Psicosociales e Institucionales.

2006   Clínica do absurdo: amor y odio; en EQUIPE DE ACOMPANHANTES TERAPEUTICOS DO HOSPITAL DIA "A CASA"; org. "Textos, texturas y tesituras no acompanhamento terapéutico", 189-194, Sao Paulo, Hicitec.

2011a   La paradoja de la actuación contratransferencial en Acompañamiento Terapéutico; en Bustos, Graciela y Frank, Laura, "Acompañamiento Terapéutico: Innovaciones en la Clínica. Inscripción Institucional", 65-75, Buenos Aires, Dunken, 2011.

2012   Clínica de lo Cotidiano en Acompañamiento Terapéutico, en Chevez (coord.), 2012.

2014   "Acompañamiento Terapéutico y Clínica de lo Cotidiano", Buenos Aires, Letra Viva.

Dozza, L. M., Aguiar, C. y Sereno, D.,

1991   O acompanhamento terapeutico e a clínica: a função do acompanhante no tratamento; en AAVV, 1991, 67-78.

Dozza, L. M. y Tarí, A. G.,

1996   Estrategias asistenciales para pacientes graves; en "ÁREA 3 - Cuadernos de Temas Grupales e Institucionales, 3", 29-40, Madrid, Asociación para el Estudio de Temas Grupales, Psicosociales e Institucionales.

Dozza, L. M. y otros,

2011   Manifiesto Antiasistencialista (1ª Parte); en "ÁREA 3 – Cuadernos de Temas Grupales e Institucionales, 15", http://www.area3.org.es/Uploads/a3-15-antiasistencialismo.pdf

Dragotto, P. y Frank, María Laura,

2012   "Acompañantes: conceptualizaciones y experiencias en AT", Córdoba, Brujas.

Eizaguirre. L. et al,

1996   Calidad de vida y rehabilitación de enfermos mentales crónicos; en "Revista de la Asociación Española de Neuropsiquiatría, 59", pp. 427-40.

EQUIPE DE ACOMPANHANTES TERAPEUTICOS DO HOSPITAL DIA "A CASA"; org.,

1991   "A rua como espaço clínico – Acompanhamento Terapeutico", São Paulo, Escuta.

1997   "Crise e Cidade: acompanhamento terapeutico", São Paulo, EDUC.

2006   "Textos, texturas y tesituras no acompanhamento terapéutico", Sao Paulo, Hicitec.

Etchegoyen, R. H.,

1986   "Los fundamentos de la técnica psicoanalítica", Buenos Aires, Amorrortu.

Farah, Itamar,

1994   A clínica do acompanhamento terapeutico (atendimento a pessoas com síndrome de down), São Paulo, (inédito), 21 págs.

Farjani, A. C.,

1987   "Edipo claudicante - Do mito ao complexo", São Paulo, Edicon.

Farneda, R. G.,

1989   Considerações sobre a paixão no acompanhamento terapeutico de psicóticos, São Paulo (inédito), 6 págs.

Ferenczi, S., Obras Completas, Madrid, Espasa-Calpe

Hacia   1909   "Sobre la interpretación de las melodías que vienen a la mente", IV, 223s.

1913   "La risa", IV, 225-230.

1919   "Dificultades técnicas de un análisis de histeria", III, 21-28.

1921   "El simbolismo del puente", III, 133-136.

1921a   "Prolongaciones de la 'técnica activa` en psicoanálisis", III, 137-156.

1922   "El simbolismo del puente y la leyenda de don Juan", III, 205-208.

1924   "Las fantasías provocadas", III, 287-296.

1925   "Psicoanálisis de las costumbres sexuales", III, 385-422.

1926   "Contraindicaciones de la técnica activa", III,   427-438.

1933   "Confusión de lenguas entre los adultos y el niño", IV, 139-149.

Filho, L. G. B.,

1987   Considerações acerca do enquadre no acompanhamento terapeutico, São Paulo (inédito), 30 págs.

Fiorini, H. J.

1993   "Estructuras y abordajes en psicoterapias psicoanalíticas", Buenos Aires, Nueva Visión.

s. a.   "Teoría y técnica de psicoterapias", Buenos Aires, Nueva Visión, 2000 (18° ed.)

Fonagy, P.,

1999   Persistencias transgeneracionales del apego: una nueva teoría; en "Aperturas Psicoanalíticas, 3", 15 págs. http://www.aperturas.org/3fonagy.html

2000   Apegos patológicos y acción terapéutica; en "Aperturas Psiconalíticas, 4", 17 págs. http://www.aperturas.org/4fonagy.html

Foucault, M.,

1964   "Historia de la locura en la época clásica", I y II, México, Fondo de Cultura Económica, 1967.

s. a.   "Enfermedad mental y personalidad", Barcelona, Paidós, 1991.

Freud, S., Obras Completas, Buenos Aires, Amorrorttu, 1979.

1905   "El chiste y su relación con lo inconsciente", VIII.

1911[1910]   "Puntualizaciones psicoanalíticas sobre un caso de paranoia (Dementia paranoides) descrito autobiográficamente", XIII, 1-76.

1911   "Formulaciones sobre los dos principios del acaecer psíquico", XII, pp. 217-231.

1912   "Sobre la dinámica de la transferencia", XII, 93-106.

1914   "Introducción del narcisismo", XIV, 65-98.

1915[1914]   "Puntualizaciones sobre el amor de transferencia", XII, 159-174.

1915   "Pulsiones y destinos de pulsión", XIV, 105-134.

1920   "Más allá del principio de placer", XVIII, 1-62.

1921   "Psicología de las masas y análisis del yo", XVIII, 63-136.

1922[1921]   "Sobre algunos mecanismos neuróticos en los celos, la paranoia y la homosexualidad", XVIII, 213-226.

1923a   "El yo y el ello", XIX, 3-66.

1923b   "Neurosis y psicosis", XIX, 153-159.

1924a   "El final del complejo de Edipo", XIX, 179-187.

1924b   "La pérdida de la realidad en la neurosis y en la psicosis", XIX, 191-197.

1927a   "El porvenir de una ilusión", XXI, 3-55.

1927b   "El humor"......, 155-162

1930   "El malestar en la cultura", XXI, 57-140.

1937   "Análisis terminable e interminable", XXIII, 211-254.

1940[1938]   "Esquema del psicoanálisis", XXIII, 133-209.

Freud y Oppenheim; en Freud, O.C.

1958[1911]   "Sueños en el folklore", XII, 177-205

Geets, C.,

1993   "Donald Winnicott", Buenos Aires, Almagesto, 1993.

Grinberg, L., Sor, D. y Bianchedi, Elizabeth T.,

1991   "Nueva introducción a las ideas de Bion", Madrid, Tecnipublicaciones.

GRITA (Grupo de Investigación de la Técnica Analítica)

1999   La subjetividad en la técnica analítica; en "Intersubjetivo - Revista de Psicoterapia Psicoanalítica y Salud, 1", 7-56, Madrid, Quipú.

GRUPO DO HOSPITAL DIA A CASA,

1986   Acompanhamento terapeutico de pacientes psicóticos. Comunicación presentada en el II Congresso Estadual de Trabalhadores de Saúde Mental, São Paulo, (inédito), 9 págs.

Guimon. J. et al,

1989   Métodos de evaluación de la política de desintistucionalización, En "Revista de la Asociación Española de Neuropsiquiatría, 31", pp. 533-548.

Herman, M. C.,

2012   "Acompanhamento terapeutico e psicose: articulador do real, simbólico e imaginario", Sao Bernardo do Campo, UMESP.

Hethmon, R. H.,

1968   "El método del Actors Studio", Madrid, Fundamentos, 1976 (Ed. orig.: "Strasberg at the Actors Studio", The Viking Press Inc.)

Jacques, E.,

1955   Los sistemas sociales como defensa contra las ansiedades persecutoria y depresiva, en Klein, M., Heimmann, P., Money-Kyrle, R. E. (eds.); "Nuevas direcciones en psicoanálisis", pp. 458-477, Buenos Aires, Paidós, 1972.

Kalina, E.,

1986   "Tratamento de adolescentes psicóticos", Rio de Janeiro, Francisco Alves, 1986.

Kesselman, H.,

1977   Psicopatología vincular; en "Intersubjetivo - Revista de Psicoterapia Psicoanalítica y Salud, 1", 89-132, Madrid, Quipú, 1999.

1999   Por una psicopatología abierta: vincular y maquínica (apostillas 1999 al artículo ´Psicopatología Vincular`, treinta años después); en *ibídem*, 117-132.

Khan, M. M. R.,

1974   "La intimidad del sí mismo", Saltés.

1988   "Cuando llegue la primavera", Buenos Aires, Paidós, 1991.

s.a   "Sobre Winnicott", Buenos Aires, Ecos, s.a.

Killingmo, B. K.,

1997   Revisión de la denominada ´técnica de abstinencia`; en "Intersubjetivo - Revista de Psicoterapia Psicoanalítica y Salud, 1", 65-78, Madrid, Quipú.

Klein, M.,

1946   Notas sobre algunos mecanismos esquizoides, en Klein, M. et al., Obras Completas, "Desarrollos en Psicoanálisis", T. III, pp. 10-33, Buenos Aires, Paidós, 1974.

1952   Algunas conclusiones teóricas sobre la vida emocional del bebé, en *ibídem*, pp. 70-101.

Lacan, J.,

1938   El estadio del espejo, en "La familia", 51-57, Barcelona, Argonauta, 1982.

1949   El estadio del espejo como formador de la función del yo tal como se nos revela en la experiencia psicoanalítica; en "Escritos 1", 11-18, Madrid, siglo XXI, 1981.

1955-6 Psicosis

Laing, R. D.,

1969   "El cuestionamiento de la familia", Buenos Aires, Paidós, 1976.

Lebrón, Vanesa N.

2012   El Acompañamiento de Claudia. Terapia Ocupacional, en "Revista informativa de APETO", nº58, Madrid

Lerner, Beatriz D.,

1986   Cómo acompañar a un suicida, "Acta psiquiátrica y psicológica de la América Latina, 32", 137-147.

(s. a.)   Novo modo de investigação em psiquiatría: o acompanhamento terapeutico, (inédito), 15 págs.

Macías L., M. A.

2006   "Experiencia psicoanalítica y acompañamiento terapéutico", México, Plaza y Valdes.

Maldavsky, D.

1992   "Teoría y clínica de los procesos tóxicos: adicciones, afecciones psicosomáticas, epilepsias", Buenos Aires, Amorrortu.

Mauer, Susana K. y Resnisky, Silvia;

1985   "Acompañantes terapéuticos y pacientes psicóticos (manual introductorio a una estrategia clínica)", Buenos Aires, Trieb.

1994   Jornadas sobre Acompañamiento Terapéutico. Organizadas por el CESS en Zaragoza (trascripción de las grabaciones; inédito), 39 págs.

2003   "Acompañantes Terapéuticos: actualización teórico-clínica", Buenos Aires, Letra Viva.

May, R.

2005   Dar sentido a la experiencia psicótica y trabajar por la recuperación; en J.F.M. Gleeson; P. McGorry (coords.), "Intervenciones psicológicas en la psicosis temprana; Editorial Desclée.

Mead, Margaret,

1963   Punto de vista del antropólogo cultural sobre la privación de la madre; en "Privación de los cuidados maternos", 46-64, Ginebra, OMS.

Merchán, E.,

1999   Acompañamiento a personas con demencia en una vivienda compartida de mayores; en "AREA 3 - Cuadernos de Temas Grupales e Institucionales, 7", 4-13, Madrid, Asociación para el Estudio de Temas Grupales, Psicosociales e Institucionales.

Nietzsche, F.,

1890   "Así habló Zaratustra", Madrid, EDIMAT LIBROS SA, 2003

Ogden, T. H.,

1989   "La frontera primaria de la humana experiencia", Madrid, Julian Yebenes, 1992.

1994   El concepto de acción interpretativa, en "Revista de Psicoanálisis de la APde-BA, Vol. XVIII, n° 3", 495-520, 1996.

Palombini, Analice L. (y cols.)

2004   "Acompanhamento terapeutico na rede pública: a clínica em movimiento", Porto Alegre, UFRGS.

Pascarelli, P., Pellegrino y Tagliabue, L.,

1988   Riabilitazione e psicoterapia: alcune reflessioni critiche; en Ferrari, G. y cols, "La riabilitazione del malato mentale", Bologna, Clueb.

Pankow, Gisela,

1979   "Estructura familiar y psicosis", Buenos Aires, Paidós, 1987.

Pelbart, P. P.,

1989   "Da clausura do fora ao fora da clausura - Loucura e desrazão", São Paulo, Brasiliense.

Pereira, E. N. B.,

1987   A função do saber no acompanhamento, Rio de Janeiro, (inédito), 6 págs.

Phillips, A.,

1988   "Winnicott", Buenos Aires, Lugar Editorial, 1997.

Pichon-Rivière, E.,

1979   "Teoría del vínculo", Buenos Aires, Nueva Visión.

1983   "La psiquiatría, una nueva problemática", Buenos Aires, Nueva Visión.

1985   "El proceso grupal", Buenos Aires, Nueva Visión.

Pichon-Rivière, J. y col.,

1995   "Enrique Pichon-Rivière: Diccionario de términos y conceptos de psicología y psicología social", Buenos Aires, Nueva Visión.

Pinto, J. M. C.,

1999   Bjorn Killingmo: un integrador de corrientes del psicoanálisis; en "Intersubjetivo - Revista de Psicoterapia Psicoanalítica y Salud, 1", 57-64, Madrid, Quipú.

Pitiá, Ana C. A. y Santos, M. A.,

2005 "Acompanhamento Terapeutico: a construçao de uma estrategia clínica", Sao Paulo, Vetor.

Pulice, G. O.

2011 "Fundamentos clínicos del Acompañamiento Terapéutico", Buenos Aires, Letra Viva.

Pulice, G. y Rossi, G.,

1994 "Acompañamiento Terapéutico: aproximaciones a su conceptualización. Presentación de material clínico", Buenos Aires, Xavier Bóveda.

Racamier, P. C.,

1980 Tratamiento de la psicosis, cuidado del psicótico; en Racamier, P. C., "Los esquizofrénicos", 139-157, Buenos Aires, Biblioteca Nueva, 1982.

Resnik, S.,

1989 El padre en el psicoanálisis, en "Revista de Psicoanálisis, 4", 499-517, Buenos Aires, Asociación Psicoanalítica Argentina.

Reyes, Rosa M. y Arambilet, Belen

2011 Creando otro espacio de encuentro en familia: Grupo de Familias y Allegados, en "Revista Intersubjetivo", 45-57, Madrid

Rosenfeld, H.,

1987 "Impasse e interpretación", Madrid, Tecnipublicaciones, 1990.

Safra, G.,

1995 "Momentos mutativos em psicanálise: uma visão winnicottiana", São Paulo, Casa do Psicólogo.

Saidon, O. I.

1983 Propuesta para un análisis institucional de los grupos, en AAVV, "Lo grupal", 87-111, Buenos Aires, Búsqueda.

Salvarezza, L.

1999 Vejez, medicina y prejuicios; en "Revista Área 3 -Cuadernos de temas grupales e institucionales, 7", 7-17, Madrid, Asociación para el Estudio de Temas Grupales, Psicosociales e Institucionales.

Schreber, D. P.,

1903 "Memorias de un enfermo nervioso", Argentina, Petrel, 1978.

Searles, H.,

1966 "Escritos sobre esquizofrenia", Barcelona, Gedisa, 1994.

Sechehaye, M. A.,

1947 "La realización simbólica y Diario de una esquizofrénica [1950]", México, Fondo de Cultura Económica, 1992.

Sereno, Deborah,

1995 Acompanhamento Terapeutico e produção de cinema: pesquisa para o curta metragem "Dizem que sou louco", en "Percurso, 14", 22-26, São Paulo.

1996 "Acompanhamento terapeutico e cidade"; Tesina: Universidade de São Paulo.

Sófocles

"Edipo Rey", Madrid, Alba, 1996.

Stanislavski, C.

s. a. "El trabajo del actor sobre su papel", Buenos Aires, Quetzal, 1977 (Ed. orig.: "Rabota aktiora nad roliu"; referencias desconocidas).

Steffen, Gabriela

s. a. La comunidad diurna y el acompañamiento   terapéutico: una apertura a la investigación, (referencias desconocidas), págs 27-43.

Stern, D. N.

1985 "El mundo interpersonal del infante", Buenos Aires, Paidós, 1991.

Stern, D. N. y otros

1998 Mecanismos no interpretativos en terapia psicoanalítica: el "algo más" que la interpretación, en Libro Anual de Psicoanálisis, XIV, 2000.

Stork, J.,

1986 La madre es lo dado; el padre se hace; en "Revista   de Psicoanálisis de Madrid, 4", 63-80, Asociación Psicoanalítica de Madrid.

Suárez, F. G.

1982 Residencia de ancianos: El equipo interdisciplinario, ¿una posibilidad de cambio?; en "Revista Española de Geriatría y Gerontología, 17", 103-106.

1982a La dinámica de la pasividad en una residencia de ancianos; en "Revista Española de Geriatría y Gerontología, 17", 219-222.

Suárez, F. G. y Carrasco, E. A.

1983 "Psicohigiene institucional en residencias de ancianos" (inédito, 10 págs.)

Suárez, A. y otros,

1996 El convenio de Salud Mental en la Isla de Gran Canaria y el derecho a la protección de la salud; en "Revista de la Asociación Española de Neuropsiquiatría, 60", pp. 751-7.

Sutil, C. R.,

1998 La metodología de investigación frente a la metodología aplicada, en "Papeles del Psicólogo, 70", 59-63, España.

1999 Comentario al artículo de Hernán Kesselman 'Psicopatología Vincular`; en "Intersubjetivo - Revista de Psicoterapia Psicoanalítica y Salud, 1", 111-116, Madrid, Quipú.

Terrazas, J. G.,

1990 Introducción del narcisismo - o el orden primordial de las valoraciones; en Bleichmar, H. y otros, "Lecturas de Freud", Buenos Aires, Lugar Editorial.

Vega, L. S. y Palomo, T.,

1996 Aspectos psicológicos y psiquiátricos de la vida en la calle; en "Revista de la Asociación Española de Neuropsiquiatría, 57", pp. 7-20.

Waelhens, A. De,

1972 "La psicosis - ensayos de interpretación analítica y existencial", Madrid, Morata, 1972.

Winnicott, D. W.

[1957] "El niño y el mundo externo" (4 ed.), Buenos Aires, Hormé, 1993.

[1958] "Escritos de pediatría y psicoanálisis", Barcelona, Laia, 1979.

[1964] "La familia y el desarrollo del individuo", Buenos Aires, Hormé, 1984.

[1965] "El proceso de maduración en el niño", Barcelona, Laia, 1981.

[1971a] "Clínica psicoanalítica infantil", Buenos Aires, Hormé, 1993.

[1971b] "Realidad y Juego", Barcelona, Gedisa, 1992.

[1986] "Conozca a su niño", Buenos Aires, Paidós.

[1987a] "Los bebés y sus madres", Barcelona, Paidós, 1993.

[1987b] "El gesto espontaneo: cartas escogidas", Barcelona, Paidós, 1990.

[1988] "La naturaleza humana", Buenos Aires, Paidós, 1993.

[1989a] "Exploraciones psicoanalíticas", I, Buenos Aires, Paidós, 1991.

[1989b] "Sostén e interpretación", Buenos Aires, Paidós, 1992.Winnicott, D. W. (Clasificación por artículos)

1931a Nota sobre la normalidad y la angustia; en Winnicott [1958].

1931b La agitación; en Winnicott [1958].

1935a La defensa maníaca; en Winnicott [1958].

1936a Apetito y trastorno emocional; en Winnicott [1958].

1938 La timidez y los trastornos nerviosos en los niños, en Winnicott [1957].

1939a La agresión, en Winnicott [1957].

1939b Desilusión temprana; en Winnicott,1989a.

1940a Los niños en la guerra, en Winnicott [1957].

1940b La madre deprivada, en Winnicott [1957].

1941 Sobre ejercer y sufrir las influencias, en Winnicott [1957].

1942a Por qué juegan los niños, en Winnicott [1957].

1942b Consultas en el departamento infantil; en Winnicott [1958].

1944a Psiconeurosis oculares de la infancia; en Winnicott [1958].

1945a El niño evacuado, en Winnicott [1957].

1945b El retorno del niño evacuado, en Winnicott [1957].

1945c El regreso al hogar, en Winnicott [1957].

1945d Hacia un estudio objetivo de la naturaleza humana, en Winnicott [1957].

1945e Desarrollo emocional primitivo; en Winnicott [1958].

1946a Diagnóstico educacional, en Winnicott [1957].

1946b Algunos aspectos psicológicos de la delincuencia juvenil, en Winnicott [1957].

1947a Manejo residencial como tratamiento para niños difíciles, en Winnicott [1957].

1947b Nuevas reflexiones sobre los bebés como personas, en Winnicott [1957].

1947c El niño y el sexo, en Winnicott [1957].

1947d El odio en la contratransferencia; en Winnicott [1958].

1948a Albergues para niños en tiempos de guerra y de paz, en Winnicott [1957].

1948b Reparación con respecto a la organización antidepresiva de la madre; en Winnicott [1958].

1948c Pediatría y Psiquiatría; en Winnicott [1958].

1949a Educación sexual en las escuelas, en Winnicott [1957].

1949b El impulso a robar, en Winnicott [1957].

1949c Los recuerdos del nacimiento, el trauma del nacimiento y la angustia; en Winnicott [1958].

1949d La mente y su relación con el psiquesoma; en Winnicott [1958].

1950a El niño deprivado y cómo compensarlo por la pérdida de una vida familiar; en Winnicott [1964].

1950b Algunas reflexiones sobre el significado de la palabra democracia; en Winnicott [1964].

1950c Saber y aprender; en Winnicott [1987a].

1950-5 La agresión en relación con el desarrollo emocional; en Winnicott [1958].

1951 Las necesidades del niño y el papel de la madre en las primeras etapas, en Winnicott [1957].

1951b Objetos y fenómenos transicionales. Estudio de la primera posesión "no yo"; en Winnicott [1958].

1952a La angustia asociada con la inseguridad; en Winnicott [1958].

1952b Las psicosis y el cuidado de niños; en Winnicott [1958].

1953a Dos niños adoptados, en Winnicott [1957].

1953b La tolerancia de síntomas en pediatría; en Winnicott [1958].

1953c Objetos transicionales y fenómenos transicionales; en Winnicott [1971b].

1954a Necesidades de los niños menores de cinco años en una sociedad cambiante, en Winnicott [1957].

1954b Peligros de la adopción, en Winnicott [1957].

1954c La lactancia natural, en Winnicott [1957].

1954d Replegamiento y regresión; en Winnicott [1958].

1954e Aspectos metapsicológicos y clínicos de la regresión dentro del marco psicoanalítico; en Winnicott [1958].

1954f El juego en la situación analítica; en Winnicott 1989a.

1954-5 La posición depresiva en el desarrollo normal; en Winnicott [1958].

1955a Un caso atendido en el hogar; en Winnicott [1958].

1955b Las influencias grupales y el niño inadaptado; en Winnicott [1964].

1955-6 Variedades clínicas de la transferencia; en Winnicott [1958].

1956a Preocupación maternal primaria; en Winnicott [1958].

1956b La tendencia antisocial; en Winnicott [1958].

1956c Pediatría y neurosis infantil; en Winnicott [1958].

1956d Fragmentos concernientes a algunas variedades de confusión clínica; en Winnicott ,1989a.

1957a Factores de integración y desorganización en la vida familiar; en Winnicott [1964].

1957b La contribución del psicoanálisis a la obstetricia; en Winnicott [1964].

1957c Consejos a los padres; en Winnicott [1964].

1957d Sobre la aportación que la observación directa del niño representa para el psicoanálisis; en Winnicott [1965].

1957e La contribución del psicoanálisis a la obstetricia; en Winnicott [1987a].

1957f La excitación en la etiología de la trombosis coronaria; en Winnicott 1989a.

1957g Alucinación y desalucinación; en Winnicott, 1989a.

1958a El primer año de vida; en Winnicott [1964].

1958b Los efectos de la enfermedad depresiva en ambos progenitores o en uno de ellos; en Winnicott [1964].

1958c Formulación teórica del campo de la psiquiatría infantil; en Winnicott [1964].

1958d El psicoanálisis y el sentimiento de culpabilidad; en Winnicott [1965].

1958e La capacidad para estar a solas; en Winnicott [1965].

1958f Análisis del niño durante el período de latencia; en Winnicott [1965].

1958g Psicogénesis de una fantasía de ser pegado; en Winnicott, 1989a.

1959a El efecto de los padres psicóticos sobre el desarrollo emocional del niño; en Winnicott [1964].

LEONEL DOZZA DE MENDONÇA

1959b   Trabajo asistencial (*casework*) con niños que padecen una enfermedad mental; en Winnicott [1964].

1959c   Nada en el centro; en Winnicott, 1989a.

1959d   El destino del objeto transicional; en Winnicott, 1989a.

1960a   La relación inicial de una madre con su bebé; en Winnicott [1964].

1960b   Sobre la seguridad; en Winnicott [1964].

1960c   El efecto de la psicosis en la vida familiar; en Winnicott [1964].

1960d   La familia y la madurez emocional; en Winnicott [1964].

1960e   La teoría de la relación paterno-filial; en Winnicott [1965].

1960f   Deformación del ego en términos de un ser verdadero y falso; en Winnicott [1965].

1960g   El cordel: técnica de comunicación; en Winnicott [1965].

1960h   Contratransferencia; en Winnicott [1965].

1960i   Nota sobre la relación entre la madre y el feto; en Winnicott. 1989a.

1961a   La adolescencia; en Winnicott [1964].

1961b   La psiconeurosis en la niñez; en Winnicott, 1989a.

1961c   Nuevas observaciones sobre la teoría de la relación parento-filial; en Winnicott 1989a.

1962a   El niño de 5 años; en Winnicott [1964].

1962b   La integración del ego en el desarrollo del niño; en Winnicott [1965].

1962c   Proveer para el niño en la salud y en las crisis; en Winnicott [1965].

1962d   Los designios del tratamiento psicoanalítico; en Winnicott [1965].

1962e   Mi punto de vista personal sobre la aportación kleiniana; en Winnicott [1965].

1963a   El desarrollo de la capacidad para la inquietud; en Winnicott [1965].

1963b   De la dependencia a la independencia en el desarrollo del individuo; en Winnicott [1965].

1963c   La moral y la educación; en Winnicott [1965].

1963d   La comunicación y la falta de comunicación como conducentes al estudio de ciertos pares antitéticos; en Winnicott [1965].

1963e   El aprendizaje de la psiquiatría infantil; en Winnicott [1965].

1963f   Psicoterapia de los trastornos de carácter; en Winnicott [1965].

1963g   Los casos de enfermedad mental; en Winnicott [1965].

1963h   El trastorno psiquiátrico en términos de los procesos infantiles de maduración; en Winnicott [1965].

1963i   Los cuidados hospitalarios como complemento de la psicoterapia intensiva en la adolescencia; en Winnicott [1965].

1963j Dependencia en los cuidados de la primera infancia y de la niñez, y en el marco psicoanalítico; en Winnicott [1965].

1963k Nota sobre un caso vinculado a la envidia; en Winnicott, 1989a.

1963l Las perversiones y la fantasía pregenital; en Winnicott, 1989a.

1963m Dos notas sobre el uso del silencio; en Winnicott, 1989a.

1963n El miedo al derrumbe; en Winnicott, 1989a.

1959-64 Clasificación: ¿Existe una aportación psicoanalítica a la clasificación psiquiátrica?; en Winnicott [1965].

1964a El recién nacido y su madre; en Winnicott [1987a].

1964b Importancia del encuadre en el modo de tratar la regresión en psicoanálisis; en Winnicott, 1989a.

1965a La psicología de la locura: una contribución psicoanalítica; en Winnicott 1989a.

1965b El concepto de trauma en relación con el desarrollo del individuo dentro de la familia; en Winnicott, 1989a.

1965c Notas sobre el repliegue y la regresión; en Winnicott, 1989a.

1965d Nuevos esclarecimientos sobe el pensar de los niños; en Winnicott, 1989a.

1965e Comentario sobre la neurosis obsesiva y "Frankie"; en Winnicott, 1989a.

1966a La madre de devoción corriente; en Winnicott [1987a].

1966b El comienzo del individuo; en Winnicott [1987a].

1966c Ausencia y presencia de un sentimiento de culpa ilustrada con dos pacientes; en Winnicott, 1989a.

1966d Sobre los elementos masculino y femenino escindidos; en Winnicott, 1989a.

1967a La ubicación de la experiencia cultural; en Winnicott [1971b].

1967b Papel de espejo de la madre y la familia en el desarrollo del niño; en Winnicott [1971b].

1967c El concepto de regresión clínica comparado con el de organización defensiva; en Winnicott, 1989a.

1967d Apéndice a "La localización de la experiencia cultural; en Winnicott, 1989a.

1967-8 Salud ambiental en la infancia; en Winnicott [1987a].

1968a Conceptos contemporáneos sobre el desarrollo adolescente, y las inferencias que de ellos se desprenden en lo que respecta a la educación superior; en Winnicott [1971b].

1968b La lactancia natural como una forma de comunicación; en Winnicott [1987a].

1968c Comunicación del bebé con la madre y de la madre con el bebé: comparación y contraste; en Winnicott [1987a].

1968d El jugar y la cultura; en Winnicott, 1989a.

1968e La interpretación en psicoanálisis; en Winnicott 1989a.

1968f El pensar y la formación de símbolos; en Winnicott, 1989a.

1963-9 Sobre "El uso de un objeto"; en Winnicott, 1989a.

1964-9 El trastorno psicosomático; en Winnicott, 1989a.

1969a El uso de un objeto y la relación por medio de identificaciones; en Winnicott [1971b].

1969b Desarrollo del tema del inconsciente de la madre, tal como se lo descubre en la práctica psicoanalítica; en Winnicott, 1989a.

1969c La experiencia de mutualidad entre la madre y el bebé; en Winnicott, 1989a.

1970a La dependencia en el cuidado del niño; en Winnicott [1987a].

1970b Sobre las bases del self en el cuerpo; en Winnicott, 1989a.

1970c Individuación; en Winnicott, 1989a.

1968-71 El interrelacionarse aparte del impulso instintivo y en términos de identificaciones cruzadas; en Winnicott [1971b].

1971a Sueños, fantasía y vida: historia de un caso que describe una disociación primaria; en Winnicott [1971b].

1971b El juego: exposición teórica; en Winnicott [1971b].

1971c El juego: actividad creadoa y búsqueda de la persona; en Winnicott [1971b].

1971d La creatividad y sus orígenes; en Winnicott [1971b].

1971e El lugar en que vivimos; en Winnicott [1971b].

s.a   Saber y no saber: un ejemplo clínico; en Winnicott, 1989a.

s.a   Una cuestión técnica; en Winnicott, 1989a.

s.a   Notas sobre el juego; en Winnicott, 1989a.

Winnicott, D. et al.

1977   "Donald W. Winnicott", Buenos Aires, Trieb, 1978.

Wooton, Barbara,

1963   Punto de vista de la ciencia social sobre la privación de la madre, en "Privación de los cuidados maternos", 65-75, Ginebra, OMS.

AGRADECIMIENTOS

AGRADECIMIENTOS

Mi más sincera gratitud a todas aquellas personas que de una forma u otra han creído y confiado en mí, haciendo posible que escriba este libro y siga estando a este lado del muro…

En el ámbito profesional, agradezco especialmente a Nelson Carrozzo, quien en aquel año 1988 me seleccionó para formar parte del equipo de Acompañantes Terapéuticos del Hospital Dia "A CASA" (Sao Paulo). Dicho hospital y mis compañeros de equipo fueron mi primera escuela, y Nelson Carrozzo será siempre mi primer y gran maestro.

A Antonio Tarí, además de por la amistad, por haber posibilitado que, a comienzos de los años 90, haya empezado a dar las primeras formaciones en Acompañamiento Terapéutico en España.

A los compañeros de "Grupo ACTO – Equipo de Psicólogos Acompañantes Terapéuticos de Madrid", fundado por mí (1999-2010), quienes con su buen hacer y creatividad me han permitido seguir aprendiendo.

A todos los usuarios y profesionales de la Miniresidencia Alcalá de Henares, Centro de Día y Equipo de Apoyo Social Comunitario Parla (y a Fundación Manantial en conjunto), con quienes he compartido experiencias y aprendizajes muy fructíferos, a veces intensos y difíciles.

A Adrian Buzzaqui y Federico Suarez, quienes en diferentes momentos me han apoyado con su "supervisión" en mi andadura como Acompañante Terapéutico, psicoterapeuta, coordinador de grupos y director de recursos de rehabilitación para personas con patologías graves.

A mi psicoanalista Daniel Ustarroz, por acompañarme de vuelta al mundo.

Y a Gerardo Gutiérrez Sánchez, director de mi tesis (ahora libro), quien con paciencia, afabilidad, permisos y sabiduría me ha enseñado a caminar a tientas en la oscuridad…